Baedeker

Allianz Reiseführer



# Korsika

www.baedeker.com

Verlag Karl Baedeker

# TOP-REISEZIELE ★★

**Kalliste, die Schönste, wurde Korsika schon von den alten Griechen genannt. Ob atemberaubende Felslandschaften oder bildschöne Sandstrände, rätselhafte Torre und Menhire oder wildromantische Inseltäler, verträumte Bergdörfer oder pulsierende Hafenstädte – wir haben für Sie zusammengestellt, was Sie auf keinen Fall versäumen dürfen!**

### 1 ★★ Cap Corse

Wandern auf den Monte Stello, Badespaß bei Macinaggio oder ein Langustenessen in Centuri-Port – widmen Sie der Halbinsel mehr als einen Tagesausflug! ► **Seite 173**

### 2 ★★ St-Florent

Im Jachthafen liegen Boote aus aller Welt, am Place des Portes reihen sich Fischrestaurants, kleine Boutiquen und Eiscafés dicht aneinander.
► **Seite 212**

### 3 ★★ Pigna

Kommen Sie zum Musikfestival, schlendern Sie durch die engen Kopfsteinpflastergassen mit Kunsthandwerkerateliers und den Werkstätten alter korsischer Instrumente.
► **Seite 142**

### 4 ★★ L'Ile Rousse

Heitere Urlaubsatmosphäre prägt das hübsche Hafenstädtchen mit zahlreichen Restaurants, Straßencafés und Geschäften an der Strandpromenade und dem Place Paoli. ► **Seite 144**

### 5 ★★ Calvi

Bilderbuchstadt mit wehrhafter Zitadelle, Traumstrand und quirliger Flaniermeile zwischen Bars und Booten am Quay Landry ► **Seite 167**

### 6 ★★ La Scandola

Weltnaturerbe der Vereinten Nationen. Das Farbenspiel der roten Granitfelsen, die schroff ins tiefblaue Meer abfallen, ist unvergesslich. ► Seite 229

**7 ✶✶ Golfe de Porto**
Kaminrote Felswände, grüne Macchia und blaues Meer – so schön, dass die UNESCO die weite Bucht zum Weltnaturdenkmal erklärte. ► Seite 228

**8 ✶✶ Calanche**
Je nach Tageszeit und Licht wechseln die bizarren Granitfelsen ihre Farbtöne und Schattierung – in der Abenddämmerung scheint das Land zu glühen. ► Seite 165

**9 ✶✶ Corte**
Die »heimliche Hauptstadt« Korsikas mit der einzigen Universität der Insel. Hier kommen Keramikliebhaber auf ihre Kosten und hat Korsikas bekanntester Maler, Jean-Charles Fabiani, sein Atelier.
► Seite 190

**10 ✶✶ Gorges de la Restonica**
Wandern Sie durch das wildromantische Tal, baden Sie in kühlen Gumpen, probieren Sie in der Auberge de la Restonica frische Wildbachforellen. ► Seite 198

**11 ✶✶ Aléria**
Ausgrabungen legten Forum, Tempel und Kapitol des antiken Alalia frei. Griechische und römische Vasen und Grabbeigaben zeigt das Fort de Matra. ► Seite 123

**12 ✶✶ Ajaccio**
Napoleons Geburtsstadt hat südländisches Flair. Am Square César Campinchi verführt Korsikas schönster Wochenmarkt mit den Genüssen der Insel. ► Seite 112

**13 ✶✶ Filitosa**
Torreanische Denkmäler und eindrucksvolle Zeugnisse der rätselhaften Megalithkultur ► Seite 201

**14 ✶✶ Castello de Cucuruzzu**
Fesselnder Einblick in die Bronzezeit:

**UNESCO-Weltnaturerbe**
*Die bizarren Granitfelsen der Calanche*

Zyklopische Felsblöcke sichern die bedeutendste Torreanerfestung. ► Seite 136

**15 ✶✶ Aiguilles de Bavella**
Korsikas spektakulärste Gebirgskette, mit fotogen gezackten Bergspitzen und Steilwänden ► Seite 134

**16 ✶✶ Cauria**
Die besterhaltenen Dolmen und Menhirstatuen der Megalithkultur ► Seite 247

**17 ✶✶ Bonifacio**
Die Besichtigung der alten Festungsstadt auf einem 60 m hohen Kalksteinplateau ist absolutes Muss. ► Seite 154

**18 ✶✶ Golfe de Porto-Vecchio**
Feinster Sandstrand, rund geschliffene Felsen, grüne Strandkiefern und tiefblaues Meer – die Bucht von Porto-Vecchio ist ein Stück vom Paradies. ► Seite 230

# DIE BESTEN BAEDEKER TIPPS

**Von allen Baedeker Tipps in diesem Buch haben wir hier die interessantesten für Sie zusammengestellt! Erleben und genießen Sie Korsika von seiner schönsten Seite.**

### ! Korsikas beste Gemäldesammlung

Das Musée Fesch in Ajaccio präsentiert fünf Jahrhunderte italienischer Malerei von der Schule Giottos bis zur venezianischen Landschaftsmalerei. ► **Seite 42**

### ! Routes des sens authentiques

Auf sechs »Routen der authentischen Sinne« lässt sich die Küche der korsischen Regionen entdecken – in Käsereien, Weinkellern, beim Imker oder direkt in der Küche. ► **Seite 61**

**Würzige Köstlichkeit**
*Korsischer Ziegenkäse*

### ! Ab ins Kloster!

Aus einem spirituellen Blickwinkel lässt sich die Ile de la Beauté bei einer Nacht im Kloster erleben. ► **Seite 80**

### ! Zuschauen lohnt sich ...

... beim Corsica Raid. Zu Fuß, per Rad und im Kajak kämpfen die Teams dieses Multisportrennens über 450 km – so weit die Muskeln tragen. ► **Seite 87**

### ! Bon appétit!

Gaumenfreuden verspricht ein Abend in der Osteria U Mulinu von Feliceto. Maître Ambrosini serviert zum köstlichen Menü seine originelle One-Man-Show.
► **Seite 142**

### ! Hallo Mountainbiker!

Wer Herausforderungen sucht, bitte sehr: Die Strecke führt von Lozari durch die Balagne bis zum Fuß des Monte Grosso, wo tolle Badebecken Erfrischung bieten.
► **Seite 144**

**Rauf aufs Rad**
*Korrektes Kartenlesen spart Zeit und Kraft.*

**! Den richtigen Riecher ...**
... haben Sie auf jeden Fall mit dem Musée du Parfum in Bastia, denn hier dürfen Sie Ihre Nase in (fast) alles stecken, was Guy Cecchini gesammelt hat. ▸ Seite 151

**! Dorfidylle**
Loreto-di-Casinca blickt aus 600 m Höhe auf die Ebene von Biguglia herab. Einladend sind das Waschhaus mit Quellwasser und ein mit uralten Platanen bestandener Dorfplatz, in dessen Bars sich die Männer des Ortes schon nachmittags gern zu einem Schwätzchen einfinden.
▸ Seite 154

**Sonnenbaden**
*an kilometerlangen Sandstränden*

**! Auf den Spuren der Küstenwacht**
Der ehemalige Zöllnerpfad »Sentier des Douaniers« führt am Cap Corse von Macinaggio nach Centuri-Port rund um die Inselspitze. ▸ Seite 179

**! Feuerfest**
In der Oberstadt von Corte kommen Keramikliebhaber auf ihre Kosten und zeigt die Töpferei Leonelli, was den Winter über gebrannt und mit ungiftigen Farben lasiert wurde. ▸ Seite 195

**! Slalom im Wildwasser**
Einer der herrlichsten Flüsse für Kanu- und Kajakfahrer ist der Asco mit seiner wild zerklüfteten Granitschlucht.
▸ Seite 210

**! Wander-Paradies**
Fünf orange markierte Wanderwege erschließen die schönsten Ecken des Niolo.
▸ Seite 219

**! Alles Olive**
Das »Terra Rossa« in Porto-Vecchio bietet so gut wie alle Produkte, die ein Olivenbaum hergibt, von Ölen über Tapenade bis zu Objekten aus dem besonderen Holz.
▸ Seite 231

**! Salute!**
Das Weingut Clos d'Alzeto ist nicht nur das höchstgelegene, sondern auch eines der besten der Insel. Vielfach prämiert wurden seine Rotweine, die zu 70 % aus der Sciaccurellu-Traube gekeltert werden, die nur auf Korsika wächst. ▸ Seite 241

**! Traumstrand**
Eine breite Badebucht mit weißem Strand, der flach ins smaragdgrüne Meer ausläuft – die Cala di Roccapina ist ein Paradies für Familien mit Kindern. ▸ Seite 248

**Pietra-Bier**
*aus Wasser, Malz und Kastanienmehl gebraut*

*Austern – erntefrisch aus den Lagunenseen der Ostküste*

# HINTERGRUND



# PRAKTISCHE INFORMATIONEN VON A bis Z



# TOUREN

*Urlaub aktiv: Segler finden auf Korsika ideale Bedingungen.*

# REISEZIELE VON A bis Z



## Preiskategorien

**▶ Hotels**
Luxus: über 120 €
Komfortabel: 60 – 120 €
Günstig: unter 60 €
Für eine Übernachtung im Doppelzimmer ohne Frühstück

**▶ Restaurants**
Fein & teuer: über 45 €
Erschwinglich: 25 – 45 €
Preiswert: bis 25 €
Für ein 3-Gänge-Menü

# Hintergrund

KURZ UND KNAPP, VERSTÄNDLICH GESCHRIEBEN UND SCHNELL NACHZU-SCHLAGEN: WISSENSWERTES ÜBER KORSIKA, ÜBER LAND UND LEUTE, WIRTSCHAFT UND POLITIK, GESELLSCHAFT UND ALLTAGSLEBEN.

# DAS GEBIRGE IM MEER

**Wie ein farbiger Berg taucht die Insel aus dem Meer auf: Korsika, von den Phöniziern nur plump »die Bewaldete« genannt, von den Griechen indes als die »Schönste des Mittelmeers« gerühmt.**

Die französische Insel Korsika ist mit 8680 $km^2$ nach Sizilien und Sardinien die drittgrößte Insel des westlichen Mittelmeers. Die Straße von Bonifacio trennt Korsika im Süden vom nur 12 km entfernten Sardinien. 82 km östlich von Korsika liegt das italienische Festland, dazwischen das Thyrrhenische Meer mit den Toskanischen Inseln. In Nord-Süd-Ausdehnung erreicht Korsika eine Länge von 183 km, in west-östlicher Richtung beträgt die breiteste Stelle 83 km. Fast 300 km der 1047 km langen Küste bedecken Strände – und so gibt es durchaus einsame Alternativen zu den im Sommer viel besuchten Sandstränden der Ostküste: die verschwiegenen Buchten der West- und Südküste. 272 000 Menschen zählt dieser Minikontinent. Doch die statistische Siedlungsdichte von 30 Einwohnern pro $km^2$ täuscht: Die Hälfte der Bevölkerung lebt in den Ballungsräumen von Ajaccio und Bastia; im von Landflucht gezeichneten Inneren sind es jedoch nur 5 Einwohner pro $km^2$.

**Ile de la Beauté**
*In jeder Beziehung*

## Freiheit und Fremdherrschaft

Korsikas geografische Gestalt ähnelt einer geballten Faust mit gestrecktem Daumen – auf Silber- und Goldanhängern stilisiert, tragen viele Korsen ihre Liebe zur Heimat an einer Kette um den Hals. Allgegenwärtig ist auch das Freiheitssymbol der Korsen, das auf Fahrzeugen klebt, T-Shirts und Tassen ziert: ein schwarzer Männerkopf mit krausem Haar und weißem Stirnband. Zwar stammt der Mohrenkopf ursprünglich aus Aragon, doch 1762 bestimmte ihn der korsische Freiheitsheld Pasquale Paoli zum offiziellen Wappen und Symbol des Unabhängigkeitskampfes. Knapp 3500 Jahre lang war Korsika den Invasionen fremder Völker ausgesetzt, nach 14 Jahren beendete Genua das kurze Zwischenspiel der Freiheit. Das Intermezzo bescherte der Insel ihren einzigen König: Theodor Baron von Neuhoff. Die Herrlichkeit als Herrscher endete für den adligen Abenteurer abrupt nach acht Monaten. Dann war auch den Korsen aufge-

*← Endlose Sonnentage am Strand von Palombaggia*

**Ein Hauch von Bella Italia**
*Ajaccios Hafen hat viel Atmosphäre.*

**Leinen los!**
*Erleben Sie Ihr blaues Wunder auf einem Törn zu den Lavezzi-Inseln.*

**Probieren, wie der Süden schmeckt**
*Korsische Oliven sind besonders aromatisch.*

**Direkt aus dem Meer**
*Langusten sind nicht billig, aber köstlich frisch und werden bestens zubereitet.*

**Entspannt**
*Man sieht sich, man trifft sich, man nimmt sich Zeit.*

**Atemberaubend**
*Bizarre Felslandschaften schimmern im sanften Abendlicht.*

gangen, dass ihrem Führer das Wichtigste fehlte: Geld und Waffen. 1768 trat die Seerepublik Genua die Insel an Frankreich ab. Ungerecht behandelt, vernachlässigt und ins Abseits gedrängt, fühlen sich manche Korsen auch von Paris – und fordern die Autonomie. Doch die Separatisten, die sich mit Attentaten in die Schlagzeilen bomben, finden immer weniger Rückhalt in der Bevölkerung.

## Aus Legenden geboren

Geradezu sagenhaft jedoch verlief die erste Besiedlung. In der Antike soll eine schöne Frau namens Sica von zwei Verehrern bedrängt worden sein. Der trojanische Prinz Cyrnos, ein Enkel von Äneas, entführte Sica und floh mit ihr auf die Insel Korsika. Sein Rivale Sardus verfolgte das Paar, suchte jedoch auf Sardinien nach ihnen. Nach einer anderen Sage wurde Sica von ihrem Geliebten ermordet. Aus ihrem Herzen entstand die Insel, deren blutrote Sonnenuntergänge bis ans Ende der Tage an ihr tragisches Schicksal erinnern. Reine Legende ist auch das ligurische Hirtenmädchens Corsa, das Korsika entdeckt haben soll, als es schwimmend einen Stier aus seiner Herde verfolgte. Vermutlich leitet sich der Name Korsika jedoch von »kersica« und »kors« ab, was in der Sprache der Phönizier »bewaldetes Vorgebirge bedeutete. Die Griechen nannten die Insel »Kalliste« – die »Schönste« der großen Mittelmeerinseln, und als Ile de la Beauté, als Insel der Schönheit, wird Korsika noch immer gerühmt.

**Korsika hat was!**
*Wer einmal hier war, wird gern zurückkommen.*

## Der Kaiser-Clan

Kirchen, Zitadellen und Wachtürme sind bis heute sichtbare Zeichen der Fremdherrschaft, die die Bevölkerung ins Landesinnere abdrängte, wo sie Häuser Festungen gleich errichtete. Grau, schmalbrüstig, abweisend, stehen sie einsam auf dem Lande oder drängen sich, Adlerhorsten gleich, auf Felsspornen und Hügelspitzen. In wehrhaften Wohntürmen verschanzten sich die Familien, wenn zwischen verfeindeten Clans die Blutrache tobte – meist genügten nichtige Anlässe als Auslöser. Zu einer der einflussreichsten Familien Europas stieg ein Clan aus Ajaccio auf: die Bonapartes. 1769 gebar Letitzia Bonaparte ihren Sohn Napoleon. Als erster Kaiser der Franzosen erfüllte er Rousseaus Prophezeiung von 1762 vollauf: »Diese kleine Insel wird eines Tages Europa in Erstaunen setzen«.

# Fakten

**Die vielfältigen Landschaftsformen und Höhenstufen, gepaart mit schadstofffreier Luft, sauberem Wasser und dünner Besiedlung im Landesinnern, bescheren Korsika eine Vielfalt der Tier- und Pflanzenwelt, die einzigartig ist im Mittelmeerraum.**

# Naturraum

**Gebirge im Meer**

Mit einer mittleren Höhe von 568 m über dem Meeresspiegel ist Korsika die gebirgigste Insel des Mittelmeers. Daher nannte der französische Schriftsteller Guy de Maupassant sie auch ein »Gebirge im Meer«. Eine Gebirgskette mit mehr als **50 Zweitausendern** durchzieht Korsika von Nordwest nach Südost und teilt die Insel in zwei geologische Zonen. Den Westteil aus Granit, Gneis und Porphyr prägen kleinere, durch tiefe Flusstäler getrennte Gebirgszüge, die an den Küsten in steilen Klippen und Buchten ins Meer fallen. Die Berge des östlichen Teils aus Kalkschiefer und anderen typischen Mineralien alpiner Faltengebirge gehen erst in Hügelland, dann in die fruchtbare, 90 km breite Schwemmlandebene der Ostküste über und laufen mit flachen Sandstränden ins Meer aus. Nach Süden hin enden die Berge in der Steilküste von Bonifacio. Zwischen dem westlichen kristallinen Gebirge und dem östlichen Schiefergebiet verläuft die korsische Zentralfurche, ein schmaler Graben von Saint-Florent über Corte bis nach Solenzara. Höchster Gipfel der Insel ist der 2706 m hohe Monte Cinto.

**Wilde Buchten, weiße Strände**

Mit 1047 km stellt Korsika ein Fünftel der französischen Küstenlänge. Die **zerklüftete Westküste** beeindruckt mit Granitfelsen, die zum Himmel aufragen, Stränden mit feinstem Goldsand und malerischen Badebuchten – zu den größten Buchten gehören der Golf von Porto, der Golf von Sagone, der Golf von Ajacciound der Golf von Valinco. Die einzigen größeren Buchten an der **familienfreundlichen Ostküste** sind der Golf von Porto-Vecchio und der kleinere Golf von Santa Manza nordöstlich von Bonifacio. Der flache Küstenstreifen zwischen Bastia und Solenzara wird landwirtschaftlich genutzt.

**Landschafts-Puzzle**

Auch die 40 km lange und 14 km breite Landzunge von **Cap Corse** im Norden Korsikas teilt ein zentraler Gebirgskamm vom Monte Stello bis zum Col de Teghime in zwei Hälften. Westlich von Cap Corse, jenseits der Karstlandschaft **Désert des Agriates**, bildet die rund 40 km lange Küste zwischen dem Tal des Ostriconi und dem Tal von Galéria gemeinsam mit dem fruchtbaren hügeligen Hinterland die **Balagne**. Südöstlich erstreckt sich im oberen Tartaginetal das **Giunssani**, südwestlich die kleine Region **Filosorma** im Fangotal. Das weite fruchtbare Becken des **Nebbio** bildet das Hinterland von Saint-Florent; hinter dem Bocca (Pass) di Santu Stefanu folgt das Hügelland der **Casinca**. Weiter südlich liegt zu Füßen des 1767 m aufragenden Monte San Petrone die von Kastanienwäldern bedeckte **Castagniccia**; südlich schließt sich die größte Ebene der Insel an, die Plaine d'Aléria oder **Plaine Orientale**, das größte zusammenhängen-

*← Magischer Ort: Bis zu 60 m hohe Lariciokiefern wachsen im Restonica-Tal.*

*Begehrter Rohstoff: Braunrot leuchtet der geschälte Stamm einer Korkeiche.*

de, landwirtschaftlich genutzte Gebiet. Das jahrhundertelang isolierte Hochtal des Golo, **Niolo** genannt, wird im Norden vom Monte Cinto und im Westen von der Paglia Orba begrenzt. Das Bergland östlich von Corte wird **Bozio** genannt. Zwischen den Tälern des Liamone und der Licia an der Westküste liegt das kleine Talbecken der **Cinarca**, das während der Kriege zwischen Pisa und Genua Schauplatz von Heldentaten der Grafen von Cinarca war. Östliches Pendant ist das **Fiumorbo** mit dem schwer zugänglichen Tal des Abatesco, einst Schlupfwinkel für Banditen. Schon zur Vorzeit besiedelt waren das bei Sartène angrenzende **Sartenais**, das nordöstlich davon liegende Gebirgsland der **Alta Rocca** und die Hochebene von Cauria.

**Gewässer** Der zentrale Hochgebirgskamm ist die Wasserscheide der Insel. Die Flüsse der Westküste wie der nur 53 km lange Taravo und der ebenso lange Ortolo sind im Sommer nahezu ausgetrocknet, nach der Schneeschmelze und herbstlichen Regenfällen aber reißende Wildwasser. Die Wasserläufe an der Ostseite Korsikas sind meist deutlich länger. Längster Fluss der Insel ist der Golo, der nach 84 km südlich von Bastia ins Mittelmeer mündet. Der 80 km lange Tavignano erreicht bei Aléria die Küste.

Etangs ▶ Die östliche Küstenebene prägen mehrere Étangs, **Strandseen**. Sie entstanden durch Sandwälle, wurden durch Ablagerungen in Flussmündungen, Wind und Meeresströmung aufgebaut, die die einst seichten Buchten allmählich ganz oder nahezu vom Meer abriegelten. In diesen Lagunen bildete sich Brackwasser, das Mücken anlockte – und für die Verbreitung von **Malaria** sorgte. Erst mit der Trockenlegung der Sümpfe und dem Einsatz von DDT wurde diese Plage besiegt. Heute locken die reichen Fischgründe viele Wasservögel an. Der nördlichste und größte Strandsee ist der 3 km breite, 10 km lange, aber nur 1 m tiefe Étang de Biguglia. Im Étang de Diane und im Étang d'Urbino bei Aléria werden Austern gezüchtet, die im Sommer in »schwimmenden« Restaurants serviert werden.

◄ Gebirgsseen

Kleine, natürliche Seen tragen zum Reiz der Bergwildnis bei, so die Gletscherseen Lac de Creno (1310 m), Lac de Nino (1743 m) – aus ihm entspringt der Tavignano – und Lac de Melo (1711 m) im Hochtal der Restonica. Der fast 5 ha große Lac de Bastiani liegt in 2089 m Höhe unterhalb des Renoso-Gipfels. Durch Talsperren entstanden künstliche Seen wie der Barrage de l'Alesani in der Castagniccia und der Lac de Calacuccia im Niolo.

**Nationalpark**

Den botanische Reichtum und die vielfältigen Vegetationszonen schützt seit 1969 der **Parc Naturel Régional de la Corse**. Der Nationalpark nimmt inzwischen ein Drittel der Fläche Korsikas ein – und damit einige der eindrucksvollsten Wälder, Gebirgszüge und Täler der Insel sowie die Felslandschaft der Calanche.

## Pflanzenwelt

**»Le Maquis Corse«**

Berühmt ist der Ausspruch von Napoleon, er könne Korsika mit geschlossenen Augen allein an seinem Duft erkennen. Der Korse Osolemirnix schwärmt in »Asterix auf Korsika«: »Dieser hauchzarte Duft nach Thymian und Mandeln, Feigen und Kastanien,(...) dieser Hauch von Kiefer, diese leichte Andeutung von Beifuß, diese Ahnung von Rosmarin und Lavendel ...«

**Macchia**

Der Buschwald der Macchia, der rund ein Viertel der Insel bedeckt, ist eine typisch mediterrane Vegetationsform – doch nirgends ist sie so vielfältig wie auf Korsika. Sie besteht aus 1 – 3 m hohen Bäumen und Sträuchern mit meist kleinen, verdickten, immergrünen Blättern: Ginster, Myrte, Erdbeerbaum, Weißdorn, Baumheide, Thymian, Rosmarin, Zistrose, Mastixstrauch, Lavendel und Wacholder. Die Pflanzen wachsen so stark verschlungen, dass sie einen undurchdringlichen Dschungel bilden – Jahrhunderte lang ein ideales Versteck für Banditen und Männer, die vor der Blutrache flüchteten. Der Duft der Macchia steigert sich mit dem Sonnenstand: Um sich vor Austrocknung zu schützen, sondern die Hartlaubgewächse über ihre Blätter ätherische Öle ab – mit dem unnachahmlichen Aroma.

**Artenreichtum**

Die korsische Flora zählt rund 2000 Arten, von denen 80 nur auf der Insel vorkommen. Mehr als 100 Mittelmeerpflanzen, die auf Korsika gedeihen, fehlen im übrigen Frankreich.

**Vegetationszonen**

Korsikas Flora prägen klar getrennte Vegetationszonen. In der **mediterranen Zone** bis 400 m gedeihen Feigenkakteen, Agaven, Aloen, Oliven- und Eukalyptusbäume, wo nicht Macchia das Land bedeckt. Bei Porto-Vecchio an der Ostküste und auf den Hügeln der Casina erstrecken sich **Korkeichenwälder**, die erstmals im Alter von 15 bis 20 Jahren, dann aber 200 Jahre lang geschält werden. Da der erste »männliche« Kork sehr spröde ist, wird er nur in Gerbereien verwendet. Der weichere, »weibliche« Kork, der in weiteren 6 – 12 Jahren wächst, eignet sich zur Herstellung von Flaschenkorken und Linoleum. Pro Jahr werden rund 1500 t Kork bei Porto-Vecchio geerntet.

## ? WUSSTEN SIE SCHON ...?

- ... dass 90 Prozent aller Waldbrände in Korsika auf Brandstiftung oder Unachtsamkeit zurückgehen? Wenn es nicht Hirten waren, die ihre Weidegründe vergrößern wollten, oder Spekulanten, die billiges Bauland schaffen wollten, dann lösten meist glühende Zigarettenkippen, Glassplitter, Aluminium oder ein am Straßenrand auf Gras geparktes Fahrzeug das flammende Inferno aus, das Jahr für Jahr unzählige Hektar Wald zerstört und Mensch wie Tier bedroht. Brandschützer und Spezialeinheiten patrouillieren daher von Juni bis September besonders gefährdete Gebiete.

Oberhalb der Macchia beginnt die Waldzone mit **Edelkastanien**, die wie der Feigenbaum einst wichtige Nahrungsmittel lieferten und heute noch 30 000 ha der Insel bedecken – die Hälfte davon in der Castagniccia (► Baedeker Special S. 184). Auch die **Strandkiefer** ist trotz ihres Namens z. B. im Forêt de l'Ospédale in bis zu 1000 m Höhe vertreten. Im Forêt de la Restonica bei Corte wächst die endemische **Corte-Kiefer**. Über 1000 m Höhe säumen **Buchenwälder** wie bei Vizzavona eindrucksvoll die Hänge. Am Col de Vergio und Monte Cinto markieren Birken die Baumgrenze. Im Unterholz gedeihen Thymian, korsischer Nieswurz und Waldmeister.

**Korsische Schwarzkiefer**

Die Korsische Schwarzkiefer oder **Lariciokiefer** findet man an steilen Nordhängen in den Wäldern von Vizzavona, Aïtone, Valdo-Niello und L'Ospédale in Höhen bis 1800 m. Der genügsame Baum, der sich nach Waldbränden selbst regeneriert und so bis zu 600 Jahre alt werden kann, gehört mit einem Stammdurchmesser von bis zu 2 m und einer Höhe von über 50 m zu den größten Bäumen Europas. Sein Holz wird seit jeher zum Bau von Schiffsmasten verwendet.

**Hochgebirge**

In den kühlen, feuchten Hochgebirgszonen zwischen 1500 und 1900 m sind Erlen und die nach Honig duftenden korsischen **Zwergerlen** vertreten; auch Ebereschen finden sich im felsigen Gelände. Über 1900 m Höhe beginnt die **alpine Vegetation** mit Zwergwacholder, Berberitze und den Wildblumen und Gräsern der »Pozzines«. Diese mit Tümpeln und Bächen durchsetzten Feuchtwiesen bedecken auch die Torfmoore um alte Gletscherseen. In Gipfelnähe findet man das korsische Veilchen, den Widerstoß, die Bernard-Akelei und eine korsische Margeritenart.

## *Korsika* *Landschaften, Häfen und Strände*

## Tierwelt

**Mufflon** Symbol des Parc Naturel Régional de la Corse ist das Mufflon, das seit 1956 geschützt ist. Rund 500 – 800 dieser **Wildschafe** leben heute in den Reservaten bei Asco und im Forêt de Bavella – zu Beginn des 20. Jh.s gab es noch 5000 Mufflons. Das hellbraune Fell der scheuen Tiere, die maximal 50 kg schwer werden, ist mit weißen Flecken gesprenkelt. Die schneckenförmig gedrehten Hörner der Mufflonwidder werden mit zunehmendem Alter wuchtiger.

**Rothirsche** Nachdem Hirsche auf Korsika längst ausgestorben waren, setzte man im Jahre 1985 acht sardische, den korsischen Hirschen nah verwandte Rothirsche in der Alta Rocca aus. Inzwischen ist ihr Bestand auf mehr als 100 Tiere gestiegen.

**Wildschweine** Die korsischen Wildschweine sind vergleichsweise klein und gedrungen – und mit der Wildheit ist es meist nicht mehr weit her, da sie oft Ergebnis der Begegnung mit frei laufenden Hausschweinen sind. Schwarz und rosa gescheckt, fressen sie alles, was sie in der Macchia, in Eichen- und Kastanienwäldern finden können – selbst den Proviant von Wanderern. Heute gibt es um die 30 000 Wildschweine und

*Wild oder Schwein – das ist hier die Frage.*

**verwilderte Hausschweine**, die wegen ihres schmackhaften Fleisches ein begehrtes Jagdobjekt sind. Autofahrer müssen sich in abgelegenen Gebieten vor frei herumlaufenden Schweinen vorsehen!

**Raubvögel**

Jagd und Wilderei haben die Zahl der Bart- oder Lämmergeier, der Fischadler und Königsadler auf ca. 10 Paare reduziert. Häufiger sieht man Bussarde, Sperber, Wanderfalken und Rote Milane.

**Zug- und Standvögel**

Nur in Korsika zu finden ist der Korsenkleiber, der mit dem Kopf nach unten am Stamm von Nadelbäumen entlangläuft. Weiß- und Schwarzstörche, Kraniche, Gänse und andere **Zugvögel** rasten auf Korsika. Standvögel sind die korsischen Unterarten des Rothuhns, Rabe, Specht, Zwergohreule, Buchfink und Stieglitz. Ferner sieht man Amseln, die trotz Verbots gejagt und als **Pâté de merle** serviert werden, sowie Nachtigallen, Laubsänger und Kohlmeisen. An steilen Küsten ist die Korallenmöwe zu Hause.

**Reptilien und Insekten**

Giftschlangen gibt es auf Korsika nicht; Eidechsen, Feuersalamander und Schildkröten leben in der Macchia. Ideale Lebensbedingungen finden **Schmetterlinge** wie Perlmuttfalter, Kaminbärchen und Schwalbenschwanz. Beeindruckend ist die Gottesanbeterin, eine große Fangheuschreckenart. Wanderer sollten sich vor der korsischen Schwarzen Witwe vorsehen – ihre Bisse können sich entzünden.

**Fische**

In den Wildbächen und Seen leben Aale und Bachforellen, im Meer etwa 200 Seefisch-Arten sowie scherenlose Langusten. Vorsicht geboten ist beim **Roten Drachenkopf** – die Stiche der vielen Stacheln am Kopf sind giftig. Einen Überblick über die korsische Unterwasserwelt gibt das Meeresaquarium in Bonifacio.

# Bevölkerung · Politik · Wirtschaft

**Bevölkerungsstruktur**

Korsika hat **275 000 Einwohner** laut der Volkszahlung 2005. Vermutlich leben aber nur 200 000 Personen auf der Insel – für die höhere Zahl sorgen Zweitwohnsitze ausgewanderter Korsen. Fast die Hälfte der Inselbevölkerung lebt in den Ballungsräumen Ajaccio und Bastia; das Landesinnere leidet seit dem 19. Jh. unter Landflucht.

**»Pieds noirs«**

Um den massiven Bevölkerungsrückgang um ein Drittel auf 190 000 Einwohner (1955) aufzufangen, wurden ab 1960 rund 17 000 **Algerien-Franzosen**, von den Korsen wegen der schwarzen Lederschuhe »Pieds noirs« (Schwarzfüße) genannt, sowie Gastarbeiter aus ehemaligen nordafrikanischen Kolonien angesiedelt. Die »Pieds noirs« wohnen vor allem in den Städten Ajaccio und Bastia sowie in der Ebene von Aléria und stellen heute rund 10 % der Inselbevölkerung. Da die

*Auch in Bastia steht Fußball hoch im Kurs.*

Neuankömmlinge den Löwenanteil der staatlichen Unterstützungsgelder zur Entwicklung der Landwirtschaft erhielten, kam es immer wieder zu erheblichen Spannungen zwischen Kolonisten und Korsen.

**Landflucht**

Vor allem junge Menschen verließen ihre Dörfer auf der Suche nach Arbeit. Heute beträgt die Bevölkerungsdichte im Inselinneren nur fünf Einwohner pro $km^2$. Von den 360 Gemeinden, davon 330 Bergdörfer, zählen 150 Kommunen weniger als 100 Einwohner. Dennoch verkaufen die Korsen ihre Häuser meist nicht, sondern lassen sie leer stehen bzw. kehren als Rentner zurück, was den Altersdurchschnitt in den Dörfern erheblich steigert. Mehr als ein Drittel aller Wohnungen der Insel sind **Zweitwohnsitze** von Korsen, die auf dem französischen Festland leben: Nizza, Toulon oder Marseille sind größere »korsische« Städte als Ajaccio und Bastia.

**Verwaltungsstruktur**

Korsika erhielt im Jahre 1970 Regionalautonomie und ist seit 1975 in die zwei Départements **Corse-du-Sud** (Département-Code und Autokennzeichen: 2 A) und **Haute-Corse** (2 B) unterteilt. Hauptstadt der Region Korsika und Sitz des Regionalparlamentes ist Ajaccio. Die

## *Zahlen und Fakten* Korsika

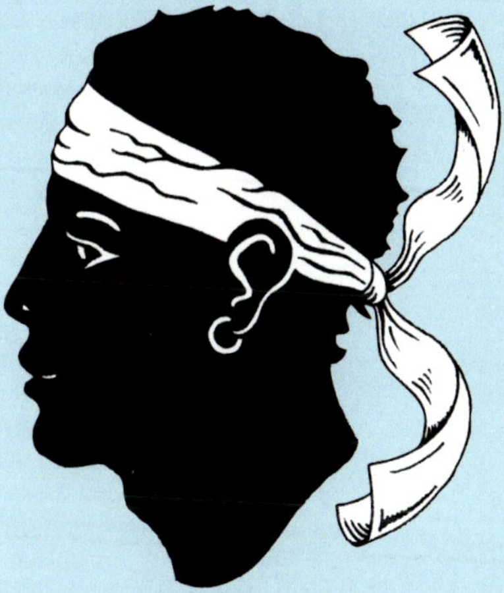

*Das Wappen Korsikas: ein Mohrenkopf mit Stirnband*

### Lage

- Westliches Mittelmeer (südlich der Riviera, östlich der Toskana, nördlich von Sardinien) zwischen 43° 01′ und 41°22′ nördlicher Breite und 9° 34′ und 8° 33' östlicher Lange

### Départements

- Haute-Corse, Corse-du-Sud

### Einwohnerzahl

- 275 000 (2006)

### Hauptstadt

- Ajaccio

### Sprachen

- Französisch
  Korsisch

### Wirtschaft

- Bruttosozialprodukt: 5,6 Milliarden Euro (2006)
- Pro-Kopf-Einkommen: 20 890 Euro (2006)
- Wirtschaftswachstum: 1,8 % (2006)
- Arbeitslosenquote: 9,5 % (2006)

- Beschäftigungsstruktur:
  Industrie: 8,2 %
  Baugewerbe: 13,8 %
  Handel: 28,1 %
  Dienstleistungen: 49,9 %

- Hauptausfuhrprodukte: Nahrungsmittel und landwirtschaftliche Erzeugnisse (Wein, Zitrusfrüchte, Oliven, Kiwis, Mandeln, Clementinen, Feigen, Kork)

Präfekturen der Départements Corse-du-Sud und Haute-Corse sind in Ajaccio bzw. Bastia. Unterpräfektursitze sind Calvi und Corte in Haute-Corse und Sartène in Corse-du-Sud.

**Regionalparlament** 1982 durfte Korsika als erste Region Frankreichs sein eigenes Regionalparlament mit 61 Abgeordneten wählen. Die **Assemblée régionale** hat jedoch nur ein Vorschlagsrecht gegenüber der Zentralregierung in Paris und damit geringere Befugnisse als ein deutsches Bundesland. Nur bei der Verteilung von Steuergeldern und Subventionen für die Landwirtschaft, Industrie und den Tourismus kann das in Ajaccio ansässige Regionalparlament mitbestimmen.

**Clanwesen** Seit Jahrhunderten regeln die auf **uralten Familienstrukturen** basierenden Clans das korsische Gemeinwesen. Persönliche Beziehungen sichern die Loyalität der Bevölkerung zum jeweiligen Clan. Die Patrone der großen Clans bestimmen bis heute die politische Landschaft Korsikas und sind als Bürgermeister, Präfekten oder auch als Minister auf nationaler Ebene in den wichtigen politischen Ämtern zu finden. Durch diese Funktionen verfügen sie auch über die **Finanzmittel**, um beispielsweise Subventionen unter den Anhängern zu verteilen. Da sich die Clans immer mit der Zentralmacht in Frankreich in einem System von Geben und Nehmen arrangierten, sind sie im Gegensatz zu den Nationalisten gegen Unabhängigkeit.

**Wappen** Das Wappen Korsikas (►Abb. S. 17) zeigt den Kopf eines Mauren im Seitenprofil mit einem im Nacken geknoteten Stirnband auf weißem Grund. Vermutlich geht das Wappen auf die Zeit der Kreuzzüge zurück, als die **Aragonier** mit diesem Symbol auf ihren Sieg über die Ungläubigen hinweisen wollten. Nachdem Korsika und Sardinien 1279 an den König von Aragonien gefallen waren, verbreitete sich das Wappen auf der Insel. Damals stellte es jedoch vier Mauren mit einer Binde über den Augen und einem Ring im Ohrläppchen als Zeichen der Sklaverei dar. **Pasquale Paoli** (►Berühmte Persönlichkeiten) übernahm 1762 das Emblem der Aragonier, das dann nur noch einen Maurenkopf zeigte; doch als Ausdruck der Befreiung der Insel von der Fremdherrschaft (► Geschichte) ließ er die Binde auf die Stirn verlegen und den Ohrring entfernen.

**Autonomiebestrebungen** Neben nationalistischen Splittergruppen erlangte die seit 1983 in den Untergrund abgetauchte **FLNC** (Front de Libération Nationale de la Corse = Front für die nationale Befreiung Korsikas) mit politischen Morden und Sprengstoffanschlägen traurige Berühmtheit. Ab Ende der 1970er-Jahre galten die Anschläge v. a. den Ferienanlagen meist französischer Großinvestoren und Bodenspekulanten. Die nationalistischen Bewegungen forderten die Wiedereinführung der korsischen Sprache, eine steuerliche Inselzulage und die Selbstverwaltung. Damit unterscheiden sie sich vom Clansystem, das sich im Verhalten gegenüber Paris der vorhandenen politischen und wirtschaftlichen

*Full-Time-Job: Aus der Milch seiner Ziegen macht Hirte Petru Biancardini einen ausgezeichneten Käse.*

Strukturen bedient. Da die Separatistengruppen untereinander heftig zerstritten sind und sich teilweise durch **mafiöse Strukturen** wie der Erpressung von »Revolutionssteuern« allmählich selbst diskreditieren, ist ihr Rückhalt in der Bevölkerung trotz enormer optischer Präsenz mit Kürzeln und Graffitis an Hauswänden gering.

## Wirtschaft

**»La malaise corse« – Legende und Wirklichkeit**

Die sprichwörtliche »korsische Krankheit«, »la malaise corse«, der angeblich **»arbeitsscheuen« Inselbewohner** lässt sich vor allem auf ungünstige historische Bedingungen zurückführen. Eine industrielle Entwicklung hat in Korsika nicht stattgefunden – auch heute gibt es nur südlich von Bastia ein kleines Industriegebiet. Bis weit ins 20. Jh. hinein blieb Korsika von Agrarwirtschaft geprägt. Die lange vernachlässigte Region bedurfte dringend der Förderung, denn die Arbeitslosigkeit betrug in den 1970er- und 1980er-Jahren 15 – 20 %.

**Arbeitsmarktstrukturen**

Da die Inselbevölkerung durch Auswanderung und Landflucht überaltert ist, ist das Gros der Bürger Rentenempfänger; weniger als die Hälfte der Bevölkerung ist erwerbstätig. Die **Arbeitslosenquote** von 10,8 % (2004) liegt etwas über Landesdurchschnitt.

*Weltnaturerbe und Touristenmagnet: der Golf von Porto*

**Wirtschaftsstruktur**

Die Bodenschätze Korsikas – Kupfer, Pyrit, Eisenerz, Kohle sowie der mittlerweile eingestellte Abbau von Kugeldiorit und Asbest – lieferten bescheidene Erträge. In der **Landwirtschaft**, vor allem im Weinbau, arbeiten noch ca. 10 % der Inselbewohner. Hinzu kommt die Nutzung der Kastanienwälder, der Kiefern- und Korkeichenwälder. Von Bedeutung sind ferner die Lebensmittelindustrie und das **Bauwesen**. Die Hälfte der Arbeitsplätze entfällt auf **Dienstleistungen**, vorwiegend im Tourismus. Acht Staudämme erzeugen Strom und sichern die Wasservorräte.

**Landwirtschaft**

Traditionell kleine Nutzflächen und Betriebe verhinderten lange die Steigerung der Agrarproduktion. Erst mit den massiv staatlich geförderten Algerien-Franzosen hielt die intensive Landwirtschaft Einzug auf Korsika. Doch nach wie vor ist die gesamte Agrarproduktion eher regional als national von Bedeutung. In der **Ebene von Aléria** werden Wein, Obst und Zitrusfrüchte – vor allem Kiwis und Clementinen – erzeugt. Getreide- und Futtermittelanbau spielen eine untergeordnete Rolle. Im **Weinbau** hat man sich nach diversen Weinskandalen auf Qualität besonnen: Gute Rotweine werden aus den Reben Nielluccio und Sciacarello gekeltert. Bei den Weißweinen empfehlen sich Malvasier und der Dessertwein Muskat. Die **Schweinezucht** im Inselsüden garantiert der korsischen Fleisch- und Wurstwarenindustrie stabile Einkünfte. Die halb verwilderten Schweine müssen kaum zugefüttert werden, da sie in der Macchia sowie in den Kastanien- und Eichenwäldern genügend Futter finden.

◄ Hirten auf Wanderschaft

Die **Transhumanz** als Form der Weidebewirtschaftung wurde einst in ganz Korsika gepflegt: Im September / Oktober zogen die Hirten mit ihren **Schaf- und Ziegenherden** in die tiefer gelegenen Küstenregionen und kehrten im Mai wieder auf die Hochalmen im Gebirge zurück. Dort wohnten sie in kleinen Almhütten (Bergeries = Schäfereien) und stellten Käse her. Durch das gleichmäßige Abgrasen konnten sich die Weidegründe immer wieder regenerieren, zudem brauchte man keine Futtervorräte für den Winter anzulegen. Heute wird die traditionelle Ziegen- und Schafhaltung nur noch in sehr bescheidenem Ausmaß ausgeübt. Früher wurde ein Großteil der Schafsmilch auf das französische Festland zur Herstellung des Roqueforts exportiert, seit einigen Jahren verarbeiten die Hirten ihre Milch lieber selbst zu Käse. Doch auch die lokale Käseproduktion gerät gegenüber den billigeren Massenprodukten vom Festland ins Hintertreffen.

◄ Fischfang

In den Lagunen an der Ostküste – Etang de Diane und Etang d'Urbino – werden **Austern**, Miesmuscheln, Doraden und Seebarben für den Export nach Italien gezüchtet. In bescheidenem Maß wird ferner Fischfang auf Cap Corse betrieben.

**Tourismus**

Ungeachtet der kleinen Delle nach dem 11. September hat sich der Fremdenverkehr seit Beginn in den 1970er-Jahren erfolgreich entwickelt. Heute besuchen jährlich rund **zwei Mio. Touristen** die Insel, die Hälfte davon in der Hauptsaison im Juli und August. 73 % Prozent aller Gäste sind Festlandfranzosen, darunter viele Korsen, die ihre Familien besuchen. Ein Viertel an ausländischen Gästen dominieren die Deutschen, gefolgt von Italienern, Schweizern und Belgiern. Seit der Gründung des Naturparks und der staatlichen Förderung des **»Grünen Tourismus«** kommen vermehrt Wanderurlauber und Gäste, die beim Mountain-Bike- oder Reiturlaub das Landesinnere entdecken, nach Korsika. Da die Korsen selbst wenig vom Massentourismus profitieren konnten – die meisten Ferienanlagen sind in der Hand von Festlandfranzosen und Ausländern –, kam es wiederholt zu **Sprengstoffanschlägen**. Die Gäste jedoch waren nie gefährdet, da die Anschläge in der Regel außerhalb der Saison stattfanden bzw. vorher »evakuiert« wurde.

### ? WUSSTEN SIE SCHON …?

- … dass Korsika trotz Subventionen aus Paris und der Europäischen Union die ärmste Region Frankreichs ist? Nur 20 890 Euro hat statistisch jeder Korse jährlich im Portemonnaie – bei deutlich höheren Lebenshaltungskosten als auf dem französischen Festland.

# Geschichte

**3500 Jahre lang war Korsika den Invasionen fremder Völker ausgesetzt. Auf die Torreaner folgten Schlag auf Schlag die Seemächte: Griechenland, Etrurien, Karthago, Rom, Pisa und Genua, das der Insel 500 Jahre lang seinen Stempel aufdrückte – Streiflichter einer bewegten Geschichte.**

# Die Steine der Urkorsen

| | |
|---|---|
| **um 7000 v. Chr.** | Erste Besiedlung der Insel |
| **6750 v. Chr.** | »Dame von Bonifacio« |
| **3500 – 1600 v. Chr.** | Megalithkultur mit Dolmen und Menhiren |
| **1600 – 800 v. Chr** | Torreanische Kultur: Befestigte Dörfer und Kultbauten entstehen. |

**Frühzeit**

Die ersten Jäger und Sammler setzten im Mesolithikum von Elba nach Korsika über. Sie hinterließen in der Höhle Argiuna-Sennola (Bonifacio) das älteste datierbare Zeugnis der Insel: das Skelett der etwa 35-jährigen, 154 cm großen **»Dame de Bonifacio«** von 6750 v. Chr. Die Urkorsen jagten, fischten, sammelten wilde Früchte und wanderten als Hirten mit ihren Herden im Frühling von der Küste in die kühleren Bergregionen, im Winter wieder zurück.

**Neolithikum 5500 – 3000 v. Chr.**

Im Neolithikum begann man Häuser aus Steinen aufzuschichten und in Hüttendörfern auf Anhöhen, unter Felsvorsprüngen oder in Höhlen zu wohnen. Es wurde getöpfert, Schafzucht und ein reger Obsidianhandel mit Sardinien betrieben.

**Megalithkultur 3500 – 1600 v. Chr.**

Mitte des 4. Jts. kamen Hirten und Seefahrer aus Südfrankreich nach Korsika und brachten die Megalithkultur mit. Sie entstand im Hinterland des Golfs von Valinco bei Sartène und erfasste allmählich die ganze Insel. Megalithdenkmäler wie **Dolmen** und **Menhire** findet man auch zwischen Zonza und Levie, auf den Hügeln von Porto-Vecchio, bei Ajaccio, Sagone, Calvi und St-Florent sowie auf Cap Corse bei Calacuccia und Luri. Um 2000 v. Chr. errichteten die Einwohner gleichmäßig angeordnete Reihen von Menhiren, **Alignements**. Die grob behauenen Steine erhielten zuerst menschliche Formen, später kriegerische Merkmale (►Baedeker Special, S. 202).

**Torreanische (Torre-) Kultur 1600 – 800 v. Chr.**

In der Bronzezeit erreichten die Torreaner die Ostküste der Insel und drängten die einheimische Bevölkerung ins Inselinnere zurück. Sie hinterließen **steinerne Turmbauten**, die den Nuraghen auf Sardinien ähneln. Die Torreaner lebten im Süden der Insel in den Tälern des Taravo, des Oso und des Stabiacco sowie auf der Hochebene von Levie. Im Zentrum und Norden überdauerte die Hirtenkultur der einheimischen Stämme.

**Eisenzeit 800 – 600 v. Chr.**

Am Schnittpunkt der Handelsrouten im Nordtyrrhenischen Meer gelegen, wurde Korsika zur Eisenzeit ein **lebhafter Handelsplatz**, wo Getreide, Holz, Honig und Harze gegen Metall- und Keramikgegenstände getauscht wurden. Von Norden erreichten die Ligurer Korsi-

*←»Vater des Vaterlandes«: Pasquale Paoli*

*Zeugnisse der rätselhaften Megalithkultur: die Menhire in der Hochebene von Cauria*

ka, im Westen landeten die Iberer, im Süden die Libyer und im Osten die Phönizier. Um 600 v. Chr. lebten die rund 30 000 korsischen Einwohner in zwölf gut organisierten Stämmen abgeschieden im Landesinnern und widmeten sich der Wald- und Weidewirtschaft.

## Erste Invasoren

| | |
|---|---|
| **565 v. Chr.** | Die griechische Handelskolonie Alalia wird an der Ostküste gegründet. |
| **259 v. Chr.** | Erste römische Eroberungszüge |
| **6 n. Chr.** | Korsika wird autonome römische Provinz. |
| **2. Jh.** | Verbreitung des Christentums auf Korsika |

**Kolonisation um 565 v. Chr.**

Nachdem die griechischen Phokäer um 600 v. Chr. Massilia (Marseille) gegründet hatten, errichteten sie an der Ostküste Korsikas in **Alalia**, dem heutigen Aléria, eine erste Handelskolonie. Sie brachten den Weinstock mit, bewirtschafteten die Küstenebene und nutzten die Bergwerke und Wälder.

Etrusker und Karthager griffen die Phokäer im Jahr 538 v. Chr. vor Alalia auf See an. Nach einem mühsamen Sieg verlegten die Phokäer ihre Hauptstadt nach Massilia, nutzten aber Alalia weiter als Hafen. Auch die Etrusker und Syrakuser gründeten Stützpunkte; 280 v. Chr. folgten die Karthager – was die Römer auf den Plan rief.

Im Ersten Punischen Krieg gegen Karthago ließ der römische Konsul Scipio 259 v. Chr. Alalia zerstören. Seine Eroberung der Insel stieß auf den erbitterten **Widerstand** der korsischen Stämme. Erst 100 Jahre später, nach zehn Feldzügen, konnten sich die Römer 163 v. Chr. auf der Insel behaupten. Ihre Anwesenheit beschränkte sich auf die Militärkolonien Aléria und Mariana sowie die Küstenorte Sagone, Ajaccio und Saint-Florent. Im Jahr 6 n. Chr. wurde Korsika **autonome römische Provinz**. Zwischen 41 und 49 n. Chr. lebte der römische Philosoph **Seneca** im Exil auf Korsika.

**Römische Herrschaft 259 v. Chr. bis 455 n. Chr.**

Das Christentum verbreitete sich ab dem 2. Jh. auf der Insel. Als korsische Märtyrerinnen werden die hl. Restituta, die hl. Devota (►Berühmte Persönlichkeiten) und die hl. Julia verehrt.

# Pisa, Piraten und der Papst

| | |
|---|---|
| **8.–11. Jh.** | Die Sarazenen überfallen wiederholt Korsika und errichten Stützpunkte. |
| **829** | Der toskanische Graf Bonifacio gründet die gleichnamige Stadt. |
| **1078** | Das Bistum Pisa wird zur Verwaltung Korsikas eingesetzt. |
| **1284** | Pisa verliert die Seeschlacht von Meloria, Beginn der Herrschaft Genuas (bis 1768). |

**Völkerwanderung und Sarazenen 534–980**

Im frühen Mittelalter folgten auf die Vandalen die Ostgoten und Byzantiner, die die Insel 534 – 725 mit kurzer Unterbrechung beherrschten. Das kurze Zwischenspiel der Langobarden beendete Frankenkönig Pippin. 755 schenkte er Korsika dem Heiligen Stuhl.
Zwischen dem 9. – 11. Jh. flüchteten die Inselbewohner vor den Sarazenen ins Landesinnere. Noch heute erinnern Ortsnamen wie Campomoro, Morosaglia oder Morsiglia an die maurischen Beutezüge. Durch den Kampf gegen die Sarazenen zu Land und Lehntitel gekommen, etablierten sich lokale Adlige als »**Signori**«, die von ihren Burgen aus das Volk tyrannisierten. Hilfe suchend wandten sich die Korsen an den Vatikan.

**Herrschaft Pisas 1078–1284**

1078 übertrug Papst Gregor VII. die Insel dem Bischof von Pisa, Landolfo. Fast 300 Gotteshäuser im pisanischen Stil entstanden binnen Kürze. Die Entscheidung weckte den Neid der rivalisierenden **Seerepublik Genua**. Im Streit teilte Papst Innozenz III. die Insel 1132 in sechs Diözesen auf: Ajaccio, Aléria und Sagone blieben bei Pisa; Accia, Nebbio und Mariana erhielt Genua, das unzufrieden blieb und durch Überfälle seine Macht auszubauen suchte. Im Krieg zwischen den Seerepubliken bestimmte Pisa den korsischen Adligen **Sinucello della Rocca** als Richter. Zwar brachte er die Insel 1280 wieder unter pisanische Oberhoheit, doch nach der Niederlage in der **Seeschlacht von Meloria** 1284 musste Pisa Genua die Vormachtstellung überlassen.

# 500 Jahre unter Genua

| | |
|---|---|
| **1348** | Ein Drittel der Bevölkerung stirbt an der Pest. |
| **1453** | Genua tritt Rechte an Korsika an die Bank des hl. Georg ab. |
| **1553** | Erste französische Besatzung |
| **1729 – 1755** | Unabhängigkeitskrieg |

**Seerepublik Genua 1284 – 1729**

Genua fand nur bei den Clans im Norden Korsikas Verbündete, die sich gegen die dortigen Signori auflehnten. Die Grafen von Cinarca hingegen kämpften als treue Gefolgsleute von Pisa gegen Genua, und die Signori im Süden der Insel verbündeten sich mit dem König von Aragon, der vom Papst die Einsetzungsrechte für die kirchlichen Ämter von Korsika und Sardinien erhalten hatte.

**Französische Interessen 1557 – 1559**

Genua war verbündet mit dem spanisch-habsburgischen Reich Karls V. Hauptgegner Frankreich hatte das Osmanische Reich als Bündnispartner. Der neben Pasquale Paoli berühmteste Freiheitsheld Korsikas, **Sampiero Corso** (► Berühmte Persönlichkeiten) teilte die Interessen Frankreichs. Ab 1553 versuchte König Heinrich II. von Frankreich (1519 – 1559) mit Hilfe von Sampiero Corso und türkischer Unterstützung, die Insel zu erobern. 1557 wurde Korsika Frankreich angegliedert. Zwei Jahre später musste Frankreich nach Niederlagen gegen Philipp II. von Spanien die Insel an Genua zurückgeben.

**Erneute genuesische Herrschaft von 1562 bis 1729**. 1562 kaufte Genua die Insel der Bank des hl. Georg wieder ab. Weitere Rebellionen von Sampiero Corso blieben erfolglos. 160 Jahre genuesischer Herrschaft folgten. Neue Wachtürme gegen die zunehmende Piraterie wurden gebaut; doch die **übermäßigen Steuern**, die die genuesischen Herren den korsischen Hirten und Bauern abpressten, führten wiederholt zu Wirtschaftskrisen und Aufständen.

## ? WUSSTEN SIE SCHON ...?

- ... dass die Bank des hl. Georg Geldgeber für die Kriege Genuas war? Die äußerst finanzkräftige Institution, vergleichbar den Fuggern in Augsburg, besaß sogar eine eigene Armee. Als 1453 die Schulden Genuas bei der Bank zu hoch wurden, trat die Republik ihre Rechte an Korsika an das Geldinstitut ab, das zum Schutz der Küste 150 Wachtürme errichtete, die auch als Vorratslager und Zufluchtsort der Bevölkerung dienten.

## *Korsika* Historische Stätten

**Unabhängigkeitskriege 1729–1755**

1729 jagten die Korsen die genuesischen Steuereintreiber aus der Castagniccia und plünderten Bastia; 1730 bestimmten sie nach einer Volksabstimmung **Luigi Giafferi** und **Andrea Colonna Ceccaldi** zu Generälen ihres Volkes und riefen 1735 die Unabhängigkeit aus. Genua reagierte mit einer Seeblockade. Hilfe kam 1736: Der westfälische **Theodor Baron von Neuhoff** wurde im April 1736 zum König von Korsika ausgerufen – doch sein Königreich währte nur acht Monate (►Baedeker Special S. 248).

**Pasquale Paoli**

1755 wählte das korsische Volk Pasquale Paoli (►Berühmte Persönlichkeiten) zum **»General der Nation«**. Was der 30-Jährige in den folgenden 14 Jahren aus der von Vendettafehden gezeichneten Insel machte, ist in Europas einzigartig. Im Vertrag von Versailles vom 15. Mai 1768 trat Genua seine Rechte an Frankreich ab. Paoli, den diese Übereinkunft ausschloss, bewegte die Korsen zum Aufstand, doch wurden sie 1769 in **Ponte Nuovo** besiegt. Die Unabhängigkeit Korsikas war endgültig vorbei. Paoli ging ins Exil nach London.

# Spannungsreiche Zeiten

| | |
|---|---|
| **1811** | Korsika wird zum französischen Département Corse zusammengefasst, Ajaccio neue Hauptstadt. |
| **1962–1966** | Konflikt zwischen korsischen Bergbauern und neu angesiedelten »Pieds noirs« |
| **1982** | Korsika erhält Sonderstatus, erste Regionalwahlen. |
| **2003** | Ein Volksentscheid bestätigt die Zweiteilung der Insel in die Départements Nord und Süd. |

**1769: Frankreich übernimmt Korsika**

Der neue **Gouverneur Marbeuf** ergriff strenge Maßnahmen gegen die korsischen Patrioten. Im neu eingeführten Verwaltungssystem fand auch Charles-Marie Bonaparte, der Vater Napoleons, eine Anstellung. Auch Korsika litt unter der Miss- und Günstlingswirtschaft des Ancien Régime. Im Zuge der **Französischen Revolution** kehrte der begnadigte Paoli 1790 auf die Insel zurück. Als die Revolution in die Tyrannei der Jakobiner ausartete, holte Paoli die Engländer zu Hilfe. Die englisch-korsische Herrschaft währte nur zwei Jahre. 1796 musste Paoli erneut ins Londoner Exil gehen, wo er 1807 starb.

**Schleppende Entwicklung**

Im 19. Jh. startete Napoleon III. erste Versuche, die Entwicklung auf Korsika voranzutreiben. Malaria-Gebiete wurden trockengelegt, Straßen und Bahnlinien, Häfen und Leuchttürme gebaut. Der industrielle Aufschwung jedoch ging an Korsika vorbei, das kleinteilig agrarisch blieb. Wirtschaftskrisen bewirkten wiederholt **Auswanderungswellen** nach Nord- und Südamerika, auf das Festland und in die französischen Kolonien: Die Insel blutete aus.

**Erster und Zweiter Weltkrieg**

Im Ersten Weltkrieg fielen rund 30 000 Korsen. Eine Grippeepidemie und Auswanderung dezimierten die Inselbevölkerung weiter. 1942 besetzte Italien Korsika, gefolgt von den Deutschen. 1943 eroberten die Alliierten erst Bastia, dann die ganze Insel. Zum Schutz ihrer Truppen setzten die **Amerikaner** DDT in den Malaria-Gebieten ein.

**Autonomiebestrebungen**

Die Ansiedlung von Algerienfranzosen führte zu Spannungen zwischen den neuen »Pieds noirs« und den Einheimischen. Die Sprengstoffanschläge autonomistischer Bewegungen, besonders der Front de Libération National de la Corse (**FLNC**), richteten sich in den 1960er- und 1970er-Jahren zunächst gegen Projekte der »Pieds noirs«, später gegen die »Annektierung« der Insel durch französische Bodenspekulanten und Investoren im Tourismus. 1975 besetzten Autonomisten den Weinkeller von Aléria und forderten die korsische Unabhängigkeit. Als bei der Aktion zwei Polizisten der paramilitärischen CRS (Compagnie Républicaine de Sécurité) getötet wurden, stieg die Zahl der Attentate enorm an.

**Zugeständnisse der Pariser Regierung**

1982 erhielt Korsika als erste Region Frankreichs ein eigenes **Regionalparlament**. Die FLNC wurde 1983 verboten, ihre militanten Mitglieder gingen in den Untergrund. 1991 verabschiedete die französische Nationalversammlung den **»Plan Joxe«** zur Anerkennung der kulturellen Identität der Korsen. Das korsische Regionalparlament erhielt größere Autonomie in der Verkehrs- und Schulpolitik, bei Raumplanung und Wohnungsbau.

**Autonomisten gegen Korsen**

1993/1994 starben 39 Menschen durch militante Untergrundkämpfer – in einer Umfrage indes sprachen sich 1996 über 90 % der Korsen gegen die Unabhängigkeit von Frankreich aus. Im Februar 1998 wurde der korsische Präfekt, **Claude Erignac**, in Ajaccio auf offener Straße erschossen. Sein Nachfolger **Bernard Bonnet** versuchte, teils mit illegalen Mitteln, die Kriminalität auf Korsika einzudämmen. Nach einem Brandanschlag auf ein Restaurant wurde Bonnet seines Amtes enthoben und verurteilt.

**Politische Lösungsversuche**

Am 6. Juli 2003 lehnten 51 % der Korsen die Zusammenlegung der beiden Départements Nord und Süd zu einer Verwaltungseinheit mit mehr Selbstbestimmung ab.
Zwei Tage vor der Volksbefragung nahm eine Spezialeinheit der Polizei den Mörder des Präfekten Erignac fest: Der 43-jährige Hirte **Yvan Colonna** war im Mai 1999 »in die Berge gegangen« und hatte sich mit Unterstützung von Familie und Freunden jahrelang dem Zugriff der Justizbehörden entzogen. Er wurde 40 km vor Propriano in einer Schäferhütte aufgespürt. Wenige Stunden nach der Festnahme wurden Sprengstoffattentate auf vier Villen von Festlandfranzosen verübt. Der »Kampf« geht weiter.

# Kunst und Kultur

**Menhire mit Waffenschmuck und torreanische Kultbauten, pittoreske pisanische Kirchen, genuesische Türme und französische Prunkbrunnen: Die Kunstschätze Korsikas sind die schönsten Zeugen seiner wechselvollen Geschichte.**

# Kunstgeschichte

## Prähistorische Kultur

**Zeugnisse der Vorzeit**

Die frühesten Kulturzeugnisse Korsikas – die schematischen **Felszeichnungen** der »Grotta Scritta« bei Olmeto auf Cap Corse – stammen aus dem Neolithikum und dienten vermutlich kultischen Zwecken. Werkzeug und Pfeilspitzen aus Obsidian belegen den Handel mit Sardinien. Bei der Impresso-Keramik wurden mit den Rändern der Cardium-Muschel Muster auf einfache Gefäßformen gedrückt.

## Rätselhafte Megalithkultur

**»Große Steine«**

Die Dolmen, Menhire und Alignements der Megalithkultur – von »megas« = groß, »lithos« = Stein – aus der Zeit um 4000 – 1000 v. Chr. wurden erstmals vom französischen Archäologen **Roger Grosjean** ab 1954 erforscht (► Baedeker Special S. 202). Wer sich für die Megalithkultur interessiert, sollte das Musée de Préhistoire Corse in Sartène und die Dolmengräber und Menhire von Cauria besuchen.

**Gräber und Menhire**

Von 4000 bis 2500 v. Chr. wurden die Toten in unterirdischen **Steinkistengräbern** bestattet. Vor manchen Gräbern erheben sich **Menhire**, 1 bis 2 m hohe Steinsäulen.

**Dolmen**

Um 2500 v. Chr. wurden die ersten Dolmen – keltisch »Steintisch« – aus Trag- und Decksteinen errichtet. Berühmtestes korsisches Beispiel für solch ein oberirdisches Megalithgrab ist der »**Stazzone-Dolmen**« von Fontanaccia bei Sartène. Sechs senkrechte, 1,80 m hohe Granitplatten umschließen eine 2,60 m x 1,60 m große Grabkammer, die eine 3,40 m x 2 m große Steinplatte abdeckt.

**Skulptierte Menhire**

Die herausragende Bedeutung der korsischen Menhirfunde beruht auf skulptierten Menhir-Statuen. Ab 2500 v. Chr. verändern die Menhire ihre Gestalt. Sie werden bis zu 4 m hoch und erhalten zunehmend menschliches Aussehen. Ein Einschnitt über den »Schultern« trennt Kopf und Körper. Immer ausgeprägter werden die Gesichtszüge dieser »**Stantari**«, die später als »**Paladini**« Waffen wie Schwert und Dolch tragen. Ein schönes Beispiel ist der bewaffnete »Castaldu I« aus Ciamannacce im Taravotal. Wie Grosjean vermutet, stellen die überlebensgroßen Waffenträger Stammeshäuptlinge oder getötete Krieger dar.

**Alignements**

Ab 2500 v. Chr. entstanden auch Alignements, **Menhir-Reihen**. Mit 258 Granitmonolithen ist das Alignement von Palaggiu die größte

← *Auf Goldgrund gemalte Heiligenbilder schmücken die Ikonostase der griechisch-orthodoxen Kirche von Cargèse.*

*Im Schatten eines Steineichenwäldchens stehen die Menhire von Renaggiu.*

megalithische Steinsetzung im Mittelmeerraum. Ebenfalls eindrucksvoll sind die Alignements von Renaggiu und Stantari auf der Hochebene von Cauria.

## Das Volk der Torreaner

Um 1600 v. Chr. drangen die Torreaner dank ihrer Bronzewaffen, mit denen sie den Urkorsen überlegen waren, in den Südosten Korsikas ein. Namensgeber für das Volk unbekannter Herkunft wurden ihre **turmartigen Rundbauten**, »Torres«, die sie in der Bronzezeit auf Hügeln und Anhöhen errichteten.

**Torreanische Turmbauten**

Die Turmbauten der Torreaner waren meist von einem Ring mächtiger Zyklopenmauern aus Steinblöcken ohne Mörtelbindung umgeben. Ein Gang führte in die Zelle im Inneren. Ein Kuppeldach oder Steinplatten bedeckten das Gebäude. Einige Türme besaßen keine innere Cella, sondern lediglich eine Plattform auf der Spitze, die über eine Rampe zugänglich war. Die Turmbauten, die im Hinterland von Porto-Vecchio, bei Propriano und Sartène sowie in den Hochtälern des Taravo und des Rizzanèse zu finden sind, dienten vermutlich als Grabdenkmäler und Kultstätten.

## Griechen und Römer

**Griechische Seefahrer**

Die Phokäer, Griechen aus Kleinasien, gründeten die Küstenstadt **Alalia** beim heutigen Aléria, drangen aber kaum ins Inselinnere vor und hinterließen außer Nekropolen mit Keramikvasen und Gerätschaften wenig architektonische Zeugnisse. Im Museum von Aléria sind Exponate aus Alalia zu sehen.

**Römische Eroberung**

Die Römer eroberten 259 v. Chr. Alalia, bestimmten es zum Hauptort ihrer Provinz Corsica und gründeten neben kleineren Küstenorten die Stadt Mariana. Von der Römerstadt **Aléria** mit Forum, Tempel, Palast des Prätors, Häusern, Läden und »Fischfabrik« sind bemerkenswerte Ruinen erhalten. Das benachbarte **Museum »Jérôme Carcopino«** besitzt eine umfangreiche Sammlung römischer Fundstücke. In **Mariana** wurden neben der romanischen Kirche La Canonica Spuren der einstigen römischen Stadt freigelegt: Straßen, Thermen, Wohnhäuser sowie Reste der Basilika und des frühchristlichen Baptisteriums aus dem 4. Jahrhundert. Beide Städte traf das gleiche Schicksal: Nach einer militärisch bedingten Blütezeit litten sie unter dem Niedergang des Römischen Reiches. Die Malaria raffte die Bevölkerung dahin, die Alalia im 5. und Mariana im 9. Jh. aufgab.

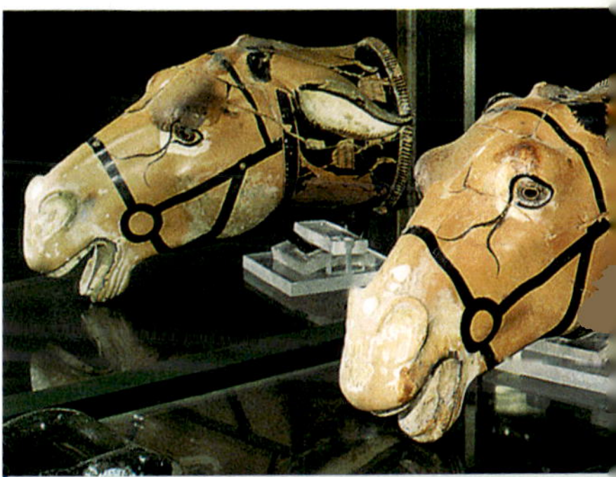

*Attischer Rhyton des 5. Jh.s v. Chr. im Museum von Aléria*

**Frühchristliche Basiliken**

Mit der Verbreitung des Christentums ab dem 3. Jh. entstanden wie in Mariana frühchristliche Basiliken, die im 9. und 10. Jh. von Sarazenen zerstört oder durch Neubauten ersetzt wurden. Mit der Abwanderung in das bergige Binnenland wurden dort meist einfache Kapellen oder Pfarrkirchen errichtet, nur vereinzelt Basiliken in karger Ausstattung, etwa bei **Corte** die Basilika und das Baptisterium von Saint-Jean.

## Pisanische Romanik

**Pisanische Herrschaft (1077 – 1284)**

Mit der pisanischen Herrschaft erhielt die sakrale Baukunst bedeutende Impulse. Zwischen 1077 und 1284 wurden mehr als 300 Kathedralen, Pfarrkirchen und Kapellen errichtet, von denen viele noch erhalten sind. Die typisch pisanisch-romanische **Basilika** wurde aus vielfarbigen Steinblöcken errichtet, deren Material aus Korsika stammt: weißer Kalkstein, brauner, grüner und grauer Schiefer, gelber Tuffstein oder schwarzer Granit. Die Basilika besitzt eine runde Apsis, einen einfachen, rechteckigen Grundriss, den zwei Säulenreihen in drei Schiffe unterteilen, und neben dem Haupteingang an der Fassade oft rechts einen Nebeneingang. Als Schmuck dienen Blendarkaden, Bogenfriese, dekorierte Seitenfenster, Skulpturen mit geometrischen und floralen Motiven sowie Tiere und menschliche Figuren. Die Kirchendächer sind mit dünnen Schieferplatten, korsisch »**Teghie**«, gedeckt.

**Pisanische Sakralbauten** Bedeutende pisanische Kirchenbauten des ausgehenden 12. Jh.s sind die Kathedrale **La Canonica**, die benachbarte Kirche von San Parteo und die Kirche Santa Maria Assunta bei Saint-Florent. Diese Bauten waren Vorbild für weitere romanische Kirchen wie Ste-Christine in Valle di Campoloro oder einfachere Kirchen und Kapellen, z. B. in Aregno, Canari, Carbini oder Lumio.

**Genuesische Kirchen** Während der fast 500 Jahre dauernden Herrschaft Genuas folgte die korsische Baukunst weiter pisanischen Gestaltungsmustern. Die Kirche **San Michele in Murato** aus dem 13./14. Jh. weist die typisch ligurische Zweifarbigkeit des Mauerwerks auf. Diese volkstümlich-romanische Tradition dominierte die Sakralbaukunst bis ins späte 16. Jahrhundert. In dieser Zeit entstanden die Kirchen von Piève, Morosaglia oder Sisco.

**Kirchenfresken** Die auf 1370 datierte Verkündigungsszene auf dem Triumphbogen der Kirche San Michele in Murato ist die **älteste genuesische Freske**. Die Darstellung Christi als Weltherrscher in der Chapelle San Nicolao von Sermano nahe Bozio stammt aus dem 15. Jh., die Fresken von Ste-Christine in Valle di Campoloro bei Cervione von 1473. Die Fresken der Kirchenlehrer und des hl. Michael in der Eglise de la Trinité von Aregno entstanden Mitte des 15. Jahrhunderts.

**Tafelbilder** Die griechisch-orthodoxe Kirche von **Cargèse** besitzt außer einem Gemälde der Grablegung Jesu aus dem 13. Jh. eine byzantinische Ikone Johannes' des Täufers aus dem 16. Jahrhundert. Das Bild des hl. Michael in der Kirche St-François von Canari schuf ein korsischer Künstler im 15. Jh., während das Triptychon der Himmelfahrt Mariens auf das 16. Jh. zurückgeht. Das Franziskanerkloster von Valle d'Alesani birgt eine Kopie der **»Vierge à la cerise«**, das Original der »Jungfrau mit der Kirsche« von 1450 hängt im Louvre. In St-Jean-Baptiste zu Calvi zeigen Seitentafeln eines Triptychons, 1498 vom ligurischen Maler Barbagelata geschaffen, die Verkündigung und Heilige. In der Eglise de l'Annonciation in Corbara werden drei Tafelbilder der Schule von Sassetta aus dem 15. Jh. aufbewahrt, während die Pfarrkirche von Murato ein Gemälde der hl. Maria Magdalena aus der Schule Tizians aus dem

**? WUSSTEN SIE SCHON ...?**

- ... dass die einzige gotische Kirche Korsikas Sainte-Dominique in Bonifacio ist? Auch Einflüsse der Renaissance fehlen in der korsischen Sakralbaukunst.

*Seit Genuas Zeiten führt der Verkehr über diese Tavignano-Brücke.*

16. Jh. birgt. Die Anbetung der Hirten in Campana schuf 1638 der Spanier Francisco de Zurbaran. Die Kathedrale von Ajaccio besitzt mit der »Vierge au Sacré-Cœur« ein Werk von Eugène Delacroix (1798–1863), ferner 15 kleine Tafeln aus dem 17. Jh. mit dem Mysterium des Rosenkranzes.

**Sakrale Plastik**

Im Kloster St-François in Vico wird ein hölzernes Kruzifix aus dem 15. Jh. aufbewahrt. Das kostbare Elfenbeinkruzifix eines Donatello-Schülers aus dem 15. Jh. zeigt das Musée Départemental in Levie. Die Kirche San Martino in Vescovato ist stolz auf ein genuesisches **Tabernakel aus weißem Marmor** von 1441. In Omessa wird in der Chapelle de l'Annonciade eine Marmorstatue der »Jungfrau mit dem Kind« im Stil der Florentiner Renaissance aufbewahrt. Bedeutende Beispiele für volkstümlich-religiöse Holzskulpturen sind die Christusfiguren von Bustanico bei Bozio und Calacuccia im Niolo.

**Zitadellen und Wachtürme der Genuesen**

Unter der Bank des hl. Georg wurden ab 1453 die wichtigsten genuesischen Bollwerke erneuert – die Zitadellen von Ajaccio, Bastia, Calvi und Bonifacio sowie die Festungen von St-Florent, Algajola und Porto-Vecchio – ebenso die Küstenverteidigung durch **150 Wachtürme** ergänzt. Obwohl meist verfallen, prägen immer noch 60 teils restaurierte Wachtürme den Charakter der korsischen Küste.

**Genueser Brücken**

Die Genuesen bauten die Straßen aus und errichteten meist einbogige Brücken. Berühmt ist die Brücke **Spin'a Cavallu** aus dem 13. Jh. im Rizzanèse-Tal bei Sartène; sehenswert sind auch die Bogenbrücken von Ponte Nuovo bei Morosaglia und Asco.

**Barockkirchen**

Ende des 16. Jh.s wurde die »ländliche Romanik« durch den Genueser Barock abgelöst. Nach dem Vorbild der Genueser Chiesa dell'Assunta di Carignano von Alessi entstanden auf Korsika **Zentralbauten mit großer Kuppel** und zwei Glockentürmen, manche – wie La Porta – auch mit frei stehendem, quadratischem **Campanile**. Zu den sehenswerten Barockkirchen gehören in Bastia St-Jean-Baptiste, Ste-Marie und das Oratoire de l'Immaculée Conception, in Calvi St-Jean-Baptiste sowie die Kirchen von Pino und Piedicroce.

**Traditionelle Dorfarchitektur**

Festungen gleich, schmiegen sich die oft unverputzten Wohnhäuser an die Berghänge. Bis heute betrachten die Korsen ihr eigenes Haus als kostbares Familiengut und lassen es lieber verfallen, als es einem Fremden zu übergeben. Seit einigen Jahren unterstützt der Staat die Restaurierung alter Wohnhäuser. Das Erdgeschoss birgt meist Ställe und Lagerräume; im Obergeschoss gruppieren sich die Schlafzimmer um den mittleren Raum mit dem Herdfeuer, dem »Fucone«. Zeugnisse der Blutrache sind die wehrhaften »**Casa Torre**«. Je größer die Familie wurde, desto mehr Stockwerke erhielten die Wohntürme. Mit terrassierten Mauern aus lose geschichteten Steinen ähnlich der ligurischen »Fasce« versuchten die Bauern einst, den steilen Bergen kleine Flecken ebenen Bodens abzugewinnen. Auch die **Hirtenkultur** hat einige Gebäudetypen hervorgebracht, die heute noch anzutreffen sind. Die »**Capanna**«, ein einfacher Steinbau aus einem Raum ohne Fenster und Kamin, umgibt als Eingrenzung für den Schafpferch ein Mäuerchen. Noch einfacher ist der »**Baraccone**«, eine runde Sommerhütte im Gebirge, deren Kuppeldach auf mörtellos geschichteten Steinfundamenten ruht.

! *Baedeker* TIPP

**Korsikas beste Gemäldesammlung**

Kardinal Fesch hat in Ajaccio die einzig nennenswerte Gemäldesammlung Korsikas zusammengetragen. Das Musée Fesch präsentiert fünf Jahrhunderte italienischer Malerei von der Schule Giottos bis zur venezianischen Landschaftsmalerei: Werke von Botticelli wie die »Madonna mit der Girlande«, Madonnenbildnisse von Lorenzo di Credi und Cosimo Tura, den »Mann mit dem Handschuh« von Tizian, die »Leda« von Veronese sowie Werke von Caravaggio, Landschaften von Poussin und Architekturmalerei von Panini.

# Traditionelle Musik und Feste

**Traditionelle Gesänge**

Viele musikalische Traditionen sind nahezu verschwunden: die Wiegenlieder »**Nanne**«, die einst als Liebeserklärung gesungenen »**Oirinadu**«, die zur Vendetta aufrufende Totenklage »**Voceru**« und ihre sanftere Schwester »**Lamentu**«. Mit Glück sind heute noch die »**Chjame e Rispondi**« zu hören, improvisierte Frage- und Antwortgesänge, die Mutterwitz und Schlagfertigkeit verlangen. Eine Renaissance feiert hingegen die Paghjella.

**Paghjella**

Der dreistimmige **A-Capella-Gesang** der Hirten galt bereits als ausgestorben, bis ihn junge Korsen wieder erweckten. Drei Männerstimmen – Tenor, Bariton und Bass – improvisieren nach Gehör ein Lied, das entweder religiösen Inhalts ist oder Liebe, Natur und vergangene Zeiten besingt. Jede Stimme verläuft selbstständig: Der Bariton **»A Segonda«** beginnt und hält die Grundmelodie, der Bass »**A Bassu**« untermalt, der Tenor »**A Terzu**« schmückt aus. Das traditionelle Liedgut wird seit dem Mittelalter mündlich überliefert und basiert neben den Gregorianischen Gesängen auf orientalischen Ursprüngen.

In den 1970er-Jahren wurde die Paghjella im Bozio von zwei Männern der heute noch sehr beliebten Gruppe »**Canta u Populu Corsu**« wieder entdeckt. Noch berühmter sind »**I Muvrini**«. Die »kleinen Mufflons« kombinieren die traditionellen Gesänge mit modernen Instrumenten. »**I Chjami Aghjalesi**« gehört ebenfalls zu den bekannten Gruppen, interessant sind auch »A Filetta«, »Diana di l'Alba«, »Giramondu«, »A Tavagna«, »I Cantelli«, »I Mantini«, »Vaghjime« oder das Trio »Soledonna«. Hörenswerte Einzelinterpreten sind Petru Guelfucci oder Feli. Info: www.musicorsica.net. Jeden Sommer werden bei Konzerten und auf den vielen kleinen und großen **Musikfestivals** (► Praktische Informationen, Feiertage, und Events) wie dem **Festivoce** im Balagne-Ort Pigna traditionelle Musikinstrumente wie Flöte oder Zither gespielt, die auch wieder auf Korsika gefertigt werden.

*A Capella: Tenor, Bariton und Bass improvisieren nach Gehör.*

**Religiöse Feste**

Da jede Kirche und jede Ortschaft einen Schutzheiligen besitzt, werden das ganze Jahr über feierliche Messen und Prozessionen begangen. Den Höhepunkt der Feiern bildet die Karwoche mit der Prozession des »**Catenacciu**« von Sartène (► Baedeker Special S. 245), der »Cerca« von Erbalunga am Cap Corse und den Prozessionen der fünf Bruderschaften von Bonifacio.

# Berühmte Persönlichkeiten

**Auf welchem Sofa wurde Napoleon geboren? Warum erwürgte Sampiero Corso seine schöne, junge Frau? Wer inspirierte Prosper Mérimée zu seiner blutigen Vendetta-Novelle »Colomba«? Kleine Denkmäler für illustre Söhne und Töchter Korsikas.**

## Familie Bonaparte

**Der kometenhafte Aufstieg einer Familie**

Der Stammbaum der Familie Bonaparte lässt sich bis 1440 zurück verfolgen, als Giovanni Bonaparte von Sarzana (La Spezia) nach Bastia zog, um als hoher Beamter unter dem Genueser Gouverneur zu arbeiten. Später zog die Familie nach Ajaccio. 1764 heiratete der 18-jährige Rechtsanwalt Charles-Marie Bonaparte (1746 – 1785) die gerade 14-jährige **Letizia Ramolino** (1750 – 1836). Letizia gebar 13 Kinder, von denen acht überlebten. 1768 wurde der älteste Sohn Joseph geboren. Nach der Abtretung Korsikas an Frankreich kämpfte Charles-Marie Bonaparte mit ►Pasquale Paoli in allen **Feldzügen gegen die Franzosen**. Letizia sammelte im Niolo Männer und Waffen. Nach der Niederlage von Ponte Nuovo anno 1769 erkannten die Bonapartes die Herrschaft Frankreichs an, und die Familie kehrte nach Ajaccio zurück.

Napoleons ältester Bruder Joseph (1768 – 1844) war von 1808 bis 1814 König von Spanien, Lucien (1775 – 1840) wurde Fürst von Canino, Elisa (1777 – 1820) Prinzessin von Lucca und Piombino. Louis (1778 – 1846) war von 1806 bis 1810 König von Holland – Louis' Sohn bestieg als Napoleon III. 1852 den französischen Kaiserthron. Napoleons Lieblingsschwester Pauline (1780 – 1825) avancierte in zweiter Ehe zur Fürstin Borghese; Caroline (1782 – 1839) heiratete Joachim Murat, den späteren König von Neapel. Der Jüngste, Jérôme (1784 – 1860), war von 1807 bis 1813 König von Westfalen.

## Napoleon Bonaparte (1769 – 1821)

**Erster Kaiser der Franzosen**

Am 15. August 1769 kam in Ajaccio Napoleon Bonaparte zur Welt. Seine Mutter Letizia hatte am Gottesdienst zu Mariä Himmelfahrt teilgenommen, als die Wehen einsetzten. Nach der eiligen Heimkehr gebar sie den Sohn auf dem Sofa im Vorzimmer der ersten Etage. 1779 verließ Napoleon die Insel in Begleitung seines Vaters Charles-Marie, der als Vertreter des korsischen Adels nach Versailles ging. Napoleon besuchte die **Militärakademie von Brienne**; 1785 setzte er seine Ausbildung an der Kriegsakademie von Paris fort. 1792 wurde er zum **Oberstleutnant der korsischen Nationalgarde** ernannt und besiegte die Anhänger Pasquale Paolis. Als sich der Konflikt mit den Paoli-Sympathisanten zuspitzte, flüchteten die Bonapartes am 3. Juni 1793 nach Toulon. Während Letizia 1797 nach Korsika zurückkehrte, sah Napoleon die Insel nur 1799 auf seinem Rückweg vom Ägyptenfeldzug wieder. Zurück in Paris, stürzte er das nach der Schreckensherrschaft von Robespierre regierende Direktorium und riss als **Erster Konsul** die Macht an sich. Auf eine allgemeine Volksabstimmung gestützt, machte er sich 1802 zum Konsul auf Lebenszeit und 1804 zum ersten **Kaiser der Franzosen** als Napoleon I.

← *Frankreichs neue »Marianne«: das korsische Topmodel Laetitia Casta*

*Kaiser Napoleon I.*

In den Kriegen gegen die von England angeführte Große Koalition unterwarf Napoleon Österreich und Preußen und besetzte Portugal und Spanien, um durch eine Kontinentalsperre England in die Knie zu zwingen. 1810 heiratete er Marie Louise von Österreich. Ihr einziger Sohn starb mit nur 21 Jahren als »König von Rom«. Durch Einheirat in den europäischen Hochadel als Monarch »legitimiert«, strebte Napoleon die **Herrschaft über ganz Europa** an. Das Scheitern des Russlandfeldzuges 1812/1813, die Niederlage in der Völkerschlacht von Leipzig im Okt. 1813 und die Besetzung von Paris zwangen Napoleon 1814 schließlich zur **Abdankung** und zum **Exil** auf Elba. Im Frühjahr 1815 versuchte er in den berühmten **»100 Tagen«** die Macht zurückzugewinnen, doch wurden seine Truppen bei Waterloo endgültig geschlagen. Napoleon selbst wurde auf die Atlantikinsel Sankt Helena **verbannt**, wo er 1821 starb. 1840 wurden seine Gebeine nach Paris überführt und im Invalidendom beigesetzt.

## Danielle Casanova (1909 – 1943)

**Widerstandskämpferin**

Das Geburtshaus von Danielle Casanova in Ajaccio beherbergt heute das Musée du Capitellu. Bereits 1927 ging Danielle Casanova zum Studium der Zahnmedizin nach Paris und wurde Mitglied der Kommunistischen Partei. Sie beteiligte sich am Spanischen Bürgerkrieg und gab eine feministische Zeitschrift heraus. Anfang 1943 wurde sie von den Nationalsozialisten ins **Konzentrationslager Auschwitz** deportiert, wo sie typhuskranke Mithäftlinge pflegte, bis sie selbst der Krankheit erlag.

## Sampiero Corso (1498 – 1567)

**Freiheitskämpfer**

Sampiero Corso wurde 1498 in Dominicacci bei Bastelica als Sohn wohlhabender Bauern geboren. Seine militärische Laufbahn führte ihn als **Hauptmann der »Schwarzen Bande«** der Medici nach Florenz. 1536 trat Sampiero in den Dienst des französischen Königs Franz I. und nahm an den Feldzügen gegen Karl V. teil. Nachdem er in Perpignan das Leben des Dauphins Heinrich II. gerettet hatte, ernannte dieser ihn 1547 zum **Generaloberst der korsischen Infanterie**. Reich und berühmt kehrte Sampiero auf die Insel zurück, wo er mit 49 Jahren die 15-jährige Vannina d'Ornano aus altem korsischen Adel heiratete. Unterstützt von französischen Truppen, kämpfte Sampiero 1553 für die **Befreiung Korsikas** von der genuesischen Herrschaft, bis er verraten und in Bastia gefangen genommen wurde.

Heinrich II. ließ ihn befreien, um mit seiner Hilfe Besitz von der Insel ergreifen zu können. 1557 wurde Genua besiegt; Frankreich annektierte Korsika. Zwei Jahre später fiel die Insel wieder an Genua. Sampiero aber gab nicht auf. Seine Ehefrau **Vannina d'Ornano** hatte indes aus ungeklärten Gründen Kontakt mit Genua aufgenommen. Sampiero bezichtigte sie des Verrats und erwürgte sie, doch vermutlich war Eifersucht das Tatmotiv. Die Familie d'Ornano setzte ein Kopfgeld von 2000 Golddukaten auf Sampiero aus und verbündete sich mit Genua. Der Schildknappe Vittolo verriet Sampiero an Vanninas Angehörige, die ihn am 15. Januar 1567 auf der Straße von Suarella stellten und enthaupteten.

## ? WUSSTEN SIE SCHON ...?

- ... dass das Top-Model Laetitia Casta (► S. 44) eine Korsin ist? Streng genommen wurde sie zwar am 11. Mai 1978 in Pont Audemer in der Normandie geboren, aber Casta verbrachte jeden Sommer bei ihrem Vater im kleinen Bergdorf Lumio, auf »ihrer Insel«. Mit 15 Jahren wurde sie von der Pariser Modelagentur Madison auf Korsika am Strand entdeckt. Im Jahr 2000 löste Casta Cathérine Deneuve als »Marianne« ab. Die Büste der Symbolfigur der französischen Revolution ist in jedem Rathaus der Republik zu finden.

## Heilige Devota (? – 304)

**Schutzheilige Korsikas**

Die heilige Devota wurde vermutlich auf Korsika geboren. Sie war eine **glühende Anhängerin des Christentums** und soll an allen Tagen außer Sonntag gefastet haben. Da sie sich trotz Befehl des Präfekten Barbarus weigerte, den römischen Göttern zu opfern, ließ Barbarus sie foltern und töten. In der Nacht wurde ihr Leichnam von Christen gestohlen, die Devota fern der Insel würdig begraben wollten. Obwohl der Wind von Norden her wehte, folgte das Boot einer weißen Taube in diese Richtung und landete im Hafen von **Monaco**, wo Devota beerdigt wurde. Sie gilt als Schutzpatronin der monegassischen Fürstenfamilie Grimaldi und seit 1820 als eine der drei Schutzheiligen von Korsika.

## Prosper Mérimée (1803 – 1870)

**Schriftsteller**

Zu literarischen Ehren kam Korsika, als ein Herr aus Paris 1839 als Inspekteur der Commission des Monuments Historiques die Insel bereiste. Mehr als die Bauten interessierten ihn die Traditionen der Insel: Vendetta und Totenklage. Seine Begegnung mit Colomba Bartoli, die unerbittlich die Fehde zwischen ihrer Familie und der Familie Durazzo geschürt hatte, inspirierte Prosper Mérimée 1840 zur Novelle »**Colomba**«: »Ich begegnete Madame Colomba, die hervorragende Gewehrkugeln herstellt und sich ebenso gut darauf versteht, sie an selbige Personen zu schicken, die das Pech haben, ihr zu missfallen.« Mérimées literarische Verarbeitung der Vendetta, fortgeführt mit »Matteo Falcone«, sorgte in Paris für Aufsehen, bescherte der Insel ein romantisch-verklärtes Bild und löste eine ungewöhnliche Rei-

# DER »KÖNIG VON KORSIKA«

**Er war wohl die schillerndste Persönlichkeit der korsischen Geschichte: Der westfälische Adlige Theodor Baron Neuhoff, kaum mehr als ein fahrender Glücksritter, trug 1736 für wenige Monate als Theodor I. Zepter und Krone.**

**Theodor Baron Neuhoff** wurde 1694 in eine verarmte westfälische Adelsfamilie hineingeboren. Um dem Sohn eine standesgemäße Erziehung zu ermöglichen, gab man ihn an den Hof von Versailles, wo er als **Page** der Liselotte von der Pfalz aufwuchs. Der romantisch veranlagte Theodor spielte gern um Geld und führte ein **unstetes Dasein**, immer auf der Suche nach Finanzquellen und neuen Abenteuern. Bei seinen **Reisen quer durch Europa** blieb er an mehreren Fürstenhöfen und versuchte, durch Spekulationen zu Geld und Ansehen zu gelangen, meist jedoch mit zweifelhaftem Erfolg. Er schmückte sich mit klingenden Titeln wie Lord von England oder Grande von Spanien, spionierte für die Schweden in Spanien und heiratete eine reiche irische Erbin, die er bald wieder verließ.

## Hilferuf aus Korsika

In der toskanischen Hafenstadt Livorno winkte ihm dann das Glück. Er traf auf **Exilkorsen**, die ihm die traurigen Verhältnisse ihrer Heimatinsel schilderten: Seit 1792 herrsche dort heller Aufruhr, nur mühsam könne die Republik Genua ihre Macht behaupten. 1735 sei in Corte die Souveränität der Insel erklärt worden. Da die katholische Kirche den Aufstand gegen Genua gutgeheißen hatte, habe man die umkämpften Gebiete fürs Erste unter den Schutz der Gottesmutter gestellt und sei nun dabei, in den europäischen Residenzen nach einem geeigneten Prinzen oder Fürsten Ausschau zu halten. Theodor hörte den korsischen Gesandten aufmerksam zu und erkannte seine Chance. Er machte ihnen **märchenhafte Versprechungen**: Er wolle seine weit verzweigten Kontakte spielen lassen, um Korsika von der genuesischen Herrschaft zu befreien. Waren und Waffen könne er auf jeden Fall beschaffen. Als Gegenleistung erwarte er die Inthronisierung als König von Korsika. Die Korsen stimmten zu.

## Vom Baron zum König

Neuhoff gelang es, griechische und jüdische Kaufleute in Tunis für die Insel zu interessieren. In Afrika rekrutierte er eine bunte Truppe von Söldnern und stach auf einem Schiff unter britischer Flagge in See, beladen

*Glücksritter mit Zepter und Krone: Theodor Baron Neuhoff*

mit Waffen und 6000 Schuhen als Handelsgut. Am 12. März 1736 gingen sie am Strand von Aléria an Land. **Ferdinand Gregorovius** beschrieb den geckenhaften Aufzug in seinem Werk »Corsica« von 1854: »Er war angetan mit einem langen Kaftan von scharlachroter Seide, im Gürtel steckten reich ausgelegte Pistolen und in der rechten Hand hielt er einen langen Zepterstab.« Nach einem Umzug durch die Dörfer der Castagniccia mit Blumengirlanden und Kanonendonner wurde er im Kloster Valle d'Alesani am 15. April 1736 zum König ausgerufen. Residenz wurde der Bischofspalast von Cervione. Dem König stellte man einen Rat von 24 Männern sowie **Agostino Giafferi** und **Giacinto Paoli** als Minister zur Seite. Um des Königs Kasse zu füllen, wurden an Clanchefs Adelstitel und Ordensschmuck verteilt. Der König ließ Münzen prägen, versuchte die Wirtschaft mit jüdischen Kaufleuten anzukurbeln und belagerte die Festungen von Genua.

## Das Ende der Regentschaft

Die europäischen Fürstenhöfe waren ob dieser Entwicklung verblüfft, so dass es Genua leicht fiel, gegen das »Königreich« einzuschreiten. Bald erkannten auch die Korsen, dass die finanziellen Versprechungen Theodors I. nicht erfüllt wurden. Um der **Rache der Korsen** zu entgehen, schiffte sich Theodor am 11. November 1736 unter dem Vorwand, sich selbst um die ausbleibenden Nachschublieferungen zu sorgen, in Solenzara ein und ging, als Priester verkleidet, in Livorno an Land.

## Erneute Versuche

Noch zweimal versuchte Theodor, sein »Königreich« zurückzuerobern. Mit finanzieller Unterstützung **holländischer Kaufleute** gelang es ihm, mit drei Schiffen voller Waffen und Kriegsmaterial 1738 zu landen. Da inzwischen die Franzosen die Insel eingenommen hatten und ihm der korsische Adel die kalte Schulter zeigte, mussten Theodors Schiffe jedoch wieder Anker lichten. Bei seinem letzten Versuch, 1743, ging er mit drei britischen Schiffen in L'Ile Rousse an Land. Auch diesmal wollte niemand auf ihn setzen, er hatte seine Glaubwürdigkeit verspielt. So verließ Neuhoff desillusioniert »seine« Insel und ging nach **London**, wo ihn seine Gläubiger für die nächsten sechs Jahre in den Schuldturm brachten. 1756 starb der einstige König von Korsika arm und vereinsamt. Bizarr wie sein Leben war auch sein Begräbnis: Bezahlt wurde es von einem Fremden, dessen Wunsch es war, einmal in seinem Leben einen König begraben zu lassen.

selust aus: Man ließ sich mit verbundenen Augen in die Macchia verschleppen, um dort einen der berüchtigten Banditen zu treffen.

## Pasquale Paoli (1725 – 1807)

**Korsischer Staatsmann**

Der korsische Patriot Pasquale Paoli mit dem Ehrentitel **»Vater des Vaterlandes«** (»Babbu di a patria«) wurde am 6. April 1725 in Morosaglia geboren. Seine Eltern waren überzeugte Anhänger der Unabhängigkeitsbewegung und gingen nach dem Zusammenbruch der Regentschaft von Theodor Baron Neuhoff (1736), bei der der Vater ein Ministeramt bekleidete, ins Exil nach Neapel. Hier erwarb Paoli eine hervorragende Universitätsbildung: Er beherrschte vier Sprachen und besaß neben wirtschaftlichen Kenntnissen eine umfassende klassische Bildung. Als **Kavallerieleutnant** des Reggimento Real Farnese von Syrakus unterhielt er Beziehungen zu Exilkorsen.

*Korsischer Patriot mit Visionen*

Nach der Ermordung des Freiheitskämpfers Gianpiero Gaffori 1753 rief man Paoli in die Heimat, wo er am 29. April 1755 landete. Als **»General der korsischen Nation«** bestimmte Paoli 14 Jahre lang das Schicksal Korsikas. Trotz des Widerstands einheimischer Familienclans schuf er ein demokratisches Staatssystem mit Gewaltenteilung. Er machte Corte zur Hauptstadt, verabschiedete eine neue Verfassung, organisierte ein Heer und erklärte die Unabhängigkeit Korsikas. Seine Erneuerungsprojekte erfassten alle Bereiche: Aus Wertgegenständen, die die Kirchen stellten, ließ er Münzen prägen, er förderte die Landwirtschaft, insbesondere den Kartoffelanbau, ließ Sümpfe trockenlegen, eröffnete Bergwerke, organisierte das Volksschulwesen, gründete 1765 die Universität von Corte und veröffentlichte eine freie Zeitung. Die Werke von Jean-Jacques Rousseau und James Boswell trugen den Ruhm des **aufge-**

**klärten Herrschers** über Europa hinaus in die Neue Welt. 1768 trat Genua, faktisch nicht mehr Herrscher der Insel, Korsika an Frankreich ab, ohne Paoli zu berücksichtigen. Der »General der korsischen Nation« rief seine Landsleute erneut zu den Waffen, doch nach ersten Erfolgen gegen die Franzosen wurden die Korsen am 8. Mai 1769 in der **Schlacht von Ponte Nuovo** endgültig besiegt. Paoli schiffte sich am 13. Juni in Porto-Vecchio ein und begab sich ins **Londoner Exil**.
Nach 21 Jahren kehrte der amnestierte Paoli im Auftrag der französischen Nationalversammlung 1789 auf die Insel zurück. Kurz darauf erklärte ihn die jakobinische Regierung zum Verräter der Nation. Korsika indes ernannte Paoli zum **»Generalissimo«**. Er rief England zu Hilfe, und der junge Seeoffizier Nelson eroberte Saint-Florent, Calvi und Bastia. Da Paoli bei der Gründung des englisch-korsischen Reiches 1794 wieder übergangen wurde, nahmen die Kämpfe und Aufstände kein Ende. 1795 ging Paoli erneut ins **englische Exil**, 1796 vertrieb Frankreich die Engländer endgültig von Korsika. Pasquale Paoli starb am 5. Februar 1807 in London.

## Marie-Claude Pietragalla (geb. 1962)

**Tänzerin und Choreografin**

Marie-Claude Pietragalla, deren väterliche Vorfahren aus Korsika stammen, gilt als eine der besten Tänzerinnen der Gegenwart. Sie studierte Ballett an der Oper in Paris und gehörte der Kompagnie ab 1979 an. 1988 avancierte sie zur **Primaballerina**, seit 1998 ist sie Direktorin des Ballet National de Marseille. Erfolge heimste die zierliche, braunhaarige Frau nicht nur als Tänzerin ein, sondern auch als Choreografin des modernen Tanzes. Seit der Premiere 1996 feiert das Ballett »Corsica«, von Marie-Claude Pietragalla zu Chansons des korsischen Komponisten und Sängers Petru Guelfucci choreografiert, triumphale Erfolge. Info: www.pietragalla.com.

## Marie Susini (1916 – 1993)

**Schriftstellerin**

Die korsische Schriftstellerin Marie Susini aus Renno beschrieb in ihren Romanen und Dramen das **Alltagsleben** in Korsika, Sitten, Gebräuche und Grundhaltungen nach den strengen Regeln der Familie. Besonderes Augenmerk legte sie auf die Rolle der korsischen Frau. Die bedeutende korsische Schriftstellerin hatte Kontakte zu Albert Camus, war seit 1970 Mitglied der Jury des Prix Femina, seit 1980 Mitglied der Académie des Sciences Humaines und ist in Vico, südlich von Renno, begraben.

NATUREL.
Vierge EXTRA
GENNARE
NATUREL..
Vierge EXTRA.
GENNARE

# Praktische Informationen

WAS SIND DIE KULINARISCHEN SPEZIALITÄTEN KORSIKAS? WO LEGEN DIE FÄHREN ZUR INSEL AB? WAS DÜRFEN SIE AUF KEINEN FALL ZU HAUSE VERGESSEN? LESEN SIE ES NACH, AM BESTEN SCHON VOR DER REISE!

# Anreise · Reiseplanung

## Anreisemöglichkeiten

**Mit dem Schiff** Die Anreise mit der Fähre ist sowohl vom französischen als auch vom italienischen Festland aus möglich. In der Hochsaison sind die Fähren hoffnungslos ausgebucht – **Überfahrten sollten daher mehrere Monate im Voraus reserviert werden**! Buchungen sind von jedem Reisebüro aus oder im Internet möglich. Da Korsika näher an Italien als an Frankreich liegt, sind die Überfahrten von französischen Mittelmeerstädten etwas teurer. In der Nebensaison und während der Woche sind die Tarife meist günstiger. Die Fahrtdauer schwankt beträchtlich: Tagsüber bringen Schnellfähren die Passagiere in vier bis sechs Stunden auf die Insel, die Nachtfähren schippern von Nizza in zwölf Stunden nach Bastia.

**Rechtzeitig buchen!**

**Hinweise** Der Check-In für die Fähren beginnt 90 Minuten vor der Abfahrt. Große Gepäckstücke wie **Fahrräder** oder **Surfbretter** auf dem Gepäckträger müssen vorab gebucht und bezahlt werden – sonst kann man von der Fähre verwiesen werden.

**Fähren von Italien** Den Fährverkehr von Italien nach Korsika teilen sich die großen Schifffahrtsgesellschaften Corsica Ferries und Moby Lines sowie die deutlich kleinere Corsica Marittima, eine Tochtergesellschaft der SNCM. **Corsica Ferries** fährt z.T. mit Hochgeschwindigkeitsfähren von Livorno nach Bastia, von Savona nach Bastia, Calvi und L'Ile Rousse. **Moby Lines** fährt in der Saison von Genua und Livorno nach Bastia sowie von Santa Teresa di Gallura (Sardinien) nach Bonifacio. **Corsica Marittima** verkehrt in der Saison zwischen Genua und Bastia bzw. zwischen Livorno und Bastia sowie Porto-Vecchio.

**Fähren von Frankreich** Die größte Schifffahrtsgesellschaft ist das französische Staatsunternehmen SNCM / Ferryterranée (Société Nationale Maritime Corse Méditerranée). Einen deutlich kleineren Teil des Fährgeschäfts wickeln Corsica Ferries und C.M.N. ab. **SNCM** fährt von Marseille nach Ajaccio, Bastia, Porto-Vecchio und Propriano, von Toulon nach Ajaccio, Bastia, L'Ile Rousse und Porto-Vecchio sowie von Nizza nach Ajaccio, Bastia, Calvi, L'Ile Rousse und Porto-Vecchio. **Corsica Ferries** verkehrt zwischen Toulon und Ajaccio, Bastia und L'Ile Rousse sowie zwischen Nizza und Ajaccio, Bastia und Calvi. **C.M.N.** (Compagnie Méridionale de Navigation) fährt in der Saison von Marseille nach Ajaccio, Bastia, Porto-Vecchio und Propriano sowie von Porto Torres (Sardinien) nach Propriano.

**Mit dem Flugzeug** Air France, C.C.M. Airlines, Air Littoral und Air Lib bieten ganzjährige Verbindungen nach Korsika, das vier Flughäfen besitzt: in Ajaccio (Campo dell'Oro), Bastia (Poretta), Calvi (Ste-Catherine) und Figari-Sud Corse.

Von April bis Oktober bieten zahlreiche Chartergesellschaften Korsika-Flüge mit und ohne Unterkunft oder Mietwagen an. In der Saison fliegt auch Lufthansa mit Zwischenstopp von Frankfurt/Main via München nach Bastia und die Deutsche BA von Berlin nach Bastia. Innerkorsische Flugverbindungen bietet die Fluggesellschaft Kyrnair.

## Ein- und Ausreisebestimmungen

**Reisedokumente**

Für Reisende aus Staaten der Europäischen Union (EU) und der Schweiz genügt der gültige **Personalausweis**. Kinder unter 16 Jahren, die nicht im Elternpass aufgeführt sind, benötigen einen eigenen Kinderausweis. Mitzuführen sind der Führerschein, der Kraftfahrzeugschein und die Internationale Grüne Versicherungskarte. Kraftfahrzeuge ohne Euro-Kennzeichen müssen das ovale Nationalitätskennzeichen tragen.

**Haustiere**

Hunde und Katzen benötigen einen veterinäramtlichen **Heimtierausweis**. Er enthält ein amtstierärztliches Gesundheitszeugnis (höchstens

## INFORMATIONEN ANREISE

### FÄHREN NACH KORSIKA

▸ **Corsica & Sardinia Ferries GmbH**
Georgenstr. 38
D-80799 München
Tel. 0180 50 04 83
Fax 089 / 38 99 91 12
www.corsicaferries.com

Tourship (Schweiz) AG
Wehntalerstr. 102
CH-8057 Zürich
Tel. 0900 / 77 88 98

▸ **Moby Lines Europe GmbH**
Wilhelmstr. 36 – 38
D-65183 Wiesbaden
Tel. 06 11 / 1 40 20
Fax 06 11 / 1 40 22 44
www.mobylines.de

▸ **SNCM**
Berliner Str. 31–35
D-65760 Eschborn
Tel. 0 61 96 / 4 29 11
Fax 0 61 96 / 48 30 15
www.sncm.fr

▸ **Wasteels Reisen AG**
Eigerplatz 2
CH-3007 Bern
Tel. 0 31 / 3 70 90 90
Fax 0 31 / 3 70 90 91

▸ **C.N.M.**
B. P. 52345
F-13000 Marseille
Cedex 2
Tel. 04 91 99 45 00
Fax 04 91 99 45 99
www.cmn.fr

**FLUGHÄFEN AUF KORSIKA**

▸ **Ajaccio**
Tel. 04 95 23 56 56
www.ajaccio.aeroport.fr

▸ **Bastia**
Tel. 04 95 54 54 54
www.bastia.aeroport.fr

▸ **Calvi**
Tel. 04 95 65 88 88
www.calvi.aeroport.fr

30 Tage alt), ein mindestens 20 Tage und höchstens elf Monate vor der Einreise ausgestelltes Tollwut-Impfzeugnis sowie ein Passbild. Außerdem muss das Tier einen Mikrochip oder eine Tätowierung tragen. Maulkorb und Leine sind bei Hunden mitzuführen.

**Zollbestimmungen**

Für den steuerfreien privaten Gebrauch gelten folgende **Höchstmengen**: 800 Zigaretten, 400 Zigarillos, 200 Zigarren oder 1 kg Rauchtabak, 10 l Spirituosen, 20 l Zwischenerzeugnisse, 90 l Wein, davon maximal 60 l Schaumwein, sowie 110 l Bier. Für Reisende aus Nicht-EU-Ländern, so auch Schweizer Staatsbürger, liegen die Freigrenzen für Personen älter als 17 Jahre bei 200 Zigaretten, 100 Zigarillos, 50 Zigarren oder 250 g Rauchtabak; ferner 2 l Wein und 2 l Schaumwein oder 1 l Spirituosen mit mehr als 22 Vol.% Alkoholgehalt oder 2 l Spirituosen mit weniger als 22 Vol.% Alkoholgehalt, 500 g Kaffee oder 200 g Kaffeeauszüge, 100 g Tee oder 40 g Teeextrakt, 50 g Parfüm oder 0,25 l Eau de Toilette sowie Geschenkartikel im Wert von 175 €. Bei der Wiedereinreise in die Schweiz liegt die Freigrenze für Spirituosen bei 1 l Spirituosen mit mehr als 15 Vol.% Alkoholgehalt oder 2 l Spirituosen mit weniger als 15 Vol.%.

## Reiseversicherungen

**Krankenversicherung**

Mit der ab 2005 in den EU-Mitgliedsländern schrittweise eingeführten Europäischen Krankenversicherungskarte haben EU-Bürger im Krankheitsfall Anspruch auf **ärztliche Behandlung** nach den in Frankreich gültigen Vorschriften. Auch mit dieser Karte muss in den meisten Fällen ein Teil der Kosten für ärztliche Behandlung und Arzneimittel selbst bezahlt werden. Gegen Vorlage der Quittungen erstattet die Krankenkasse zu Hause die Auslagen – allerdings nicht für jede Behandlung. Es ist daher ratsam, zusätzlich eine private **Reiseversicherung** abzuschließen.

# Auskunft

## WICHTIGE ADRESSEN

### AUSKUNFT ZU HAUSE

▸ **Maison de la France in Deutschland (Französisches Fremdenverkehrsamt)**
Zeppelinallee 37
D-60325 Frankfurt/M.
Tel. 0900 / 1 / 57 00 25
Fax 0900 / 1 / 59 90 61
www.franceguide.com

▸ **Maison de la France In Österreich (Französisches Fremdenverkehrsamt)**
Lugeck 1-2
A-1010 Wien
Tel. 0900 / 25 00 15
Fax (01) 5 03 28 72
www.franceguide.com

▸ **Maison de la France in der Schweiz (Französisches Fremdenverkehrsamt)**
Rennweg 42
CH-8023 Zürich
Tel. 0900 / 90 06 99
Fax (01) 2 17 46 17
www.franceguide.com

### AUSKUNFT IN KORSIKA

▸ **Agence du Tourisme en Corse**
17, Boulevard Roi Jérôme
F-20181 Ajaccio Cedex 1
Tel. 04 95 51 00 00
Fax 04 95 51 14 40
www.visit-corsica.com

### DIPLOMATISCHE VERTRETUNGEN

▸ **Deutsches Honorarkonsulat**
c/o SOCODIPHA, RN 19
Zone industrielle de Furiani
F-20200 Bastia
Tel. 04 95 33 03 56
Fax 04 95 33 88 89

▸ **Schweizer Generalkonsulat**
7, Rue d'Arcole
F-13291 Marseille Cedex 6
Tel. 0496 10 14 10 / 11
Fax 0491 57 01 03
www.eda.admin.ch

▸ **Österreichisches Konsulat**
10, Rue Bonaparte
F-20000 Ajaccio
Tel. 06 08 05 24 88
Fax 04 95 21 22 28
www.amb-autriche.fr

### INTERNET

▸ **Infos zu Frankreich allgemein**
www.franceguide.com
www.frankreich-info.de

▸ **www.visit-corsica.com**
Recht informative Homepage des korsischen Tourismusverbandes, leider nur auf Französisch und Englisch.

- **www.toute-la-corse.com**
  Sehr praktische Homepage, auch auf Deutsch, mit vielen Informationen zu Unterkünften, Shopping, Restaurants etc. sowie nützlichen Links.
- **www.corsica.net**
  Privates Korsika-Portal (auf Deutsch) mit praktischen Informationen, Hintergrundthemen, Reiseführer zu den Regionen.
- **www.paradisu.de**
  Ein Korsika-Fan aus der Schweiz teilt sein enormes Wissen über die Insel mit, inkl. Fotos und Links.
- **www.bike-and-smile.de**
  Die ultimative Website für alle Biker, die nach Korsika fahren.

# Badestrände

**Gute Wasserqualität** Die korsischen Badestrände (►Karte S. 19) sind vergleichsweise sauber, das Meerwasser ist dank regelmäßiger Kontrollen und zahlreicher Kläranlagen von guter Qualität. Die durchschnittliche Wassertemperatur liegt im Sommer bei 24 °C, im Winter bei 14 °C.

**Sandstrände** Ein Drittel der 1000 km langen Küste besteht aus Sandstränden. Sie befinden sich in und bei Ajaccio, Aléria, Algajola, Agriates, Bonifacio,

## i Strandperlen

- Schwarze Schönheit: Hohe Felsen umrahmen den feinsandigen dunklen Sandstrand von Nonza am Cap Corse.
- Bräunen mit Burgblick: Das Sonnen und Schwimmen am 6 km langen Plage von Calvi verschönert die mächtige Zitadelle.
- Den feinen Sandstrand Plage de Péro bei Cargèse begrenzen Felsen und genuesische Türme.
- Südlich von Porto-Vecchio konkurrieren zwei Strände um den Titel »Schönster Strand der Insel«: der 2 km lange Plage de Palombaggia und die Badebucht von Santa Giulia.
- Selbst kleinste Kinder fühlen sich am sanft auslaufenden Sandstrand der Baie de Stagnolo nördlich von Porto-Vecchio wohl.
- Türkisfarbenes Wasser plätschert an den weiten Sandstrand von Lozari, der selbst zur Hauptsaison nicht überlaufen ist.

Calvi, Cargèse, Galéria, L'Ile Rousse, Lumio, Marine de Sant'Ambroggio, Monticello, Moriani-Plage, Marine de Pietracorbara, Pinarello, Porticciolo, Porto-Vecchio, Propriano, Porto-Pollo, Sagone und Tiuccia.

**Gemischte Strände**

Sand- und Kieselstrände gibt es in und um Bastia, Ile Cavallo, Anse de Ficajola, Nonza, Saint-Florent und Solenzara, gemischte Kiesel- und Geröllstrände in und bei Caldarello (Figari), Centuri-Port, Girolata, Miomo, Partinello, Porto, San Martino di Lota und Marine de Sisco. Die anderen korsischen Badeorte besitzen Felsküsten.

**FKK**

Die langen Sandstrände der Ostküste sind ein beliebtes Urlaubsziel für Anhänger der Freikörperkultur. Hier sind einige Campingplätze und Bungalowsiedlungen für Nudisten direkt am Strand entstanden (z. B. nördlich von Prunete). Die meisten Ferienanlagen besitzen jedoch getrennte FKK-Strände.

# Mit Behinderung unterwegs

Korsika gehört zu den Reisezielen, die zwar behindertenfreundlich, aber nicht unbedingt behindertengerecht sind. Besonders wer eine individuelle Reise plant, sollte rechtzeitig mit den Vorbereitungen beginnen – die Auswahl an geeigneten Hotelzimmern, Campingplätzen oder Ferienhäusern ist begrenzt. Probleme bereiten auch die Zugänge zum Strand, die nur selten Rampen besitzen. Damit Menschen mit Handicap dennoch ihre Reise genießen können vermittelt der BSK-Reiseservice geschulte »Reise-Assistenten« als Begleiter.

## BEHINDERTENREISEN

- **Bundesverband Selbsthilfe Körperbehinderter e.V.**
  Altkrautheimer Straße 20
  D-74238 Krautheim
  Tel. 062 94 / 4281-0
  www.bsk-ev.org

- **Comité National Français de Liaison pour la Réadaption des Handicapés (CNFLRH)**
  236 bis, Rue de Tolbiac
  F-75013 Paris
  Tel. 01 45 48 90 13
  Infos über Behinderten-Ferien

- **Association des Paralysés de France (A.D.P)**
  17, Boulevard Auguste Blanqui
  F-75013 Paris
  Tel. 01 40 78 69 00
  www.apf.asso.fr
  Verlegt einen Hotel- und Restaurantführer für behindertengerechtes Reisen

# Elektrizität

Die Netzspannung beträgt 220 Volt Wechselstrom. In französische Steckdosen passen Flachstecker, Schukosteckern benötigen einen Adapter. Besser als Europa-Norm-Gerätestecker sind Adaptersets.

# Essen und Trinken

**Korsische Küche** Die korsische Küche weist Einflüsse der italienischen und französischen Kochkunst auf, kennt aber vor allem recht bodenständige Gerichte, die mit Olivenöl, Wurst und Schinken und dem frischen Schafskäse »**Brocciu**« zubereitet werden. Auf Korsika öffnen die **Restaurants** mittags zwischen 12.00 und 14.00 Uhr; am Abend wird das Dîner von 19.00 bis 22.30 Uhr serviert. Nach 21.00 Uhr werden meist keine warmen Bestellungen mehr angenommen. In den Cafés hingegen werden kleinere Gerichte wie warm gefüllte Baguettes, Omelettes, Salate oder Toastgerichte bis nach Mitternacht serviert. Zahlreiche Crêperien haben nur mittags oder am frühen Abend geöffnet. Relais Routiers sind einfache Lokale, die vor allem Arbeiter und Fernfahrer mit einem preiswerten »Plat du jour« verköstigen. Zu diesem Mittagstisch mit solider Hausmannskost gehören stets Suppe, Salat, Hauptgang, Dessert und Café.

## Spezialitäten auf Korsika

**Vorspeisen** Als Vorspeise wird gerne »**Charcuterie corse**«, die traditionelle Aufschnittplatte, serviert. Die verwilderten Hausschweine ernähren sich in den Wäldern von Kastanien, Eicheln und den Gewürzkräutern des

► **PREISKATEGORIEN**

Die angeführten Preise gelten für ein 3-Gänge-Menü ohne Getränke.

Fein und teuer:
über 45 €

Erschwinglich:
25 – 45 €

Preiswert:
bis 25 €

Restaurants:
►Reiseziele von A bis Z

! *Baedeker* TIPP

**Routes des sens authentiques**

Auf sechs »Routen der authentischen Sinne« lässt sich die Küche der korsischen Regionen entdecken – in Käsereien, Weinkellern, beim Imker oder direkt in der Küche.
Die Routen führen durch das Vallée du Taravu, Sud Corse, Costa Sertena, Castagniccia, Centru di Corsica und I Tré Vaddi; Info: www.corsica-terroirs.com/routes.

Unterholzes, und ihr Fleisch wird geräuchert: Diese exklusiven Faktoren verleihen den korsischen Schweinefleischprodukten einen ganz besonderen Geschmack. Versuchen sollte man den Räucherschinken »**Prisittu**«, der im Sommer mit Feigen serviert wird, den würzigen Rollschinken »Coppa«, aber auch »Lonzu« (geräuchertes Schweinefilet), »Pulpone« (Presssack), »Figatelli« (geräucherte Leberwürstchen) sowie die Würste aus Quenza und dem Niolo. Hoch geschätzt wird auch Amselpastete mit Myrtenbeeren – trotz der Einwände von Naturschützern.

**Erster Gang**

Der erste Gang ist meist eine Suppe, ein Nudelgericht – oder eine »Pulenta«, ein Brei aus Kastanienmehl. Pulenta mit kalter Ziegenmilch heißt »Birulli« und wird oft mit geräucherten Leberwürstchen verzehrt. »Aziminu« nennt man die korsische Fischsuppe.

**Hauptgerichte**

Nur an der Küste gehört **Fisch** zur korsischen Küche. Gegrillt, gebraten oder im Rohr gebacken, werden Seebarben, Zahnbrassen, Goldbrassen, Seewolf und Sardinen, im Landesinneren mit Vorliebe Forellen und Aale verzehrt. Lieber als das importierte Rindfleisch essen die Korsen **Lamm- oder Ziegenfleisch**, das mit den aromatischen Macchiagewürzen zubereitet wird. Weitere typische Hauptgerichte sind Kutteln mit Zwiebeln (»piverunata«), geschmortes Zicklein mit Paprika, Wildschweinkeule mit Kastanienpüree und geräuchertes Ziegenfilet (»migisca«).

**Käse**

Nicht wegzudenken aus der korsischen Küche ist »**Brocciu**«, ein milder Frischkäse aus Schafs-, Ziegenmilch oder einem Mix beider Milchsorten, der in warmer Molke bis zum Ausflocken erhitzt und dann abgeschöpft wird. Verzehrt wird »Brocciu« in vielen Varianten: ungewürzt, mit Zucker und Aquavit oder gesalzen, als Pfannkuchen mit Pfefferminze oder in Süßspeisen. Andere Käsesorten aus Schafsmilch, wie »**Toma**« und »**Fetta**«, werden in den Bergen des Niolo hergestellt. Zu einer typischen Käseplatte gehören schließlich auch korsischer Schafskäse (»Brebis«) oder Ziegenkäse (»Chèvre«).

**Süßspeisen** Zu den typischen Süßspeisen zählen die »**Castagnina**«-Torte aus Kastanien, Walnüssen, Pinienkernen, Mandeln und Rosinen, »**Fritelle**«-Krapfen mit frischem »Brocciu«, Honig, Früchten oder Kräutern, der Orangenblütenpudding »**Fiadone**«, die Brioche-ähnlichen »Falculelle« von Corte und die »**Canistrelli**«, ein Mürbegebäck mit Anis, Mandeln, Haselnüssen oder Kastanien.

**Honig und Konfitüren** Den korsischen Honig prägen die intensiven Düfte der Macchia. Berühmt ist vor allem der Honig aus Asco. Besondere Konfitürenwerden aus den Beeren des Erdbeerbaums, aus Myrtenbeeren, Esskastanien und Zitrusfrüchten erzeugt. Auch für kandierte Zitronatzitronen ist Korsika bekannt.

## Was trinkt man?

**Korsischer Wein** Griechen brachten vor rund 2500 Jahren die ersten Weinreben nach Korsika. Die Römer weiteten den Weinbau aus und exportierten korsischen Wein nach Italien. Später führten die Seefahrer von Cap Corse jahrhundertelang die Weine aus. In den 1960er-Jahren begann an der Ostküste die staatliche Förderung der Weinbauern, die größtenteils Landweine mit der Bezeichnung »**Vin de Pays. L'Ile de Beauté**« erzeugten. Massenanbau und Weinpanschskandale brachten den korsischen Wein Anfang der 1970er-Jahre in Verruf. Heute produziert Korsika auf 20 000 ha überwiegend Tafelweine. Neben Patrimonio, das 1986 als erstes Weingut Korsikas das Gütezeichen AOC erhielt, führen sechs weitere korsische Weingüter dieses Qualitätssiegel. Drei Rebsorten, die nicht auf dem französischen Festland angebaut werden, dominieren den Anbau: die tiefrote **Nielluccio**-Traube als Variante des toskanischen Sangiovese, die **Sciacarello**-Traube, die einen

### WINZERVEREINIGUNGEN

- **Comité Intersyndical des Vins de Corse (CIV)**
  7, Bd. du Charles de Gaulle
  F-20200 Bastia
  Tel. 04 95 32 91 32
  www.vinsdecorse.com

- **U. V. A. Corse**
  c/o Clos Capitoro
  Route de Sartène – Ld Pisciatella
  F-20116 Porticciu
  Tel. 04 95 25 19 61
  Fax 04 95 25 09 33
  www.clos-capitoro.com

vollmundigen Rosé ergibt, sowie die weiße **Vermentino**-Traube (Malvoise de Corse), die auf Cap Corse wächst. Ebenfalls dort angebaut wird der weiße **Muskateller**.

Neben Wein ist **Bier** ein beliebtes Getränk. Man unterscheidet zwischen Flaschenbier (canette) und Bier vom Fass (bière pression). Das korsische »**Pietra**«-Bier erinnert im Geschmack an Kastanien. **Mineralwasser** gibt es als stilles Tafelwasser (eau minérale) oder mit Kohlensäure (eau gazeuse); aus Korsika kommt z. B. das mineralienreiche **Orezza**-Wasser der Castagniccia. Als Aperitif ist wie überall in Frankreich der **Pastis** bzw. Ricard beliebt, ein mit viel Eiswasser aufgefüllter Anisschnaps; landestypischer sind der süße Likör »**Cap Corse**« aus Bastia und der »**Vin de Noix (Nusswein)**», der an Portwein erinnert.

# Feiertage, Feste und Events

Das ganze Jahr über finden auf Korsika religiöse, kulturelle und sportliche Veranstaltungen statt. Im Folgenden ist eine Auswahl der wichtigsten Veranstaltungen zusammengestellt.

## GESETZLICHE FEIERTAGE

1. Januar – Neujahrstag (Jour de l'an)
März / April: Ostermontag (Lundi de pâques)
1. Mai – Tag der Arbeit (Fête du travail)
8. Mai – Waffenstillstand 1945 (Armistice)
Mai / Juni: Christi Himmelfahrt (Ascension)
14. Juli – Nationalfeiertag (Fête nationale)
15. August – Mariä Himmelfahrt (Assomption)
1. November – Allerheiligen (Toussaint)
11. November – Waffenstillstand 1918 (Armistice)
25. Dezember – Weihnachtsfeiertag (Noël)
An Feiertagen bleiben Ämter, Geschäfte und manche Museen geschlossen. Ein Feiertag ist häufig auch das Fest des Schutzpatrons eines Ortes.

## EVENTS IM JANUAR

► **Sant'Antonio-Fest**
Prozessionen in Aregno und Corbara

## IM FEBRUAR

► **Carneval**
Karnevalsumzug in Corte

## IM MÄRZ

► **Notre-Dame de la Miséricorde**
18. März: Fest der Schutzheiligen von Ajaccio

## IM APRIL

► **Festival de Musique Classique**
Polyphoner Gesang, traditionelle korsische Musik, Jazz in Lozari

## IN DER KARWOCHE

► **Gründonnerstag**
Prozession mit Segnung des Canistrelli-Gebäcks in Calvi
Prozession Le Christ Mort, Corte

► **Karfreitag**
Prozessionen in vielen Inselorten. Höhepunkte: Bußgang des Catenacciu in Sartène (►Baedeker Special S. 245)
Prozession der fünf Bruderschaften in Bonifacio
A Cerca (Die Suche)-Prozession zu Kirchen und Kapellen in der Umgebung von Erbalunga

*Prozession der hl. Restituta*

► **Ostermontag**
Rosenkranz-Prozession, Calvi
Prozession der hl. Restituta in Calenzana.

## IM MAI

► **Christ des Miracles**
3. Mai: Prozession zu Ehren des Kruzifixes von Ste-Croix in Bastia

## IM JUNI

► **Les journées médiévales**
Mittelalter-Spektakel in Bonifacio

► **Nautival**
Festival rund um das Meer in Macinaggio (Cap Corse)

► **Fest des hl. Erasmus**
2. Juni: zu Ehren des Schutzheiligen der Fischer und Seeleute in den Hafenstädten Ajaccio, Bastia, Propriano und Calvi

► **Fest des Johannes des Täufers**
24. Juni in Bastia (Schutzpatron der Stadt)

► **Jazzfestival**
Calvi

► **La Nuit du Conte**
Märchenerzählnacht in Vero (zwischen Ajaccio und Vizzavona)

## IM JULI

► **14. Juli, Nationalfeiertag**
Tanz und Feuerwerk auf der ganzen Insel

► **Internationales Musikfestival**
Klassische Musik und Opern auf dem Place d'Austerlitz in Ajaccio

► **La Relève des Gouverneurs**
Ablösung der Gouverneure – Historienspektakel in Bastia

► **Internat. Folklore-Festival**
Corte

► **Fête du Livre Corse**
Korsische Buchmesse in L'Ile Rousse

► **Les Nuits de la Guitare**
Gitarrenfestival in Patrimonio.

► **Festivoce**
Traditionelle Musik in Pigna, Calenzana und anderen Balagne-Dörfern

*Gitarrenjazz der Weltklasse hört man im Juli in Patrimonio.*

## IM AUGUST

- **Notre-Dame-des-Neiges**
  Wallfahrt zur Kirche Notre-Dames-des-Neiges, Bavella

- **Mariä Himmelfahrt**
  15. August: Der kirchliche Feiertag und Geburtstag von Napoleon wird in Ajaccio mit Umzügen und Gedenkfeiern begangen, in Calvi mit Gottesdiensten und dreitägigem Volksfest.

- **Hl. Bartholomäus**
  24. August: Prozession in Bonifacio

- **Festa Antica**
  Römisches Historienspektakel in den Ruinen von Aléria

- **Festival de Musique**
  Dreitägiges Musikfestival in Erbalunga

- **Paghjella-Gesangswettbewerb**
  Valle d'Alesani

## IM SEPTEMBER

- **Fest der Santa del Niolo**
  6. – 8. September: Prozession und Jahrmarkt in Casamaccioli

- **Mariä Geburt**
  8. September: Wallfahrt zur Notre-Dame des Grâces in Lavasina

- **Rencontre Polyphonique**
  Internationales Treffen zur Polyphonie in Calvi

► **Settembrinu de Tavagna**
Musikfestival in neun Dörfern der Castagniccia

IM OKTOBER

► **Musicales**
Musik, Tanz und Theater in Bastia

► **Festiventu**
Festival rund um den Wind in Calvi

IM NOVEMBER

► **Festival du Film des Cultures Méditerranées**
Filmfestspiele der Mittelmeerländer in Bastia

# Geld

Seit 1. Januar 2002 ist der **Euro** (€) in Frankreich ebenso wie in Deutschland, Österreich und anderen Ländern der Europäischen Union offizielles Zahlungsmittel. Für die nicht an das Euro-System angeschlossene Schweiz gilt: 1 sfr = 0,61 €, 1 € = 1,65 sfr.

An den französischen Geldautomaten (bancomat) lässt sich mit **Kredit- und Bankkarten** – in Kombination mit der Geheimnummer – rund um die Uhr Geld abheben. Gängige Kreditkarten werden von Banken, Hotels, Restaurants, Autovermietern und vielen Einzelhandelsgeschäften akzeptiert.

### i Karte verloren?

- Ist eine Bank- oder Kreditkarte verloren gegangen oder wurde das Handy gestohlen, können sämtliche sperrbaren Medien seit 2005 unter einer einheitlichen Notfall-Nummer gesperrt werden. Innerhalb Deutschlands ist die Nummer kostenlos, aus dem Ausland müssen die Gebühren für das Ferngespräch übernommen werden. **Tel. 00 49 69 116 116 bzw. 00 49 116 116**.

# Gesundheit

**Ärztliche Hilfe** ► Anreise, Reiseplanung und Reiseversicherung

**Ärzte** In den Branchenbüchern Pages Jaunes finden sich Ärzte unter »**Médecins**«, Zahnärzte unter »**Dentistes**«. Ärzte mit Englisch- oder Deutschkenntnissen sind meist den Fremdenverkehrsämtern bekannt.

**Apotheken** Ein grünes Kreuz am Geschäft kennzeichnet die »**Pharmacie**«. Welche Apotheke nachts und am Wochenende Bereitschaftsdienst hat, wird an den Türen der Apotheken und in der Lokalpresse angezeigt. Öffnungszeiten: 9.00 – 12.00, 14.00 – 18.30 Uhr.

# Mit Kindern unterwegs

Strand, Sand und Meer

Korsika eignet sich hervorragend für einen Familienurlaub, der auch für die Eltern Erholung bedeutet. Die sanft ins Meer abfallenden **Sandstrände** der Ostküste sind ideale Tummelplätze zum Plantschen, Sandburgen bauen, Surfen und Beachvolleyball spielen. Bootsausflüge bieten neue Perspektiven auf das Urlaubsland, und seichte Flussbecken im Landesinneren verschaffen Abkühlung in der Tageshitze. Wer auf eine Wasserrutsche nicht verzichten will, muss für das Abenteuerbad »Aqua Cyrne« bei Porticcio tief in die Tasche greifen. Geruhsamer ist es, in den Häfen den Fischern bei der Arbeit zuzusehen, schnittige Jachten zu bewundern oder – vor allem in Ajaccio und Bastia – die Riesenpötte im Hafen zu beobachten.

*Pures Strandvergnügen*

Zahlreiche kürzere **Wanderungen** führen auf den Spuren von Asterix durch schönes Gelände – zu Fuß, hoch zu Ross oder mit Lasteseln (► Urlaub aktiv). Angehende Kletterfreaks finden in den Bergen reichlich Übungsgelände – und nördlich von Solenzara den zwar teuren, aber gut gemachten Adventure Park (► Reiseziele, Solenzara). Eine Tour mit dem Fahrrad rund um das Cap Corse ist auch für Jugendliche eine Herausforderung. Ohne Anstrengung, dafür mit fantastischen Ausblicken lässt sich die Insel mit der korsischen Schmalspurbahn (► Baedeker Special S. 252) erobern.

Lebendige Geschichte

Auf Korsika wird Geschichte zum Lokaltermin: In Ajaccio wird Napoleon plötzlich lebendig, und in Filitosa oder Cauria tauchen Kulturen aus grauer Vorzeit auf.

# Knigge

Zurückhaltung, Höflichkeit und gute Umgangsformen

In Frankreich legt man Wert auf gute Umgangsformen. Höflichkeit, stilgerechtes Auftreten und rhetorische Feinheiten sind alltägliche Verhaltensstandards. Besonders an **religiösen Orten** ist Zurückhaltung geboten. Ärmellose T-Shirts, Shorts oder Miniröcke sind ebenso unerwünscht wie lautes Auftreten.
Bei der **Begrüßung** unter Freunden schütteln Männer sich die Hände, für Frauen gibt es Küsschen rechts und links, je nach Region zwei, drei oder vier – lassen Sie sich überraschen!

Anders sind auch die Sitten am Abend. Während mittags im **Restaurant** noch legere Freizeitkleidung ohne Augenzucken toleriert wird, ist sie abends völlig out. Zum stilvollen Abendessen, das immer aus mehreren Gängen besteht und Stunden dauern kann, gehört auch, dass die Tische vorab reserviert werden – und niemand den Essensgenuss durch die Suche nach einem freien Sitzplatz stört. Eine freie Platzwahl ist in Frankreich nur in einfachsten Lokalen üblich – sonst wird am Eingang gewartet, bis die Bedienung den Platz zuweist. Nicht nur nach einem ausgiebigen Essen in einem Restaurant, bereits nach einer Tasse Kaffee ist **Trinkgeld** üblich, das man auf das leere Tellerchen oder in die Rechnungsmappe legt.
Das **Rauchen** ist seit 2008 in allen öffentlichen Gebäuden, Hotels, Restaurants, Cafés und Diskotheken in Frankreich verboten.
Die »Grande Nation« ist stolz auf ihr Land, ihre Kultur und Geschichte – der Schlüssel zum Verständnis vieler Eigenarten. So sind sich die Franzosen auch der Schönheit, Präzision und Klarheit ihrer eigenen **Sprache** sehr bewusst, tun sich aber im Allgemeinen schwer mit Fremdsprachen. Am besten eignen Sie sich vor der Reise die wichtigsten Wörter für Begrüßung, Zimmerreservierung und Bestellung im Restaurant an – man wird es zu schätzen wissen!

# Literaturempfehlungen

**Romane und Geschichten**

**Kleeberg, Michael**: Der König von Korsika. dtv Taschenbuch 13102, München 2003. Theodor Baron Neuhoff alias Theodor I. König von Korsika – Romanbiografie einer der schillerndsten Figuren des 18. Jh.s, der die einzige Monarchie auf Korsika begründete – und nach gut acht Monaten den Rückzug antreten musste.

**Mérimée, Prosper**: Colomba. Ullstein TB, Berlin 1990.
Die berühmte Novelle über Korsika, den Ehrenkodex korsischer Banditen und die Blutrache erregte bei ihrem Erscheinen 1840 in Frankreich großes Aufsehen.

**Ortoli, J. B. Frédéric**: Die Steinsuppe. Märchen und Geschichten aus Korsika. Unionsverlag, Zürich 1996.
In abgeschiedenen Landstrichen wird die Kunst der mündlichen

## i Schmöker fürs Hotelbett

- **Juskiewitsch, Walter**: Macchia, Book on Demand, 2000. Der Pariser Starjournalist Daniel Perot und seine Freundin Jacqueline Bertin beschließen, ihren Freund Lacour überraschend auf Korsika zu besuchen. Was als harmloser Urlaub beginnt, entwickelt sich zum Horrortrip durch die Niederungen der Seele.
- **Michel, Nicolas**: Emilies letzte Reise. Klett-Cotta, Stuttgart 2003. Emilie, die tot im Meer vor Korsikas Küste treibt, und acht Menschen, deren Schicksal mit Emilie verknüpft ist – das Romandebüt des jungen Schriftstellers erhielt mehrere Auszeichnungen.
- **Swindells, Madge**: Die Frau aus Korsika, Lübbe Taschenbuch 25833, 2007. Mit 16 Jahren wird Sybilia Rocca auf Korsika zur Ehe gezwungen. Als sie nach Jahren der Hölle einen Mord begeht, soll sie nach dem Gesetz der Blutrache sterben ...

Überlieferung sehr gepflegt. Hier ist aufgezeichnet, was Ortoli bei seinen vielen Wanderungen über die Insel gegen Ende des 19. Jahrhunderts erfuhr.

**Uderzo, Albert / Goscinny, René**:
Asterix auf Korsika. Egmont Ehapa Verlag, Stuttgart 2003.
Wie immer mit viel Wortwitz ausgestattet, erzählt der Band, wie der ebenso tapfere wie listige kleine Krieger und sein großer Freund es schaffen, einen von den Römern gefangenen Rebellen wieder in seine Heimat zurück zu bringen.

Bildbände

**Prager, Christian / Kolf, Johanna**: Korsika. La Corse.
Artcolor / Eggenkamp, Hamm 2001.
Opulentes, zweisprachiges Werk mit vielen eindrucksvollen Bildern von der »Ile de Beauté«, der Insel der Schönheit.

**Raach, Karl-Heinz / Drouve, Andreas**: Reise durch Korsika.
Stürtz Verlag, Würzburg 2003.
Mehr als 180 Bilder zeigen Korsika aus den verschiedensten Blickwinkeln, mit Liebe zum Detail und Sinn für das Ganze.

# Notrufe

## WICHTIGE RUFNUMMERN

- **Polizei**
  Tel. 17
- **Notarzt, Krankenwagen**
  Tel. 15
- **Feuerwehr**
  Tel. 18
- **Deutschsprachige Pannenhilfe AIT-FIPA Assistance**
  Tel. 05 10 61 06
- **Deutschsprachige ADAC-Notrufstation**
  Tel. 04 72 17 12 22
- **ADAC-Notrufzentrale München**
  Tel. 0049 / 89 / 22 22 22
- **ACE-Notrufzentrale Stuttgart**
  Tel. 00 49 / 18 02 / 34 35 36
- **DRK-Flugdienst Bonn**
  Tel. 00 49 / 228 / 23 00 23
- **ÄAMTC Wien**
  Tel. 00 43 / 1 / 251 20 00
- **Schweizerische Rettungsflugwacht Zürich**
  Tel. 00 41 / 3 / 33 33 33 33

# Post · Telekommunikation

**Postämter** In größeren Städten sind die **PTT** – Poste, Télégraphe, Téléphone –, die Postämter, Mo. – Fr. durchgehend 8.00 – 19.00 Uhr und Sa. 9.00 bis 12.00 Uhr geöffnet. In kleineren Orten sind die PTT mittags 12.00 – 14.00 Uhr geschlossen. Neben den klassischen Postdiensten gehören Telefax- und Internet-Terminals zum Service. An alle Postämter lassen sich postlagernde Briefe und Päckchen schicken. Neben dem Postamt muss der Vermerk »Poste Restante« auf der Adresse stehen. Nicht abgeholte Sendungen werden nach 15 Tagen zum Absender zurückgeschickt.

**Briefmarken** »**Timbres**« sind nicht nur in der Post, sondern auch in Tabakläden, Bars mit Zigarettenverkauf und dort, wo es Ansichtskarten gibt, erhältlich. Luftpost heißt auf Französisch »Par avion«.

**Briefkästen** Französische Briefkästen sortieren die Post vor – sie enthalten häufig mehrere Einwurfschlitze für die Ziele der »**Lettres**« – einen Schlitz für die Stadt vor Ort bzw. das entsprechende Département, einen Schlitz für »autres destinations« im In- und Ausland sowie für Eilbriefe mit dem Vermerk »par express«.

**Telefon** Die öffentlichen Telefonzellen sind heute **Kartentelefone**. Münzfernsprecher finden sich nur noch in den Cafés und Postämtern. **Telefonkarten** mit 50 und 120 Gebühreneinheiten gibt es in den Postämtern, Tabakläden und Büros der France Telecom.

**Handys** Die französischen Mobilfunkanbieter France Telecom, SFR und Bouygues arbeiten mit dem europäischen GSM-Mobilfunkstandard. Allerdings ist das Netz in ländlichen Regionen nicht flächendeckend.

## VORWAHLEN

▶ **von Frankreich**
nach Deutschland: 00 49
nach Österreich: 00 43
in die Schweiz: 00 41
Die 0 der Ortsnetzkennzahl entfällt.

▶ **von Deutschland, Österreich und der Schweiz nach Frankreich**
00 33
+ die 9-stellige Rufnummer des Gesprächspartners ohne die Anfangs-0.

## TELEFONAUSKUNFT

Tel. 12
(Renseignements téléfoniques)

## BILLIGTARIFE

Täglich von 22.30 bis 8.00 Uhr, Sa. ab 14.00 bis Mo. 8.00 Uhr sowie an Feiertagen. Ferngespräche innerhalb Frankreichs wochentags schon ab 18.00 Uhr.

Bei Gesprächen von und nach Deutschland, Österreich oder der Schweiz fallen je nach Anbieter hohe Roaming-Kosten an. Abhilfe schaffen französische Prepaid-Karten – allerdings ändert sich die eigene Rufnummer.

**Internet**

**Internetcafés** finden sich in jeder korsischen Stadt. Günstig und gut ist die »**Cyperposte**«: In jedem nicht zu kleinen französischen Postamt steht ein Internet-Terminal. Zur Nutzung genügt eine Kundenkarte, die sofort ausgestellt wird mit Einheiten zu 20 oder 50 €.

# Preise und Vergünstigungen

In **Bistros und Cafés** sind Getränke am Tresen günstiger als am Tisch oder auf der Terrasse und nachts teurer als tagsüber. Die günstigsten **Tankstellen** findet man neben großen Supermärkten wie Leclerc, Casino, Cactus oder Carrefour. **Kinder** bis zu sieben Jahren erhalten meist einen Preisnachlass von 50 %; Kleinkinder können oft kostenlos die Museen oder anderen Attraktionen besuchen. Häufig werden auch vergünstigte **Familienkarten** angeboten. **Studenten** erhalten gegen Vorlage des internationalen Studentenausweises in Museen oder im Kino verbilligte Eintrittskarten.

## WAS KOSTET WIE VIEL?

**Benzin (1 l Super)**
ab 1,20 Euro

**Espresso »petit noir«**
ab 1,80 Euro

**1 Flasche Wein im Restaurant**
ab 15 Euro

**Doppelzimmer**
ab 50 Euro

**Einfache Mahlzeit**
ab 8 Euro

**3-Gang-Menü**
ab 20 Euro

# Reisezeit

Die wohl schönste Jahreszeit auf Korsika ist das **Frühjahr**, wenn von März bis Mai die Macchia blüht und ihren berauschenden Duft auf der ganzen Insel verbreitet. Zwar regnet es gelegentlich, doch die Temperaturen sind angenehm. Da im Mai/Juni in höheren Lagen oft noch Schnee liegt, sind die **Herbstmonate** September und Oktober eher geeignet für Wanderungen. Während sich die Insel in herbstliche Farben hüllt, lädt das Meer mit 20 Grad Wassertemperatur zum Baden ein. Die **Winter** sind an der Küste kurz und mild mit Höchsttemperaturen von 18 Grad. In Lagen ab 1500 Meter Höhe jedoch herrscht alpines Klima mit Frost und ausgiebigem Schneefall, der Wintersport ermöglicht (► Urlaub aktiv). Während der Schulferien im **Juli und August** dominieren französische und italienische Badegäste. Entlang der Küste herrscht Hochbetrieb, viele Quartiere sind überbucht, die Straßen verstopft, auf den Stränden drängen sich Sonnenanbeter und Wassersportler. Die Sonne sticht vom Himmel, das Thermometer klettert bis auf 36 Grad. Mit 23 bis 25 °C bietet auch das Meer nur wenig Abkühlung. Verregnete Ferien sind so gut wie ausgeschlossen – durchschnittlich gibt es auf Korsika nur 50 Regentage, dafür aber mit 2731 Sonnenstunden doppelt so viel Sonnenschein wie in Düsseldorf.

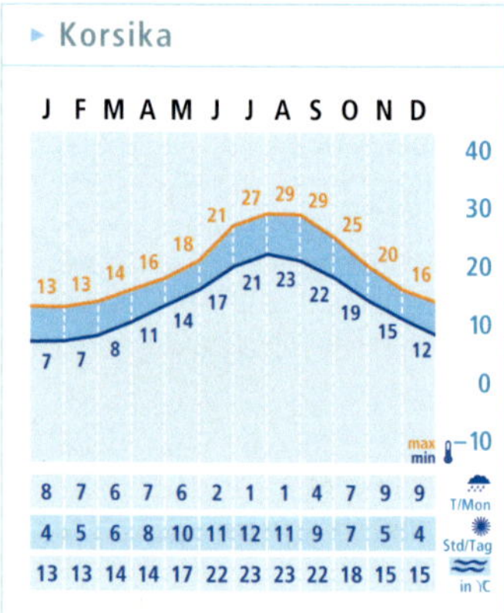


**Woher der Wind weht**

Aus allen Himmelsrichtungen bläst es – windstill ist es auf Korsika selten. Sieben Winde arbeiten an Stein und Fels, wühlen das Meer auf, erfrischen und erhitzen die Insel. Kühl und heftig faucht der **Mistrale** aus dem Rhonetal herüber, heiß und trocken lässt der **Scirocco** aus der Sahara die Temperaturen steigen, kalt und trocken kommt der Bergwind **Tramontana** nach Korsika. Der Westwind **Ponente** ist mild, der Südwind **Libeccio** zuweilen wild und stürmisch. Schwüle Luft aus dem Osten bringen der **Grecale** und der **Levante**.

## REISEWETTER

► **Wettervorhersage**
www.wetter.de

► **Französischer Wetterdienst**
www.meteofrance.com

# Shopping

**Wo geht man einkaufen?**

Schnitzereien aus Kastanienholz, Web-, Textil- und Töpferwaren gehören zu den schönsten Erzeugnissen des traditionellen **korsischen Kunsthandwerks**, das durch die Gründung der Kunsthandwerksvereinigung »**Corsicada**« in Pigna 1964 wiederbelebt wurde. Mittlerweile gibt es drei Vereinigungen mit eigenen Verkaufsstätten: Casa di l'Artigiani, Corsic'Arte und Casa Paesana. Tipp: In der Balagne führt die **Route des Artisans** (Strada di l'Artigiani) zu Keramikern, Korbflechtern und anderen Kunsthandwerkern, die in den Dörfern arbeiten. Beliebte **kulinarische Mitbringsel** sind Honig, Kräuter, Olivenöl, Konfitüre, Wein, Wurst, Schinken und Käse – so kann man ein bisschen vom Duft der Macchia mit nach Hause nehmen.

## i Die schönsten Märkte

- Käse, Schinken, traditionelle Kekse und Honig kann man auf dem morgendlichen Marché des Square César-Campinchi in Ajaccio kosten und kaufen (tgl. bis 12.00 Uhr).
- Flohmarktbummel und Flanieren auf dem von Platanen beschatteten Place St-Nicholas in Bastia (sonntags)
- U Scontru di i Pastori, Käsemarkt in Renno – probieren Sie den berühmten Schafsfrischkäse Brocciu (Mai).
- Foire de l'Olivier, Olivenfest in Cassano bei Montemaggiore (Juli)
- Mandelfest in Aregno (August)
- Maronenfest in Evisa (November)
- Kastanienmarkt bei Bocognano (Anfang Dezember)

# Sicherheit

**Gefahren und Vorsichtsmaßnahmen**

Sprengstoffattentate und viele Morde: Zwar gerät Korsika immer wieder in die Schlagzeilen, doch handelt es sich fast immer um Abrechnungen im Drogenmilieu oder um politische oder wirtschaftliche Rivalitäten. Die stets vorab angekündigten **Attentate** fanden meist außerhalb der Saison statt und trafen nie Touristen. Häufig jedoch sind **Autoeinbrüche**. Darum sollte man nichts sichtbar im Auto lassen, auf keinen Fall Wertgegenstände. Dringend zu empfehlen ist eine Reisegepäckversicherung.

# Sprache

**Amtssprache Französisch**

Bis 1769 war Italienisch Amtssprache, bis 1870 die Kultursprache, und in den 1970er-Jahren hatte das Französische als Amtssprache die überlieferte Regionalsprache fast verdrängt: das **Korsische**. Heute wird sie als Zeichen nationaler Eigenständigkeit bewusst wiederbelebt. In Tageszeitungen finden sich Artikel auf Korsisch, in den Schulen ist Korsisch Wahlfach, seit 1989 gibt es einen Lehrstuhl für korsische Sprache und Kultur an der Universität Corte. Über den Ursprung der korsischen Sprache, deren viele Inseldialekte heute mit »Hochkorsisch« unter einen Hut gebracht werden sollen, gibt es zwei Theorien. Nach einer Version basiert es auf Vulgärlatein, nach einer anderen auf keltisch-ligurischen Ursprüngen. Die Herrschaft der Römer und Genueser hinterließ italienische Spracheinfärbungen. So enthält das Korsische im Norden typisch toskanische Elemente, im Süden sardische Eigenheiten. Die Sprachgrenze verläuft ungefähr von Ajaccio über Bastelica, Bocognano und Ghisoni nach Aléria.

## SPRACHFÜHRER FRANZÖSISCH

### Auf einen Blick

| | |
|---|---|
| Ja./Nein. | Oui./Non. |
| Bitte. | S'il vous plaît (s.v.p.). |
| Danke. | Merci. |
| Gern geschehen. | De rien. |
| Entschuldigen Sie! | Excusez-moi! |
| Wie bitte? | Comment? |
| Ich verstehe Sie/dich nicht. | Je ne comprends pas. |
| Ich spreche nur wenig Französisch. | Je parle un tout petit peu français. |
| Können Sie mir bitte helfen? | Pouvez-vous m'aider, s'il vous plaît? |
| Sprechen Sie Deutsch | Parlez-vous allemand / |
| Ich möchte ... | J´aimerais ... |
| Das gefällt mir nicht. | Ça ne me plaît pas. |
| Haben Sie ...? | Vous avez ...? |
| Wie viel kostet es? | Ça coûte combien? |
| Wie viel Uhr ist es? | Quelle heure est-il? |

### Kennenlernen

| | |
|---|---|
| Guten Morgen / Tag! | Bonjour! |
| Guten Abend! | Bonsoir! |

| | |
|---|---|
| Hallo / Grüße dich! | Salut! |
| Wie ist Ihr Name, bitte? | Comment appellez-vous, s'il vous plaît? |
| Wie geht es Ihnen / dir? | Comment allez-vous /vas-tu? |
| Auf Wiedersehen! | Au revoir! |

**Unterwegs / Auskunft**

| | |
|---|---|
| links / rechts | à gauche / à droite |
| geradeaus | tout droit |
| nah / weit | près / loin |
| Bitte, wo ist ...? | Pardon, où se trouve ..., s.v.p.? |
| Wie weit ist das? | C'est à combien de kilomètres d'ici? |

**Tankstelle**

| | |
|---|---|
| Wo ist die nächste Tankstelle? | Pardon Mme / Mlle / M, où est la station-service la plus proche? |
| Ich möchte ... Liter | Je voudrais ... litres, s.v.p. |
| ... Super | ... du super |
| ... Diesel | ... du diesel |
| ... Bleifrei / mit ... Oktan | ... du sans-plomb / ... octanes. |
| Volltanken, bitte. | Le plein, s'il vous plaît. |

**Unfall**

| | |
|---|---|
| Hilfe! | Au secours! |
| Achtung! | Attention! |
| Rufen Sie bitte schnell ... | Appelez vite ..., s.v.p. |
| ... einen Krankenwagen. | ... une ambulance. |
| ... die Polizei. | ... la police. |
| ... die Feuerwehr. | ... les pompiers. |
| ... den Pannendienst. | ... le service de dépannage. |

**Essen / Unterhaltung**

| | |
|---|---|
| Wo gibt es hier ... | Pourriez-vous m'indiquer ... |
| ... ein gutes Restaurant? | ... un bon restaurant? |
| ... ein gutes Café / Bistro? | ... un bon café / bistro? |

| | |
|---|---|
| Reservieren Sie uns bitte für heute Abend einen Tisch für 4 Personen. | Je voudrais réserver une table pour ce soir pour quatre personnes. |
| Wo sind bitte die Toiletten? | Où sont les toilettes, s'il vous plaît? |
| Auf ihr Wohl! | A votre santé / A la vôtre! |
| Bezahlen, bitte. | L'addition, s'il vous plaît. |

## Übernachtung

| | |
|---|---|
| Können Sie mir bitte | Pardon, Mme / Mlle / M, pourriez-vous |
| ... ein gutes Hotel empfehlen? | recommander un bon hotel? |
| Haben Sie noch ...? | Est-ce que vous avez encore ...? |
| ... ein Einzelzimmer | ... une chambre pour une personne |
| ... ein Zweibettzimmer | ... une chambre pour deux personnes |
| ... mit Bad | ... avec salle de bains |
| ... für eine Nacht | ... pour une nuit |
| ... für eine Woche | ... pour une semaine |
| Was kostet ein Zimmer mit ... | Quel est le prix d'une chambre, ... |
| ... Frühstück? | ... petit déjeuner compris? |
| ... Halbpension? | ... en demi-pension? |

## Arzt

| | |
|---|---|
| Könnten Sie mir einen guten Arzt empfehlen? | Pourriez-vous me recommander un bon médecin s'il vous plaît? |
| Ich habe hier Schmerzen. | J'ai mal ici. |
| Medizin | médecine / médicament |

## Post

| | |
|---|---|
| Was kostet ... | Quel est le tarif pour ... |
| ... ein Brief? | ... une lettre? |
| ... eine Postkarte? | ... une carte postale? |
| ... nach Deutschland? | ... pour l'Allemagne? |

## Zahlen

| | |
|---|---|
| 0 | zéro |
| 1 | un |
| 2 | deux |
| 3 | trois |
| 19 | dix-neuf |
| 20 | vingt |
| 21 | vingt et un |
| 22 | vingt-deux |

| | | | |
|---|---|---|---|
| 4 | quatre | 23 | vingt-trois |
| 5 | cinq | 30 | trente |
| 6 | six | 40 | quarante |
| 7 | sept | 50 | cinquante |
| 8 | huit | 60 | soixante |
| 9 | neuf | 70 | soixante-dix |
| 10 | dix | 80 | quatre-vingt |
| 11 | onze | 90 | quatre-vingt-dix |
| 12 | douze | 100 | cent |
| 13 | treize | 200 | deux cents |
| 14 | quatorze | 1000 | mille |
| 15 | quinze | 2000 | deux mille |
| 16 | seize | 10 000 | dix mille |
| 17 | dix-sept | 1/2 | un demi |
| 18 | dix-huit | 1/4 | un quart |

**Carte / Speisekarte**

| | |
|---|---|
| café noir | schwarzer Kaffee |
| café au lait | Kaffee mit Milch |
| décaféiné | koffeinfreier Kaffee |

**Petit déjeuner / Frühstück**

| | |
|---|---|
| thé au lait / au citron | Tee mit Milch / Zitrone |
| jus de fruit | Fruchtsaft |
| œuf à la coque | weiches Ei |
| œufs brouillés | Rühreier |
| pain / petits pains / toasts | Brot / Brötchen / Toast |
| croissant | Hörnchen |
| beurre | Butter |
| fromage | Käse |
| charcuterie | Wurst, Aufschnitt |
| jambon | Schinken |
| miel | Honig |
| confiture | Marmelade |

**Soupes et hors-d'œuvres / Suppen und Vorspeisen**

| | |
|---|---|
| pâté de foie | Leberpastete |

| | |
|---|---|
| saumon fumé | Räucherlachs |
| soupe de poisson | Fischsuppe |

**Viande / Fleisch**

| | |
|---|---|
| agneau | Lammfleisch |
| bifteck | Steak |
| bœuf | Rindfleisch |
| escaloppe de veau | Kalbsschnitzel |
| foie | Leber |
| porc | Schweinefleisch |
| rôti | Braten |

**Volailles et gibier / Geflügel und Wild**

| | |
|---|---|
| canard à l'orange | Ente in Orangensauce |
| coq au vin | Hahn in Rotwein |
| lapin chasseur | Kaninchen nach Jägerart |
| poulet rôti | Brathähnchen |

**Poisson, crustaces et coquillages / Fisch, Krustentiere und Schalentiere**

| | |
|---|---|
| calmar frit | gebratener Tintenfisch |
| sole au gratin | überbackene Seezunge |
| truite meunière | Forelle Müllerin |
| coquilles Saint-Jacques | Jakobsmuscheln |
| crevettes | Garnelen, Krabben |
| homard | Hummer |
| huîtres | Austern |
| moules | Miesmuscheln |
| plateau de fruits de mer | Meeresfrüchteplatte |

**Légumes, pâtes et riz / Gemüse, Teigwaren und Reisgerichte**

| | |
|---|---|
| choucroute | Sauerkraut |
| haricots (verts) | (grüne) Bohnen |

| | |
|---|---|
| pâtes | Nudeln |
| poivrons | Paprika |
| pommes de terre | Kartoffeln |

**Desserts et fromages / Nachspeisen und Käse**

| | |
|---|---|
| crème brûlée | Karamellisierter Sahnepudding |
| gâteau | Kuchen |
| tarte aux pommes | Apfelkuchen |

**Fruits / Obst**

| | |
|---|---|
| cerises | Kirschen |
| fraises | Erdbeeren |
| framboises | Himbeeren |
| pêches | Pfirsiche |
| poires | Birnen |
| pommes | Äpfel |
| raisins | Trauben |

**Liste de Consommations / Getränkekarte**

| | |
|---|---|
| vin | Wein |
| un (verre de vin) rouge | ein Glas Rotwein |
| un quart de vin blanc | ein Viertel Weißwein |
| bière | Bier |
| eau minérale | Mineralwasser (stilles) |
| eau gazeuse | Mineralwasser mit Kohlensäure |

# Übernachten

**Camping**

Korsika bietet Campern besonders an der Küste Plätze in unvergleichlich schöner Lage. Die 190 Campingplätze tragen – je nach Ausstattung – ein bis vier Sterne. Die Preise der Campingplätze, die mitunter auch Wohnwagen und kleine Bungalows vermieten, bewegen sich auf deutschem Niveau. Die einfachen »Aire Naturelle de Camping« wurden von der Forstverwaltung idyllisch in der Natur angelegt; mehrere Bauernhöfe bieten »Camping à la Ferme«. Wildes Zelten ist streng verboten. Regionale **Campingplatzverzeichnisse** gibt es bei den lokalen Tourismusbüros, ein Verzeichnis aller Campingplätze Korsikas beim Maison de la France (►Auskunft).

**Berghütten** Wer im korsischen Nationalpark wandert, kann in Selbstversorgerhütten mit Kochgelegenheit (**Refuges**) und mitunter bewirtschafteten **Gîtes d'étapes** übernachten. Eine Übersicht der Berghütten findet sich im Internet unter www.gites-refuges.com.

**Ferien auf dem Land** Die Ferienwohnungen oder -häuser in ländlichen Gebieten, die **Gîtes Ruraux**, sind möbliert und mit allem Notwendigen ausgestattet. Sie liegen meist nahe eines Bauernhofs oder eines Dorfes und werden wochenweise vermietet. Je nach Komfort sind sie mit einer bis drei Ähren ausgezeichnet. Eine Übersicht der sehr beliebten Unterkünfte gibt das jährlich aktualisierte Verzeichnis »**Gîtes de France**«.

**Bed & Breakfast** Groß im Kommen sind Gästezimmer mit Frühstück, die auf Bauernhöfen ebenso angeboten werden wie in den Städten. Eine Übersicht von B & B-Anbietern bietet die **Association des Gîtes et des Chambre d'Hôtes** auf ihrer Website www-hebergement-corse.com.

**Landgasthöfe** Zwei Dutzend Landgasthöfe im Inselinneren gehören zum Verband Casa Toia und laden ein, auf der »**Route des Auberges**« von Bastia nach Bonifacio korsische Küche und Kultur in einfachen, oft charmanten Häusern zu genießen.

### i Ab ins Kloster!

- Aus einem besonderen, spirituellen Blickwinkel lässt sich Korsika bei einer Nacht im Kloster erleben. Gäste sind nach vorheriger telefonischer Anmeldung willkommen im:
Couvent de Corbara, Tel. 04 95 60 06 73,
Couvent de Vico, Tel. 04 95 26 83 83,
Couvent de Calacuccia, Tel. 04 95 48 00 11,
Couvent de Marcasso, Tel. 04 96 61 70 21
und dem Maison St-Hyacinthe,
Tel. 04 95 33 20 29.

Auf Korsika gibt es rund drei Dutzend **Feriendörfer** mit ein bis vier Sternen. Sie liegen an der Ost- und der Südostküste und sind häufig nur während der Sommersaison geöffnet. Acht Anlagen sind FKK-Anhängern vorbehalten. Auf Selbstversorger ausgelegt sind auch die 115 Appartementanlagen (Résidences), die nur Ferienwohnungen, aber keine Geschäfte oder sonstigen Einrichtungen bieten. Ein jährlich aktualisiertes Verzeichnis der Feriendörfer und Ferienanlagen kann angefordert werden beim Maison de la France (►Auskunft) oder eingesehen werden unter www.visit-corsica.com in der Rubrik Hébergement.

## Hotels

Die meisten Hotels, die jährlich mit ein bis vier Sternen bewertet werden, sind komfortable Neubauten an der Küste. In der Hauptreisezeit von Mitte Juni bis Mitte September sind die Quartiere knapp. Im Winter haben in den Badeorten die meisten Hotels geschlossen. Ein jährlich aktualisiertes Hotelverzeichnis ist erhältlich beim Maison de la France oder der Agence du Tourisme en Corse (►Auskunft).

**Rechtzeitig buchen!**

### i Preiskategorien

- Die aufgeführten Preise beziehen sich auf ein Doppelzimmer pro Nacht ohne Frühstück.

Luxus: über 120 €

Komfortabel: 60 – 120 €

Günstig: unter 60 €

Hotels und Pensionen ►Reiseziele von A bis Z

## Jugendunterkünfte

Auf Korsika gibt es **keine Jugendherberge** mehr, die dem französischen Jugendherbergsverband angeschlossen ist. Eine günstige Jugendunterkunft ist das Corsotel in Calvi.

**Für junge Leute**

## WICHTIGE ADRESSEN

### CAMPING

► **GIE Corsica Camping**
20, Rue St-Charles
F-20000 Ajaccio
Tel. 04 95 21 14 47
Fax 04 95 51 15 28
www.corsicacamping.com

### BED & BREAKFAST / CHAMBRES D'HÔTES

► **Service Tourisme de la Chambre d'Agriculture**
Nordkorsika:
15, Av. Jean Zucarelli
F-20200 Bastia
Tel. 04 95 32 84 40
Fax 04 95 29 84 49

Südkorsika: B.P. 913
F-20700 Ajaccio Cedex 9
Tel. 04 95 29 26 00
Fax 04 95 29 26 09
Vermittelt Kost und Logis auf Bauernhöfen.

► **Gîtes de France**
Relais Corse. B.P. 10
77, Cours Napoléon

F-20181 Ajaccio
Tel. 04 95 10 06 14
Fax 04 95 1054 38
www.gites-de-france.fr

► **Casa Toia**
Reservierungszentrale:
20, Cours Général Leclerc
F-20000 Ajaccio
Tel. 04 76 73 02 45
Fax 04 95 21 37 10
www.sitec.fr/auberges

## BERGHÜTTEN

► **Parc Naturel Régional de la Corse**
2, Rue Major Lambvoschini
B.P. 147, F-20184 Ajaccio
B.P. 147
Tel. 04 95 51 79 10
Fax 04 95 21 88 17
www.parc-naturel-corse.com

## FERIENHAUSANBIETER

► **NOVASOL GmbH**
Gotenstr. 11
D-20097 Hamburg
Tel. 0180 4000 330
www.novasol.de
Novasol vermittelt in Deutschland auch die korsischen Ferienwohnungen von Cuendet
www.cuendet.de

► **Inter Chalet**
Heinrich-von-Stephan-Str. 25
D-79100 Freiburg/Br.
Tel. 0761/21 00 77
www.interchalet.com

► **Clevacances Haute-Corse**
11 bis, Av. Général Leclerc
F-20200 Bastia
Tel. 04 95 34 00 55
Fax 04 95 34 16 69
www.clevacanes-haute-corse.com

## FERIENDÖRFER

► **CECOREL PROMO CORSICA**
Rés. La Grande Furche
Bât. B. Toga, F-20200 Bastia
Tel. 04 95 32 37 93
Fax 04 95 31 49 14

## HOTELVERZEICHNISSE

► **Agence du Tourisme de la Corse**
(►Auskunft)

► **Logis de France**
Reservierungszentrale:
Tel. 00 33 1 45 84 83 84
www.logis-de-france.fr
(auch auf Deutsch)

## JUGENDUNTERKÜNFTE

► **B.V.J. Corsotel**
Av. de la Republique
F-20260 Calvi
Tel. 04 95 65 14 15
Fax 04 95 65 33 72
www.bvjhotel.com
Reservierung höchstens 15 Tage im Voraus möglich.

# Urlaub aktiv

**Golf** Korsikas einziger 18-Loch-Golfplatz liegt am Golfe de Sperone bei Bonifacio. Der Bastia Golf Club in Castellarese hat 9 Löcher, die Plätze Golf du Regino in Speluncato, Practice de Golf in Porticcio und Golf de Lezza in Porto-Vecchio haben 6 Löcher.

Radfahren

Korsika ist ein Paradies für Radfahrer. Je nach Kondition locken sportliche oder familiäre Strecken. Hunderte von Waldwegen, Wanderpfaden und kleinen Straßen können ganzjährig befahren werden. Schlaglöcher, Kurven und rasante Abfahrten verlangen jedoch höchste Aufmerksamkeit. Für größere Touren sind ein robustes Tourenrad oder Mountain-Bike mit guter Schaltung und ein Helm erforderlich. Da die Leihräder auf Korsika nicht immer im besten Zustand sind, sollte man lieber das eigene Fahrrad mitbringen. Ideal für Radtouren sind die Monate Mai, Juni und September.

! *Baedeker* TIPP

**Rauf aufs Rad**

Skizzen zur Tour, Höhenmeter der Route, Unterkunft, Verpflegungsmöglichkeiten und Radverleiher bei den Etappen-Infos: »Korsika per Rad« von Hiltrud Thöne und Wolfgang Kettler, 2005 im Neuenhagen Verlag erschienen, ist ein unentbehrlicher Begleiter für Tourenfahrer.

Beliebte Radtouren

Beliebt sind die Strecke zwischen Ajaccio und Porto, die Fahrten von Galéria ins Fangotal oder von Porto-Vecchio zu den torreanischen Fundstätten. Rundfahrten führen von L'Ile Rousse durch die Balagne oder von Bastia um das Cap Corse. Gut trainierte Radfahrer können in etwa zwei Wochen die gesamte Insel umrunden. Bei geführten Radtouren werden Gepäck und Ausrüstung transportiert, und auch für Verpflegung unterwegs, technische Betreuung und Unterkunft in Hotels ist gesorgt.

Reiten

Fast 1000 Kilometer Wanderwege sind für Reiter geöffnet – und erschließen Dörfer und Stätten, die auf der Straße nicht erreichbar sind. **Reitvereine** organisieren Ein- oder Mehrtagestouren, bei denen in Biwaks, Bauernhäusern, Steinhütten der Hirten oder einfachen Hotels mit Stall genächtigt wird. Die meisten Vereine, die Reiterferien auf Korsika anbieten, sind Mitglieder der Association Régionale pour le Tourisme Équestre Corse (ARTE). Das einheimische **»Korsische Pferd«** wurde mit arabischen und anglo-arabischen Pferden gekreuzt. Robust und daran gewöhnt, weite Entfernungen zwischen der Küste und den Bergen des Inselinneren zu überwinden, ist das trittsichere Pferd für die bergige Insel hervorragend geeignet.

Tennis

Zahlreiche Tennisplätze und Tennisclubs stehen Gästen gegen Gebühr offen. Oft kann man auch die Tennisplätze der Hotels benutzen, selbst wenn man nicht hier übernachtet.

## Wandern

Faszinierende Bergwelt

Korsika trägt zu Recht den Beinamen »**Gebirge im Meer**«: Mehr als 50 Gipfel sind höher als 2000 m – der höchste, der Monte Cinto, ist gar 2706 m hoch. 2000 km Wanderwege führen hinein in diese Bergwelt; darunter berühmte und beliebte Wanderrouten mit unterschiedlichen Schwierigkeitsgraden, die man nicht unterschätzen soll-

*Gipfelstürmer: Lagebesprechung in 2622 m Höhe auf dem Monte Rotondo*

te. Bis in den Juni hinein liegt in oberen Lagen Schnee, und das Wetter kann plötzlich umschlagen. Viele Abschnitte haben alpinen Charakter, nichts für leichtes Schuhwerk und unzureichende Kleidung! Karten- und Informationsmaterial zu den Routen, der Natur, zu Berghütten und geführten Touren erhält man gegen Gebühr bei der Verwaltung des Naturparks.

Eine Beschreibung des **Fernwanderweges GR 20** zwischen Calenzana und Conca und seiner Tagesetappen steht im Hauptteil ► Reiseziele, Parc Naturel Régional de la Corse. Außer dem sehr anspruchsvollen GR 20 gibt es auf Korsika noch andere mehrtägige Wanderwege, die in der Regel auf 4 bis 6/7 Stunden pro Tag ausgelegt sind: »**Tra Mare e Monti**« bietet eine acht- bis zehntägige nördliche Variante von Calenzana nach Cargèse und eine südliche fünftägige Variante von Ajaccio nach Propriano. Selten überschreitet der Weg die 1000-m-Marke, führt aber durch Ortschaften, wo man sich mit Nahrungsmitteln eindecken oder eine Kaffeepause gönnen

## i Auf Schusters Rappen

- Heimlicher, Günther: **Die schönsten Bergtouren Korsikas**, Weishaupt-Verlag, 1995. Schön bebilderte Tourensammlung für erfahrene Alpinisten.
- Van de Perre, Erik: **Trans-Korsika GR 20**, Conrad Stein, 2003. Jede Tagesetappe der berühmten Korsika-Querung ist detailliert beschrieben.
- Wolfsberger, Klaus: **Wanderungen auf Korsika**, Bergverlag Rother, 2002. Ob einfache Strandwanderungen oder hochalpine Bergtouren – ein Band voller Wanderideen, die auch Familien und ältere Menschen bewältigen können.
- Miller, Alo und Nikolaus: **Wandern auf Korsika**, DuMont Reiseverlag, 2003. Touren für Einsteiger, häufig abseits der bekannten Wanderrouten.

kann. Die drei »**Da Mare a Mare**« verbinden Ost- und Westküste miteinander. »Da Mare a Mare Nord« führt in zehn Etappen von Pianella über Corte nach Cargèse (Variante ab dem Rotondomassiv), »Da Mare a Mare Centre« in sieben Etappen von Ghisonnaccia nach Porticcio und »Da Mare a Mare Sud« in sechs Etappen von Porto-Vecchio nach Propriano. Für Tageswanderungen sehr gut geeignet sind die von der Nationalparkverwaltung orange gekennzeichnet »**Sentiers de Pays**«, beispielsweise in den Regionen von ► Alta Rocca, Bozio, Fiumorbo, Giussani – einer herrlichen Gebirgslandschaft zwischen der Haute Balagne und dem Asco-Tal –, und ► Niolo.

! *Baedeker* TIPP

**Wanderungen mit Lastesel**

Zu Fuß durch die ursprüngliche Natur streifen, während der Esel das Kind oder Gepäck trägt – solche Touren bieten an:

**La Ferme aux Anes**
RN 200, F-20270 Giuncaggio
Tel. / Fax. 0495 48 82 06

**Asinu di Campitello**, Route de Porto Pollo D157, F-20113 Olmeto, Tel. 06 03 28 92 00

**Balagn'ane**, Ld. de la Campanella, F-20259 Olmi Capella, Tel./Fax 04 95 61 80 88.

Organisationen und Wandervereinigungen

Der korsische Waldverband **Office National des Forêts** organisiert Ausflüge in die Wälder Korsikas. Der Verein **Muntagne Corse in Libertà** schlägt Wanderrouten vor, die in Ajaccio starten und landschaftliche Höhepunkte sowie kulturelle Eigenheiten der Region berücksichtigen. Er bietet Begleitung von Gruppen durch Bergführer und Routen mit unterschiedlichen Anforderungen an. Die Organisation **I Muntagnoli Corsi** hat ihren Sitz in Quenza zu Füßen der berühmten Aiguilles de Bavella, die das Ziel von kurzen geführten Wanderungen sind. Mehrtägige Touren mit erfahrenen Bergführern folgen mit einigen Varianten dem GR 20.

## Wassersport

Wassersportparadies

Korsika bietet nicht nur entlang der Küste, sondern auch auf den Flüssen Abwechslung für Wassersportler. Über Adressen lokaler Veranstalter und Vermieter informieren die örtlichen Tourismusbüros; das Maison de la France listet in der kostenlosen Broschüre »Wassersport« die vielfältigen Angebote auf.

Angeln

Angeln zählt zu den beliebtesten Freizeitbeschäftigungen der Franzosen. Reglementierungen und Verbotszeiten hängen von Gegend und Gewässerkategorie ab. Wer in öffentlichen Gewässern angeln will, benötigt einen Erlaubnisschein der **Société de Pêche**, für private Gewässer die Erlaubnis des Besitzers. Angeln im Meer ist vom Ufer aus mit höchstens zwei Ruten erlaubt. Im Naturschutzgebiet Scandola ist Angeln grundsätzlich verboten, bei den Lavezzi-Inseln nur eingeschränkt erlaubt.

Baden

►Badestrände

**Rafting, Kanu, Kajak** Rasante Schlauchboot-, Kanu- und Kajaktouren auf reißenden Gebirgsflüssen sind während der Schneeschmelze ab März bis etwa Ende Mai auf dem Tavignano, Taravo, Rizzanese, Asco, Liamone, Golo und Vecchio eine spannende, aber nicht ungefährliche Attraktion.

**Segeln** Korsika besitzt etwa 15 größere und kleinere Jacht- und Sporthäfen (►Karte S. 19), in denen auch Segel- und Motorboote verliehen werden. Wer nicht selber segeln kann oder will und das nötige Kleingeld mitbringt, kann eine Jacht mit Mannschaft chartern. Vorsicht ist geboten rund um Bonifacio, wo felsiger Untergrund für das Kentern so mancher Hobbysegler sorgt. Die Broschüre »**Corse Nautique**«, kostenlos erhältlich in den Touristenbüros, informiert über Ankerplätze, Reparaturwerkstätten usw. Die Wettervorhersage ist in den Häfen angeschlagen.

! *Baedeker* TIPP

**Leinen los!**

Heikell, Rod: Französische Mittelmeerküste und Korsika, Delius Klasing, 2004. Das **Handbuch für den Skipper** listet nicht nur alle Jachthäfen und Marinas, sondern auch alternative Ankerplätze auf. Horn, Andrea/Hoop, Wyn: Korsika, Nordost-Sardinien, Toskanische Inselwelt, Delius Klasing, 2004. Kenntnisreicher **nautischer Reiseführer**, der zum Inselhopping einlädt.

**Surfen** In jedem Badeort besteht die Möglichkeit, ein Surfbrett zu mieten. Außer im Golf von Porto, wo hohe Wellen und schroffe Felsen das Surfen sehr gefährlich machen, sind alle Küstengewässer geeignet. Bevorzugte Gebiete sind die Bouches de Bonifacio und die Golfe von Porto-Vecchio, Propriano und Sagone. Auch das Kitesurfen gewinnt in Korsika zunehmend Anhänger.

**Tauchen** Große Teile der westlichen Küstengewässer sind mit ihrem glasklaren Wasser und ihrer üppigen Unterwasserflora und -fauna zum Tauchen hervorragend geeignet. Gute Tauchgründe findet man bei Centuri-Port auf Cap Corse, bei Porto-Vecchio und der Insel Cerbicale, bei den Lavezzi-Inseln, bei Tizzano und in den Golfen Valinco, Pero und Porto an der Westküste, versunkene Schiffswracks bei Calvi, Porticcio, Porto-Vecchio und Campoloro. Tauchschulen gibt es in jedem größeren Touristenort.
Bei Scandola ist Tauchen strikt verboten. Wer sich nicht daran hält, muss mit empfindlichen Strafen rechnen.

## Wellness

**Thalasso und Beauty-Pflege** Das Wellnessangebot auf Korsika ist noch klein, aber durchaus reizvoll. Kuren mit schwefelhaltigem Thermalwasser sind möglich in Barracci, Caldane, Pietrapolo-les-Bains und Guagno-les-Bains. Mit der Kraft des Meeres lässt es sich im Thalassa Porticcio auftanken, dessen Programm »Remise en forme« beispielsweise die Techniken der **Thalassotherapie** mit Beauty-Pflege und Diätetik verbindet.

## Wintersport

Skilifte

Die höchsten und schneereichsten Gebiete sind in den Monaten Dezember bis April für den Wintersport geeignet. Sowohl Abfahrts- als auch Langlauf ist möglich rund um Haut-Asco (1425 – 1820 m; 2 Skilifte), Bastelica / Val d'Ese (1600 – 1950 m; 2 Skilifte), Col de Vergio / Castellaccio (1404 – 1584 m; 2 Skilifte; Tourenskilauf), Ghisoni / Capanelle (1580 – 1750 m; 2 Skilifte), Quenza / Coscione-Plateaus (1500 m; 2 Loipen à 3,9 bzw. 15 km), Soccia (Lang- und Tourenskilauf) und Zicavo / Coscione-Plateaus (1500 m).

◄ Skitour

Die großartige, aber auch sehr anspruchsvolle **Haute Route** von Asco nach Bastelica folgt in acht Tagesetappen dem Fernwanderweg GR 20 (► Reiseziele, Parc Naturel Régional de la Corse) und berührt die höchsten Berge der Insel. Nur wirklich gut trainierte und technisch versierte Skiläufer können diese Tour bewältigen.

! *Baedeker* TIPP

**Zuschauen lohnt sich ...**

- beim **Corsica Raid**, einem extremen Multisportrennen, bei dem 450 km und insgesamt 20 000 Höhenmeter in sechs Tagen non-stop zurückgelegt werden – zu Fuß, per Rad und im Kajak (Sept., www.corsicaraid.com)
- beim halsbrecherischen **Rallye-Triathlon** (Mai) oder der Rallye »Terre de Corse« (Oktober)
- bei der internationalen **Segelregatta** Mediterranean Trophy (Juli)
- bei den Spielen des **Nationalliga**-Fußballclubs Bastia im Stadion von Furiani.

## SPORT UND FUN

### ANGELN

► **Fédération de la Corse pour la Pêche et la Protection du Milieu Aquatique**
19, Av. Noël Franchini
F-20177 Ajaccio
Tel. / Fax 04 95 23 13 32
www.unpf.fr

### KANU, KAJAK UND RAFTING

► **Comité Régional Corse de Kayak**
Corri Bianci
F-20117 Eccica Suarella
Tel. 04 95 25 91 19
Fax 04 95 25 90 79

*Eine Bucht für sich allein: mit dem Boot wird der Wunsch wahr.*

## RADFAHREN

► **Vivre la Corse en vélo**
Résidence Napoléon
23, Cours Général Leclerc
F-20000 Ajaccio
Tel. 04 95 21 96 94
Fax 04 95 21 87 36

► **Team Cyclo Corsica**
Immeuble Orazzi, Bat. A 2
Av. Noël Franchini
F-20000 Ajaccio
Tel. / Fax 04 95 20 43 43
www.corse-velo.com

► **A la Découverte de la Corse**
79, Résidence Petrelle
F-20620 Biguglia
Tel. 04 95 58 80 09
Fax 04 95 58 62 70

## REITEN

► **Association Régionale pour le Tourisme Equestre Corse**
7, Rue Colonel Ferracci
F-20250 Corte
Tel. / Fax 04 95 46 31 74

► **Comité Rég. d'Equitation Corse**
Maison de l'Agriculture
19, Av. Noël Franchini
F-20 000 Ajaccio Cedex 9
Tel. 04 95 22 28 35
Fax 04 95 22 27 43

## SEGELN

► **Fédération Française de Voile**
Ligue Corse de Voile
Base Nautique
Port de Plaisance, F-20260 Calvi
Tel. 04 95 60 49 43, www.ffv.fr

## TAUCHEN

► **Comité Corse de la Fédération Française de Sports Sous-Marin**
Lot. Castellacio
Immeuble Bardeglinu
F-20220 Ile Rousse
Tel. 04 95 57 48 31
Fax 04 95 57 48 32

### WANDERN

► **Parc Naturel Régional de la Corse**
► S. 82

► **Office National des Forêts**
Centre administratif
Nouveau port
F-20407 Bastia Cedex
Tel. 04 95 32 81 90
Fax 04 95 32 61 63
www.onf.fr

► **Muntagne Corse Loisir**
9, Boulevard Maglioli
F-20000 Ajaccio
Tel. 04 95 24 29 07
Fax 04 95 24 29 18
www.montagne-corse.com

► **I Muntagnoli Corsi**
Gîte d'Etape Pentaniella
F-20122 Quenza
Tel. 04 95 78 64 05
Fax 04 95 78 61 91

### WELLNESS

► **Thalassa Porticcio**
Domaine de la Pointe de Porticcio
F-20166 Porticcio
Tel. 04 95 29 40 00
Fax 04 95 25 00 63
www.accorthalassa.com

### WINTERSPORT

► **Comité Régional Corse de Ski**
6, Rue Miot, F-20200 Bastia
Tel. 04 95 32 01 94
www.ski-corse.com

# Verkehr

**Straßen**

Die Nationalstraßen auf Korsika sind gut ausgebaut; die Nebenstrecken sind schmal und kurvenreich – ist eine Kurve nicht einzusehen, muss gehupt werden. Schlaglöcher und andere Straßenschäden sind häufig, ebenso fehlen im Inselinnern oft die Randbefestigungen. Eine weitere Gefahrenquelle sind Steinschlag und Felsbrocken, die mitunter die Straße blockieren.

**Verkehrsregeln**

Die Höchstgrenze für den Blutalkoholgehalt beträgt **0,5 Promille**. Die **Höchstgeschwindigkeit** liegt auf den korsischen Nationalstraßen bei 110 km/h, auf den Départementstraßen bei 90 km/h (bei Regen: 80 km/h); innerhalb geschlossener Ortschaften gelten 50 km/h. Die Einhaltung des Tempolimits überwachen Radarfallen und »schlafende Polizisten« – Bodenschwellen. Schon bei geringen Tempoüberschreitungen sind **Geldbußen** bis zu 2000 € zu zahlen – sofort, sonst wird das Fahrzeug beschlagnahmt und u.U. der Führerschein entzogen. Wer bei »Rot« über die Kreuzung saust, muss nicht nur zahlen, sondern erhält auch Punkte in Flensburg.

**Panne – was nun?**

Auf Korsika sind die Abschleppdienste der **Dépanneur-remorqueur** über die Polizei (► Notrufe) zu erreichen. Rund um die Uhr hilft der deutschsprachige Pannendienst der AIT-FIPA Assistance, Tel. 05 10 61 06, weiter. Seit 2004 ist es Pflicht, eine **Pannenweste** nach EU-Norm mitzuführen.

**Parken** Die Parkplätze in den Städten sind meist gut ausgeschildert. In der Zone bleue darf bis zu 60 Minuten mit einer Parkscheibe geparkt werden. Ein rot-weißer oder rot-gelb gestreifter Randstein bedeutet Parkverbot. Auf Landstraßen ist das Anhalten nur am unbefestigten Straßenrand erlaubt.

**Fahrzeugpapiere** Neben Führerschein und Kfz-Brief sollte die grüne Versicherungskarte stets mitgeführt werden – sie ist zwar nicht Pflicht, wird jedoch bei Unfällen oder Kontrollen verlangt.

**Tankstellen** Das Tankstellennetz ist an der Küste gut, im Inselinnern sehr dünn – daher mit vollem Tank zu Touren starten! Auf dem Land sind die meisten Tankstellen am Wochenende, an Feiertagen oder nach 20.00 Uhr geschlossen.

**Mietwagen** Lokale Mietwagenfirmen sind manchmal günstiger als internationale Unternehmen, die man an den Flughäfen sowie größeren Häfen und Orten findet. Um ein Auto mieten zu können, muss der Fahrer mindestens 21 Jahre alt sein und mehr als ein Jahr den Führerschein besitzen. Ohne Kreditkarte ist eine Kaution von bis zu 500 € fällig. Die Mietpreise (Kleinwagen) beginnen ab 300 €/Woche.

## Mit Bahn und Bus

**Ajaccio – Corte – Bastia (158 km)** Die Schmalspurbahn »**U Trichinellu**« verbindet zweimal täglich in drei Stunden Ajaccio mit Bastia und durchquert dabei herrliche Landschaften (►Baedeker Special S. 252). In Ponte Leccia zweigt eine Nebenlinie ab und führt über L'Ile Rousse nach Calvia.

**Calvi – L'Ile Rousse (22 km)** Die »**Tramway de la Balagne**« pendelt im Sommer mehrmals zwischen Calvi und L'Ile Rousse. In 45 Minuten verbindet die »Straßenbahn« 20 Stationen, von denen die Strände an der Küste gut zu erreichen sind (►Reiseziele, Balagne).

**Linienbusse** Küstenstädte und größere Orte werden mehrmals täglich von Buslinien erreicht; kleinere Orte nur ein- bis dreimal pro Woche. Fahrpläne gibt es am Busbahnhof von Ajaccio und in Touristenbüros.

## AUTOVERMIETER

► **AVIS**
Reservierung in Frankreich:
Tel. 0820 05 05 05
Reservierung in Deutschland:
Tel. 018 05 / 21 77 02
www.avis.de

► **Europcar**
Reservierung in Frankreich:
Tel. 0825 35 83 58
Reservierung in Deutschland:
Tel. (0180) 52 21 122
www.europcar.com

► **Hertz**
Reservierung in Frankreich:
Tel. 01 42 05 50 43
Reservierung in Deutschland:
Tel. (0180) 53 33 535
www.hertz.com

► **National/CiterRental**
Reservierung in Frankreich:
Tel. 01 44 38 61 61, www.citer.fr

► **Sixt**
Reservierung in Frankreich:
Tel. 0820 00 74 98
Reservierung in Deutschland
Tel. (0180) 52 52 525
www.e-sixt.de

### WOHNMOBILE

► **Avis Car-Away Corse**
Route de Cargèse
(D 81) Alata
F-20167 Mezzavia
Tel. 01 47 49 80 40
Fax 01 47 49 80 50
www.aviscaraway.com

# Zeit

In Frankreich gilt im Winterhalbjahr die Mitteleuropäische Zeit (MEZ), in der Zeit von Ende März bis Ende Oktober die Sommerzeit (MEZ + 1 Std.).

# Zeitungen

Tagespresse

Auf Korsika erscheinen täglich die Tageszeitungen »**Corse Matin**« und »**La Corse**« als Lokalausgaben französischer Zeitungen vom Festland. In größeren Ortschaften bekommt man auch die überregionalen Tageszeitungen »Le Monde«, »Le Figaro« und »Libération«. »Arriti« und »U Ribombu« sind die Sprachrohre der Nationalisten. **Deutsche Tageszeitungen** gibt es nur in den Städten und während der Hochsaison in den Touristenhochburgen mit einem Tag Verspätung.

# Touren

AN DER KÜSTE ENTLANG ODER LIEBER IN DIE BERGE? SPEKTAKULÄRE SCHLUCHTEN DURCHWANDERN, IM KASTANIENLAND DEN SPUREN DER GESCHICHTE FOLGEN ODER URALTE DÖRFER ENTDECKEN? WIR VERRATEN IHNEN, WO KORSIKA AM SCHÖNSTEN IST!

# TOUREN DURCH KORSIKA

**Napoleon behauptete, er könne seine Heimat an ihrem Duft erkennen. Ihr Parfüm heißt Macchia und wird Sie auf allen Touren begleiten: auf Cap Corse, in der Balagne und in den Bergen, wo man das glasklare Wasser der Flüsse und Bäche noch ungekocht trinken kann.**

## TOUR 1 Klippen, Kirchen und korsischer Wein

Schroffe Felsküste, sanft auslaufende Badebuchten und idyllische Bergdörfer gehören zur Tour um das Cap Corse. Im Süden erschließt diese Rundreise außerdem die Olivenhaine und Weinberge des fruchtbaren Nebbio-Beckens, die Austernbänke des Etang de Biguglia und endlos lange Sandstrände.

▶ **Seite 97**

*Calvi: Sonnenbad mit Panoramablick*

## TOUR 2 Der wilde Süden

Die Rundroute durch den Süden der Insel kombiniert Höhepunkte der korsischen Vergangenheit mit spektakulären Naturlandschaften: torreanische Festungen und rätselhafte Megalithdenkmäler, die berühmten Kalkklippen von Bonifacio und das grandiose Bavella-Massiv. ▶ **Seite 100**

## TOUR 3 Steinerne Märchenwälder und spektakuläre Schluchten

Die roten Felsen der Calanche habe der Teufel geschaffen, erzählt eine alte korsische Legende, und auch bei der tiefen Schlucht der Scala Santa Regina soll der Höllenfürst seine Hand im Spiel gehabt haben. Voilà unsere teuflisch schöne Rundtour zu fantastischen Felsspitzen und geschichtsträchtigen Orten im Herzen Korsikas. ▶ **Seite 103**

## TOUR 4 Korsische Kontraste zwischen Ost und West

Auf dieser Reise von der Westküste durch die Balagne und Castagniccia bis zur Ostküste reihen sich die vielen Facetten Korsikas wie ein Bilderbogen aneinander: zerklüftete Küsten, einsame Wüsten, fruchtbare Hochplateaus, tiefe Schluchten, Städte voller Flair und herrliche Strände zum Sonnen und Baden.

▶ **Seite 105**

*← Von der Brandung geformt: die Steilküste bei Bonifacio*

*Fantastisch: die Granitfelsen der Calanche*

Probieren Sie in Centuri-Port die fang-frischen Langusten.

Rätselhafte Dolmen in der Hochebene von Cauria

# Unterwegs auf Korsika

**Zauberhaftes Spiel von Bergen und Meer**

Unablässig wettstreiten Berge und Meer auf Korsika um die schönste Landschaft. Wälder mit Kastanien und Schwarzkiefern widerstehen der Macchia, die wie eine grüne Decke die Dörfer umhüllt. Festungen und Wachtürme schützen die 1047 km lange Küste, die im Osten flach, im Westen mit schroffen Klippen bewehrt ist. Korsika kann man noch in aller Beschaulichkeit entdecken und nichts als den Wind, die Wellen oder eine Nachtigall hören. Nur in den Ferienorten dröhnen in der Hochsaison Jetskis die Küste entlang.

**Mit dem Auto, per Bahn oder Boot**

Wer Land und Leute kennen lernen möchte, ist auf den eigenen Wagen oder ein Leihfahrzeug angewiesen – unbedingt frühzeitig buchen! Wohnmobile lösen zwar die Übernachtungsfrage, sind aber wegen der teils sehr schmalen Straßen nur bedingt geeignet. Viele Orte im Hinterland werden nur einmal wöchentlich von Bussen angefahren, einzig die Küstenorte werden täglich bedient. Grandiose Aussichten auf Korsikas Berg- und Talwelt eröffnet die **korsische Schmalspurbahn**, die Bastia mit Corte im Landesinnern sowie Ajaccio und Calvi an der Westküste verbindet. Zu den Stränden zwischen Calvi und L'Ile Rousse rattert im Sommer die **Tramway de la Balagne**. Sehr zu empfehlen sind **Schiffsausflüge** zu den Iles Sanguinaires, Iles Lavezzi, Iles Cerbicales, nach Girolata, La Scandola, die Calanche entlang und zu den Stränden der Désert des Agriates.

> ! *Baedeker* TIPP
>
> **Alljährlich im Mai ...**
>
> überquert Serac Joe mit einer Radler-Gruppe in 14 Tagen die Insel. Unterkunft, Verpflegung und Fahrrad sind bei seiner Alpine Mountainbike Challenge inklusive (Info: www.seracjoe.de).

**Wandern, Radeln und Reiten**

Die traditionellen **Hirtenwege** und Maultierpfade durch das Landesinnere wurden für Mountainbiker, Reiter und Wanderer vorbildlich markiert. Die Schönheiten der Küste erschließen alte **Zöllnerpfade**.

**Bon Appétit**

Die Liebe zu Korsika geht durch den Magen. Während an der Küste Dorade, Wolfsbarsch oder Meeraal mit frischen Kräutern, Tomaten und Zwiebeln gegart oder gegrillt werden, lockt das Hinterland mit Schinkenspezialitäten, Honig von goldgelb bis nachtschwarz, Olivenöl, Gebäck aus Kastanienmehl und dem Käseklassiker Brocciu.

**Wie man sich bettet**

Korsika ist noch nicht vom Pauschaltourismus überrollt. Ferienanlagen finden sich v. a. bei Calvi, Ghisonaccia und Porto-Vecchio; das Angebot an Hotels im Landesinnern ist recht gering. Am Meer oder in den Bergen, auf dem Bauernhof, in Privatzimmern oder auf Campingplätzen – Übernachten ist teuer, wild Zelten strikt verboten! Wer in der Hauptsaison reisen möchte, muss frühzeitig buchen.

# Tour 1 Klippen, Kirchen und korsischer Wein

**Länge der Tour:** 220 km **Dauer:** 2 Tage

**Die Halbinsel von Cap Corse ist Korsika im Kleinformat: ein »Gebirge im Meer«, das sich bis heute seinen ganz eigenen Charakter bewahrt hat – im Westen eine wilde, karge Felsküste, im Osten flach auslaufende Badebuchten inmitten üppiger Vegetation, im Innern idyllische Bergdörfer. Im Süden grenzt die Halbinsel an die Olivenhaine und Weinberge im fruchtbaren Becken des Nebbio, an die Austernbänke des Etang de Biguglia und die endlos langen Sandstrände der Ostküste.**

**Vom Nebbio zur Westküste des Cap Corse**

❶ ** **Saint-Florent,** der Hauptort des Nebbio, ist Ausgangs- und Endpunkt der äußerst kurvenreichen Rundreise durch den Norden Korsikas, die – von einigen Abstechern abgesehen – dem Verlauf der D 80 auf Cap Corse folgt. Erste Station ist das Winzerdorf ❷ * **Patrimonio**, in dem vor allem aus der Nielluciu-Traube Spitzenweine gekeltert werden. Weinkeller entlang der Straße laden zur Degustation. Tipp: der Direktverkauf von Orenga de Gaffory rund einen Kilometer vor Patrimonio rechts der Straße. Im mittelalterlichen Dörfchen ❸ * **Nonza**, das markant auf einem Felsdorn thront, lädt ein schwarzer Sandstrand zum Sonnen und Baden. Sein Genueserturm war 1768 Schauplatz einer ebenso heldenhaften wie listigen Tat. ❹ **Canari** oberhalb der Küstenstraße lohnt wegen seiner pisanisch-romanischen Kirche Santa-Maria-Assunta einen Besuch. Bei Pino führt die Straße zum Col de Ste-Lucie zum ❺ * **Tour de Sénèque**, in dem der römische Philosoph Seneca während seines Exils gewohnt haben soll – tatsächlich entstand der Turm jedoch erst im Mittelalter. Im fotogenen ❻ * **Centuri-Port** werden die schmackhaften Kap-Langusten fangfrisch serviert – besonders lecker im Hafenrestaurant Le Langoustier.

Korsikas einzige Windmühle erreicht man vom Col de la Serra nur zu Fuß: die ❼ **Moulin Mattei** mit Fernblick auf die Leuchtturminsel Giraglia. Wenig weiter sichern auf der Pointe de Torricella Windkraftanlagen die Stromversorgung im Norden von Cap Corse. Vorbei an Rogliano, vom 12. – 16. Jh. Stammsitz des genuesischen Adelsgeschlechts Da Mare, das fast das gesamte Kap beherrschte, geht es zur

### i Highlights der Tour 1

- der Wachturm von Nonza
- die schönsten Kirchenbauten der Pisaner: La Canonica und San Michele
- Köstlichkeiten aus dem Meer: Kap-Langusten und frische Austern
- eine Weinprobe in Patrimonio
- Baden und Sonnen an den Stränden von Macinaggio

Um Patrimonio werden vollmundige Rot- und Roséweine erzeugt.

Größter Jachthafen am Cap Corse ist das stimmungsvolle Macinaggio.

Am Hafen von Saint-Florent verwöhnen Fischrestaurants mit fangfrischen Meeresfrüchten.

Beliebter Treffpunkt: die Cafés rund um den Place St-Nicholas in Bastia

*Das Herz Bastias schlägt am alten Hafen.*

Ostküste. Als schöne Pause zum Baden, Sonnen oder Flanieren empfiehlt sich 8 ✶ **Macinaggio** mit seinen zahlreichen Stränden und dem Jachthafen für mehr als 500 Boote. In einem der vielen Cafés sollten Sie sich den Apéritif »Cap Corse« gönnen, einen chininhaltigen Kräuterlikör, der ein wenig an Campari erinnert. Hinter Marine de Porticciolo erhebt sich der besterhaltene Genueserturm der korsischen Küste: der **Tour de Losse**. Da der Turm in Privatbesitz ist, kann er nicht besichtigt werden. Eine Pause wert ist auch 9 ✶ **Erbalunga** mit seinen schiefergedeckten Häusern und alten Villen rund um das Hafenbecken. Höhepunkt im Jahreslauf sind zwei feierliche Prozessionen am Karfreitag.Bei der »Cerca«-Prozession werden morgens die Kirchen der Umgebung besucht; abends ziehen die Gläubigen bei der Granitola-Prozession wie eine sich schließende und öffnende Spirale in Kapuzengewändern durch den Ort. Wer 10 ✶ **Bastia** bereits kennt, kann hinter Lavasina auf der so kurven- wie aussichtsreichen **Corniche** die betriebsame Hafenstadt umfahren. Eine fantastische Aussicht auf Meer, Gebirge und Stadt bietet sich vom Hausberg Bastias, dem 961 m hohen Serra di Pigno, zu erreichen auf der D 338.

**Gotteshäuser, Badespaß und Austern am Strand**

Bei Marana beginnen die endlos langen Sandstrände der Ostküste – und ihr nördlichster und zugleich größter der drei Strandseen: der 10 km lange, aber nur 1 m tiefe 11 ✶ **Etang de Biguglia**, in dem köstliche Austern gezüchtet werden. Nahe seines Südufers erhebt sich ein eindrucksvolles Zeugnis pisanischer Romanik in der Küstenebene: Santa Maria Assunta, im Volksmund 12 ✶ **La Canonica** genannt. Vorbei am Flughafen von Bastia geht es über Revinco westlich des Etang de Biguglia gen Norden bis nach Casatorra, wo die Straße durch die wildromantische Schlucht des 13 ✶ **Défilé de Lancone** abzweigt. Im Laufe der Jahrhunderte hat sich der Bevinco-Fluss hier 120 m tief in das Schiefergestein gegraben. Nach der Schlucht führt die D 5 zum wohl schönsten und berühmtesten Kirchenbau der Pisaner: 14 ✶✶ **San Michele** kurz vor dem verschlafenen Örtchen Murato. Zeugnisse der korsischen Frühzeit erheben sich in 15 **Piève** direkt neben der Dorfkirche: die drei Menhirstatuen »Murello«, »Bucentone« und »Mutola«. Durch die Weinberge, Olivenhaine und fruchtbaren Weiden des Nebbio geht es mit Zwischenstopp im malerischen Örtchen 16 ✶ **Santo Pietro di Tenda**, das eine ungewöhnliche Barockkirche beherrscht, zurück nach ✶✶ **Saint-Florent**.

# Tour 2 Der wilde Süden

**Länge der Tour:** 250 km **Dauer:** 2 – 3 Tage

**Die Rundroute durch den Süden der Insel kombiniert die Höhepunkte der Vergangenheit Korsikas mit spektakulären Naturlandschaften: Auf die Kalkklippen von Bonifacio folgen die spitzen Felsnadeln des Bavella-Massivs, würzige Nadelwälder und einsame Sandstrände. In Levie, Filitosa und auf der Hochebene von Cauria wird die Vorzeit wieder lebendig, durch Sartène weht bis heute das Flair des Mittelalters.**

### Alte Städte und traumhafte Strände

Start für den Tourenklassiker durch den Südosten ist die südlichste und wohl spektakulärste Stadt Korsikas, 1 ✶✶ **Bonifacio**. Auf der N 198 geht es – mangels fehlender Alternativen – zügig Richtung Porto-Vecchio. Kurz vor dem beliebten Feriendorf zweigt rechts die Rundstrecke über die Halbinsel La Chiappa ab. Hier versteckt sich der für viele schönste Strand Korsikas: die karibisch anmutende Doppelbucht des 2 ✶✶ **Plage de Palombaggia**. Besonders schön ist der südliche Teil: Da dieser Strandabschnitt nicht direkt mit dem Wagen, sondern nur nach zehnminütigem Fußmarsch zu erreichen ist, lockt hier noch Idylle pur – zum belebteren Nordstrand mit Wassersportangeboten führt eine Stichstraße. In 3 ✶ **Porto-Vecchio** bewacht eine Zitadelle den hübschen Altstadtkern am Hafen. Auf der D 368 geht es durch den harzig duftenden Nadelwald des 4 ✶ **Forêt de l'Ospédale**, der leider deutliche Schäden durch Waldbrände zeigt, stetig bergauf. Auf das kleine Bergdorf L'Ospédale mit weitem Blick über den Golf von Porto-Vecchio folgt der Stausee von Ospédale, der über einem Waldgebiet angelegt wurde – bei Niedrigwasser ragen die abgesägten Baumstümpfe aus dem See. An der Staumauer laden schattige Picknickplätze zur Rast ein.

> **i Highlights der Tour 2**
>
> - Strandidylle am Plage de Palombaggia
> - die Felsnadeln des Bavella-Massivs
> - Funde der Vorzeit in Levie
> - die Altstadt von Sartène
> - Korsikas südlichste Stadt, Bonifacio

### Bizarre Felsspitzen und torreanisches Erbe

In unzähligen Kurven und Kehren schraubt sich die Straße hinauf zur Bocca d'Illarata (991 m), überwindet die Bocca di Pelza (874 m), und erreicht schließlich 5 **Zonza**. Das Bergdorf in 784 m Höhe ist das Zentrum des korsischen Pferdesports und Tor zu den »korsischen Dolomiten«. Am 9 km entfernten 6 ✶✶ **Col de Bavella** öffnet sich die schönste Aussicht auf die ✶✶ **Aiguilles de Bavella**. Fotogen umrahmen bizarr geformte Lariciokiefern die hoch aufragenden Felsnadeln des Bavella-Massivs. Tipp: von der belebten Passhöhe zu den Hochwiesen wandern und dort mit Panoramablick picknicken – leckeren Proviant gibt es in den Läden von Zonza. In 7 ✶ **Levie** wird die korsische Vorzeit lebendig. Das dortige Musée Archéologique präsentiert die »Dame von Bonifacio« und andere Fundstücke aus dem Neolithikum; am Rande des Waldes von Levie liegt das **Castellu di Cucuruzzu**, eine imposante Siedlung der Torreaner aus dem 2. Jt. v. Chr. Nächstes Ziel ist das malerische Bergdorf 8 ✶ **Sainte-Lucie-de-Tallano** am Nordhang des Monte Piano Maggiore. Im nahen Steinbruch wurde der seltene Kugeldiorit abgebaut – sonst gibt es dieses Gestein nur noch in Finnland. Wenige Kilometer vor Propriano überbrückt seit mehr als 700 Jahren die wohl schönste korsische Bogenbrücke aus genuesischer Zeit den Rizzanèse, die Spin'A Cavallu, der »Pferderücken«.

Natur pur: die »Bavella-Nadeln«

*Sport und Spaß am Strand von Palombaggia*

*Nicht nur am Abend faszinierend: Bonifacios Hafen zu Füßen der Zitadelle*

**Zeugnisse der Vorzeit**

Das Gebiet rund um 9 ✶ **Propriano**, heute eine moderne Urlauberhochburg mit großem Jachthafen und zahlreichen Hafenrestaurants, war schon in vorgeschichtlicher Zeit besiedelt. Nördlich des einstigen Fischerdorfes am Golf von Valinco birgt ein Olivenhain im Taravo-Tal die bedeutendste prähistorische Stätte Korsikas, 10 ✶✶ **Filitosa**. Südlich von Propriano erheben sich auf der Hochebene von 11 ✶✶ **Cauria** eindrucksvolle Zeugnisse der korsischen Megalithkultur auf engstem Raum: das Alignement von Stantari, das Alignement von Renaggiu und das größte Menhirfeld des Mittelmeerraumes, die 258 Granitmonolithe des Alignement de Pagliaju. Das nahe 12 ✶ **Sartène** bezeichnete Prosper Mérimée einst als »korsischste Stadt Korsikas«. In den alten Gassen des Bergdorfs mit seinen turmhohen, verwitterten Gebäuden weht noch heute das Flair des Mittelalters – besonders in der Karfreitagsnacht, wenn bei der »Catenacciu«-Prozession ein anonymer Büßer mit klirrenden Ketten an den Füßen ein schweres Holzkreuz durch die Gassen schleppt.

Auf der gut ausgebauten N 196 geht es zügig weiter gen Süden. Weinberge erstrecken sich beiderseits der Fahrbahn. Hinter der Brücke über den Ortolo erblickt man die höchsten Berghänge im Süden der Insel, das Cagna-Gebirge mit der 1340 m hohen Punta d'Ovace. Bekannter ist der weithin sichtbare **Uomo di Cagna**, ein riesiges, 400 t schweres Steingebilde aus der Eiszeit, das einst Seefahrer als Landmarke zur Orientierung nutzten. Den schönsten Blick auf den 13 ✶ **Rocher du Lion** bei Roccapina bietet ein Parkplatz gegenüber einem Imbiss an der N 196. Zum schönen Sandstrand Cala de Roccapina führt eine Schotterstraße bei der Auberge Coralli. Die weitere Strecke bietet immer wieder fantastische Ausblicke auf die Küste: Langsam und gleichmäßig rollen die Wellen an die flach abfallenden, ausgefransten Buchten im Süden Korsikas. Wer eine Badepause einlegen möchte, sollte in Pianotolli zur 14 ✶ **Baie de Figari** oder hinter dem Golfe di Ventilegne zum Plage de Tonnara abbiegen – zwei herrlich idyllische und noch recht einsame Strände kurz vor dem Ende der Rundtour in ✶ ✶ **Bonifacio**.

*Die Grafen der Cinarca beherrschten um 1200 fast die gesamte Insel.*

# Tour 3 Steinerne Märchenwälder und spektakuläre Schluchten

**Länge der Tour:** 300 km **Dauer:** 3 Tage

**Korsikas wild gezackte Felslandschaft inspiriert die Fantasie: Die roten Felsen der Calanche habe der Teufel geschaffen, berichtet eine alte korsische Sage, und auch bei der tiefen Schlucht der Scala Santa Regina, jahrhundertelang der einzige Zugang zum abgeschiedenen Niolo-Hochtal, hatte der Höllenfürst seine Hand im Spiel. Voilà unsere teuflisch schöne Rundtour zu fantastischen Felsspitzen und geschichtsträchtigen Orten im Herzen Korsikas.**

**Die Felsen der Calanche**

Die Tour durch die faszinierenden Felslandschaften Korsikas beginnt in der korsischen Hauptstadt ❶ ✶✶ **Ajaccio** und führt zuerst auf der D 61, dann D 81 durch die ❷ **Cinarca**, den fruchtbaren Garten im Liscia-Tal. Auf einem Fels über Tiuccia erhebt sich die Ruine der einstigen Stammburg der Grafen von Cinarca, die um 1200 fast die ganze Insel beherrschten. Über die gesichtslose Feriensiedlung Sagone erreicht man ❸ ✶ **Cargèse**, das von griechischen Flüchtlingen gegründet wurde. Inmitten seiner weiß getünchten Häuser mit bunten Fensterläden und blumengeschmückten Terrassen erheben sich zwei große Gotteshäuser: die römisch-katholische und die griechisch-orthodoxe Kirche, die im Innern schöne griechische Ikonen birgt. Den Besuch der ❹ ✶✶ **Calanche** zwischen Piana und Porto sollten Sie für den frühen Abend einplanen: Im Licht der untergehenden Sonne leuchten die Porphyrspitzen glutrot und verwandeln sich in einen steinernen Märchenwald voller fantastischer Formationen. Kurze Wanderwege führen zu den schönsten Felsen. Der ❺ ✶✶ **Golf von Porto** ist als Weltnaturerbe geschützt. Unbedingt einplanen: eine Bootsfahrt zum denkmalgeschützten Fischerdörfchen ❻ ✶ **Girolata** und zum Weltnaturerbe ❼ ✶✶ **La Scandola**!

### i HIGHLIGHTS DER TOUR 3

- das denkmalgeschützte Dörfchen Girolata
- der steinerne Märchenwald der Calanche
- Korsikas alte Hauptstadt Corte
- die spektakulären Schluchten Gorges de la Restonica und Gorges de Spelunca
- Bastelica, der Geburtsort des korsischen Freiheitshelden Sampiero Corso

**Schluchten-Trio**

Über Ota, das wie eine Wabe am Berghang hoch über dem 300 m tiefer fließenden Porto klebt, geht es durch die gewaltigste Schlucht Korsikas, die ❽ ✶ **Gorges de la Spelunca**, hinauf nach **Evisa**. Wer gerne wandert, kann von hier in vier Stunden die Schlucht zu Fuß erkunden oder zu den tosenden Wasserfällen der Cascades d’Anglais gehen, die mitten im schattigen Forêt d’Aïtone liegen. Hinter Evisa klettert die Straße zum ❾ ✶ **Col de Vergio** empor, mit 1477 m der höchste befahrbare Pass der Insel. Der Rundblick auf die Zweitausender ringsum ist einmalig. Dem Lauf des Golo folgend, mit 85 km längster Fluss des Insel, geht es durch den Kiefernwald des Valdu-Niellu vorbei an Albertacce mit seinem sehenswerten prähistorischen Museum nach ⑩ **Calacuccia**. Das Bergdorf ist beliebter Ausgangspunkt für Aufstiege auf Korsikas höchsten Gipfel, den 2706 m hohen Monte Cinto. Weiter auf der D 84, beginnt hinter Corscia die enge Klamm der ⑪ ✶ **Scala di Santa Regina**. Den besten Blick auf die 8 km lange Schlucht des Golo hat man von der Ponte di l'Acacia, wo ein schmaler Pfad entlang der Steilwände und Abgründe führt. Über Castirla ist die alte Hauptstadt Korsikas schnell erreicht: ⑫ ✶✶ **Corte**, auch geografisch das Zentrum der Insel. Felswildnis pur bieten die nahen ⑬ ✶✶ **Gorges de la Restonica**. Wunderschöne Wanderungen führen von diesem wildromantischen Tal, das Zweitausender einrahmen, bis zu den gletscherblau schimmernden Bergseen Melo und Capitello.

*Wildromantische Felswildnis: das Restonica-Tal*

*Seglerparadies und Weltnaturerbe La Scandola*

*Auf dem Marché des Square César-Campinchi in Ajaccio bekommt man ausgezeichneten korsischen Käse, Schinken und Honig.*

Die Rückfahrt nach Ajaccio folgt zunächst der Strecke der korsischen Kleinbahn »Micheline«. Kurz vor Vivario erscheint die 14 ✶ **Pont du Vecchio**, den der Eiffelturm-Erbauer Gustave Eiffel konstruierte. Die 140 m lange Eisenbahnbrücke überspannt in 97 m Höhe das Tal. Hinter dem Col de Vizzavona, mit 1163 m höchster Punkt der Bahnstrecke, geht es hinab nach 15 ✶ **Bocognano**, wo eine lohnenswerte Wanderung in rund einer Stunde zum Brautschleier-Wasserfall führt, mit 150 m der höchste Wasserfall der Insel. Wenige Kilometer weiter zweigt gen Süden die D 27 ab, die nach der 1193 m hohen Passhöhe Punta Isa den Geburtsort des korsischen Freiheitskämpfers Sampiero Corso erreicht: 16 **Bastelica**. Reich an Aussichten leitet die D 3 oberhalb der Schlucht 17 **Gorges du Prunelli** vorbei an den hübschen Örtchen Tolla und Ocana und dem blau schimmernden Stausee Lac de Tolla auf der gut ausgebauten N 196 zurück nach ✶ ✶ **Ajaccio**.

**Auf den Spuren der »Micheline«**

# Tour 4 Korsische Kontraste zwischen Ost und West

**Länge der Tour:** 140 km **Dauer:** 1 – 2 Tage

**Auf der Reise von der Westküste durch die Balagne und Castagniccia bis zur Ostküste reihen sich die vielen Facetten Korsikas wie ein Bilderbogen aneinander: zerklüftete Küsten, einsame Wüsten, fruchtbare Hochplateaus, tiefe Schluchten, Panoramafernblicke, Städte voller Flair und endlose Strände zum Sonnen und Baden. Nicht zu vergessen: die Köstlichkeiten aus Küche und Keller.**

Die Tour beginnt am tiefblauen Golf von 1 ✶✶ **Calvi**. Man verlässt die quirlige Küstenstadt auf der N 197 Richtung Bastia und folgt dann der D 71, die als aussichtsreiche **Corniche de la Balagne** immer wieder neue, faszinierende Ausblicke auf den Golf und die Berge bietet. Hinter Lumio geht es hinauf nach 2 ✶ **Sant'Antonino**, das einem Adlerhorst gleich auf der Spitze eines Kegelberges thront und mit einem 360°-Panorama über die gesamte Balagne lockt. Keine 5 km nördlich sollte man sich unbedingt 3 ✶✶ **Pigna** ansehen. Das Örtchen gilt als Hochburg der korsischen Handwerkskunst, da hier 1964 die Corsicada-Vereinigung gegründet wurde, die mit den Case d'Artigiani Kunsthandwerkern ein Forum zur Präsentation und zum Verkauf ihrer Werke bietet. Über 4 ✶ **Speloncato**, in dessen engen

**Durch die fruchtbare Balagne**

## i HIGHLIGHTS DER TOUR 4

- das höchstgelegene Dorf Korsikas: Saint'Antonino mit Fernblick über die gesamte Balagne
- Kunsthandwerk der Corsicada-Künstler: Keramik, Korbwaren und Holzarbeiten
- das Franziskanerkloster Alesani, in dem sich ein westfälischer Glücksritter zum König von Korsika krönte.

Gässchen die Zeit stillzustehen scheint, geht die Fahrt weiter bis nach 5 **Belgodère**, wo die Corniche de la Balagne endet. Das Dörfchen liegt so traumhaft über dem Tal des Regino, dass es zu Recht den Namen »Schöner Aufenthalt« trägt.

**Panoramaroute durch die Berge**

Über den 844 m hohen Pass Bocca Capana schaffen die D 547 und die D 247 via Castifao und Moltifao die Verbindung zum idyllisch abgeschiedenen 6 ✶ **Vallée d'Asco** mit der wildromantischen Granitschlucht Gorges de l'Asco. Ponte Leccia bildet den zentralen Bahn- und Verkehrsknoten im Zentrum Korsikas. Während die Stadt eher unscheinbar ist, sind die Aussichten auf das Rotondo-Massiv und die Gipfel des Asco-Gebietes einfach grandios. Auf der engen, kurvigen D 71 geht es vorbei an Olivenhainen und Korkeichen nach 7 ✶ **Morosaglia**, mit knapp 900 Einwohnern einer der größten und

*Man nimmt sich Zeit für einen Espresso und die Morgenzeitung.*

*Attische Keramikschale aus der Römerstadt Aléria*

*Calvi besitzt herrliche Strände.*

bekanntesten Orte der Castagniccia: Hier wurde der prominenteste korsische Freiheitskämpfer geboren – Pasquale Paoli. Sein Geburtshaus ist heute ein Museum. Die D71 schlängelt sich weiter bergauf bis zum 8 **Col de Prato** in knapp 1000 m Höhe. Von der Passhöhe führt in zwei Stunden ein Wanderweg mit roter Markierung bzw. Steinpyramiden zum 1767 m hohen 9 ✶ **Monte Petrone** mit traumhaften Blicken auf Cap Corse und das »Kastanienland«, das besonders im Herbst mit seiner Farbenpracht beeindruckt. Knapp 1 km hinter dem Pass führen die D 405, dann die D 515 nach 10 ✶ **La Porta**. Mittelpunkt des Miniortes ist St-Jean-Baptiste mit ihrem riesigen Campanile. Im Sommer sind regelmäßig Orgelkonzerte in der Barockkirche zu hören. Kurz vor Piedicroce liegt eingezäunt die Ruine des 11 ✶ **Couvent d'Orezza**, das während des korsischen Unabhängigkeitskampfes Geschichte schrieb – in dem mittlerweile fast völlig überwucherten Franziskanerkloster wurde 1751 die korsische Verfassung verabschiedet. Im Orezza-Tal wird auch das bekannteste korsische Mineralwasser abgefüllt, das Eaux d'Orezza. Die Quelle liegt an der D 506, die in Piedicroce abzweigt. Beim Überqueren des 819 m hohen Col d'Arcacotta öffnet sich der Blick auf das weite Tal des Alesani. Achtung: Ziegen, Schweine und Kühe bevölkern zunehmend die Straße. In 12 ✶ **Valle-d'Alesani** lohnt ein Abstecher zum Franziskanerkloster Alesani, zu erreichen über die D 217 und D 17 Richtung Perellli. Das Kloster birgt die Kopie eines wertvollen Gemäldes aus der Siener Schule: »Die Jungfrau Maria mit der Kirsche« (1450) – das Original hängt im Louvre. Am 15. April 1736 ließ sich Theodor Baron Neuhoff hier zum König von Korsika ausrufen. Als Residenz wählte er das 17 km entfernte 13 **Cervione**. Einblicke in die Geschichte der Castagniccia gibt das Museu Ethnograficu hinter der Kathedrale. Als letzter Kulturstopp vor der Küste lockt die romanische Kapelle Ste-Christine. Ihre Zwillingsapsis schmücken schöne Fresken aus dem Jahr 1473. Auf der D 71 sind es nur noch wenige Kilometer bis **Prunete**, wo die Tour erfrischend endet: mit einem Bad im Meer.

**Römische Ruinen und leckere Austern**

Wer mag, kann anschließend noch bis 14 ✶✶ **Aléria** weiterfahren, die Ausgrabungsstätte der Römerstadt Alalia besichtigen und den Tag dann bei fangfrischen Austern aus dem nahen Etang de Diane und kühlem korsischen Weißwein ausklingen lassen. Unser Schlemmertipp: 15 ✶ **Coquillages de Diane**, 2 km nördlich von Aléria direkt am Seeufer, Tel. 04 95 57 04 55.

COLOMBO LINE

# Reiseziele von A bis Z

EINE INSEL VOLLER DUFT UND SONNE, MIT HOCHGEBIRGE UND DEN HERRLICHSTEN STRÄNDEN, MIT URALTEN BERGDÖRFERN UND BLÜHENDEN BADEORTEN WIE CALVI – KORSIKA IST ABWECHSLUNGSREICH WIE EIN GANZER KONTINENT.

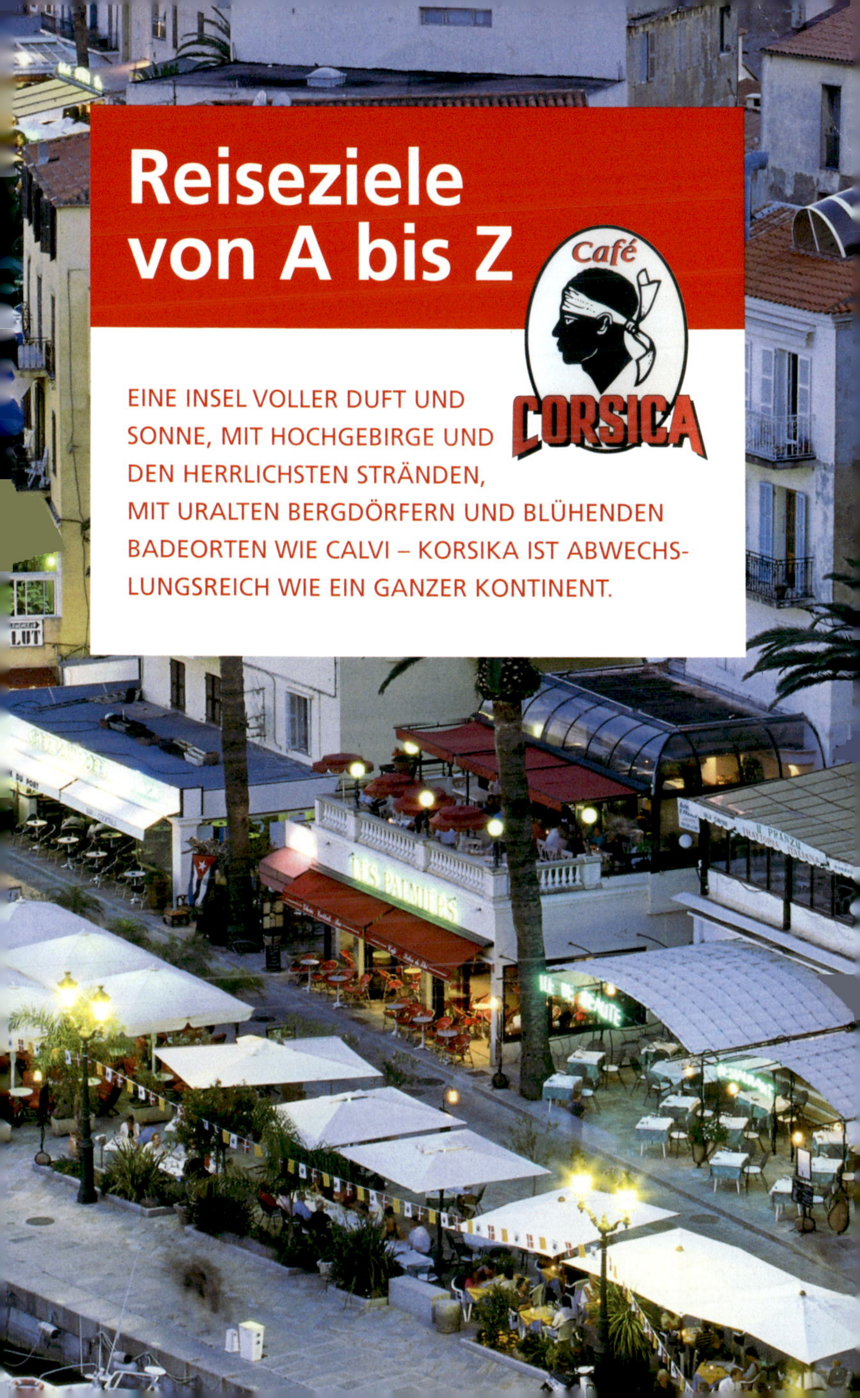

# Agriates-Wüste

C/D 4/5

**Höhe:** 0 – 421 m ü. d. M.
(Col de Lavezzo)

**Dornig, undurchdringlich und doch voller Düfte, so überzieht die Macchia die Désert des Agriates, die unwirtlich heiße Felswüste, die zwischen ►Cap Corse und ►Balagne wunderschöne Sandstrände versteckt: Lotu, Saleccia, Malfalcu und Ostriconi.**

**Wüste aus Stein und Macchia**

Der Name der 160 km² großen **Désert des Agriates** erstaunt: »bewirtschaftete Felder«. Wo heute **Macchia** mit Erdbeerbäumen, Myrten, Zistrosen und duftenden Kräutern wie Salbei, Lavendel, Bergminze oder Rosmarin das Land überzieht, bauten zu Zeiten der Seerepublik Bauern in kleinen Parzellen Korn an – damals galt die Agriates als »Kornkammer Genuas«. Erhalten sind heute nur Reste der Steinreihen, die die Felder begrenzten, verfallene Schäfereien und kleine »**Pagliaghi**«, mit Teghje-Schiefern gedeckte Heuschober. Als einzige asphaltierte Straße durchquert die D 81 das einsame Hügelland; zwei Schotterpisten führen von der Macchia zum Meer. Bewohnt sind nur wenige Häuser und das Dorf **Casta**. An die Bewohner der Vorzeit erinnern die einzigen **Dolmen** der nördlichen Inselhälfte, die am Fuße des Monte Revincu zu finden sind: Casa di l'Orcu (Haus des Riesen) und Casa di l'Orca (Haus der Riesin).

**In letzter Sekunde gerettet**

»In diesem entlegenen und beunruhigenden Landstrich kommt die Fantasie alsbald vom rechten Weg ab«, schrieb Pierre Benoît 1950 in seinem Roman »Les Agriates« – ein Satz, der auch für die geplanten Bauprojekte jener Zeit gelten könnte: eine Atomversuchsanlage und ein riesiges Ferienzentrum, für das die Rothschild-Bank bereits einen Großteil des Grund und Bodens erworben hatte. Gerade noch recht-

## DIE AGRIATES ERLEBEN

### AUSKUNFT

*Syndicat mixte des Agriates*
F-20246 Santo-Pietro-di-Tenda
Tel. 04 95 37 72 51
Fax 04 95 37 71 87

### ESSEN UND ÜBERNACHTEN

**► Günstig**

*Hotel Pâquerette*
RN 199, F-20217 Casta
Tel. 04 95 37 06 68
2-Sterne-Hotel mit guter heimischer Küche.

*Auberge di Pietra Moneta*
Route de l'Ostriconi
F-20226 Palasca
Tel. 04 95 60 24 88
Wo einst die Postkutschen-Pferde gewechselt wurden, serviert Joël Vesperini heute gut und günstig korsische Küche mit Kräutersuppe, Lammbraten und Schafsragout.

*So unwirtlich die Agriates-Wüste ist, so wunderschön sind ihre Sandstrände wie in Ostriconi.*

zeitig gelang es dem Conservatoire du Littoral, zwischen 1979 und 1989 die Küste an der Wüste zurück zu kaufen und unter **Naturschutz** zu stellen.

Auf schlechten Schotterpisten gelangt man zu den Traumstränden der Agriates: **Lotu, Saleccia, Malfalcu** und **Ostriconi**. Saleccia diente als Kulisse für den Kriegsfilm »Der längste Tag« mit Robert Mitchum. Zur Plage du Lotu pendeln im Sommer Ausflugsboote von Saint-Florent.

✶ **Traumstrände**

Am Ende des Plage de la Roya beginnt in Saint-Florent der einzige **Wanderweg** Korsikas, der direkt der Küste folgt – und auf 40 km Länge bis zum Strand von Ostriconi die Schönheit der Désert des Agriates erschließt: romantische Buchten, kristallklares Wasser, kleine Aleppokiefernwäldchen und die vielfältige Tier- und Pflanzenwelt der Macchia.

**Sentier du Littoral**

# ★★ Ajaccio

H 2

**Höhe:** 25 m ü. d. M. **Einwohner:** 60 000
**Besonderheit:** Präfektursitz

**Napoleon Bonaparte machte aus seiner Heimatstadt 1811 die Hauptstadt Korsikas. Heute ist Ajaccio die größte Stadt der Insel mit Sitz des Regionalparlaments, gepflegten Stadtstränden, breiten Boulevards, engen Altstadtgassen voller Flair und Booten aus aller Welt, die vor der Zitadelle im Hafen liegen.**

Die alten Viertel in der Innenstadt und außerhalb der Stadtmauer (Borgo) gehen unmerklich über in moderne Geschäfts- und Wohnviertel entlang der Hafenkais und bis zu den sanften Hügeln am Stadtrand. Großzügige Boulevards mit Straßencafés, schattige Plätze, klassizistische Prachtbauten, Amtsgebäude und Museen kennzeichnen die **aufstrebende Stadt**, die viele Reminiszenzen an vergangene Zeiten bewahrt hat. Die schönsten Blicke auf Stadt und Hafen bietet sich vom Pointe d'Aspreto am östlichen Hafenende und von der Jetée de la Citadelle unterhalb der Festung. Schon **Henri Matisse** hat sich 1898 vom Farbenspiel der Stadt und ihrer Umgebung verzaubern lassen, was sich leider nicht auf Korsika, aber im Matisse-Museum in Nizza nachvollziehen lässt.

## AJACCIO ERLEBEN

### AUSKUNFT (OFFICE DU TOURISME)

3, Bd. du Roi Jérôme
F-20181 Ajaccio Cedex 1
Tel. 04 95 51 53 03
Fax 04 95 51 53 01
www.ajaccio-tourisme.com

### VERKEHR

Der Flughafen Campo dell'Oro östlich der Stadt wird täglich von der Air France und der Compagnie Corse Méditerranée (C.C.M.) angeflogen. Am besten parkt man sein Auto in der Parkgarage am Place de Gaulle. Ausflugsschiffe pendeln zum Seebad Porticcio, zum Archipel der Iles Sanguinaires, zum autofreien Fischerdorf ►Girolata und zum Weltnaturerbe Scandola.

### SHOPPING

Kleine Boutiquen laden in der Fußgängerzone Rue Cardinal Fesch zum Bummeln ein, während der bunte Markt am Square César Campinchi jeden Vormittag außer Montag eine

*Shoppingpause in der Altstadt*

Fülle heimischer Produkte bietet. Umfangreiche Korsikaliteratur hat die Buchhandlung La Marge in der Rue Emanuel Arène Nr. 4.

## ESSEN

### ► Fein und teuer

① *Le Floride*
Port de l'Amirauté
Tel. 04 95 22 67 48
Ein Muss für Fischfreunde. Probieren Sie die flambierten Langusten und die marinierten Jakobsmuscheln!

### ► Erschwinglich

② *L'Assiette Gourmande*
6–10, Rue G. Fiorella
Tel. 04 95 51 35 07
Mo. geschlossen
Im rustikalen Gourmetlokal vereint José deftige Inselküche mit mediterraner Nouvelle Cuisine – probieren Sie Muscheln in Martini-Rosso-Sauce.

③ *Da Mamma*
Passage Guingette
Tel. 04 95 21 39 44
Stimmungsvoll, wenn auch eng. Küchen-Klassiker: gebratenes Zicklein, Austern und Meeräsche.

④ *Des Halles*
4, Rue des Halles
Tel. 04 95 21 42 68
Mo. – Sa. 12.00 – 14.00 Uhr
Guy Fenocchis Terrassenrestaurant neben der Markthalle ist das älteste Lokal der Stadt. Hier bekommt man fangfrischen Fisch vom Grill und einen ausgezeichneten Insel-Rosé.

### ► Preiswert

⑤ *Champs de Blé*
11, Bd du Roi Jérôme
Tel. 04 95 51 39 26
Bei romantischem Kerzenlicht speist man vorzüglichen Fisch, leckere Pizza und Pasta.

## ÜBERNACHTEN

### ► Luxus

*Dolce Vita*
Route de Sanguinaires
Tel. 04 95 52 42 42
Fax 04 95 52 07 15
www.hotel-dolcevita.com
Knapp 9 km südlich von Ajaccio verwöhnt die Familie Federici ihre Gäste mit 32 hübschen Zimmern, die alle Meerblick haben. Bezaubernder Garten, eigener Sandstrand und Schwimmbad. Fisch dominiert die Karte in Antoine Cardinus Michelin-besternten Feinschmecker-restaurant La Mer.

### ► Komfortabel

① *Fesch*
7, Rue du Cardinal Fesch
Tel. 04 95 51 62 62
Fax 04 95 21 83 36
www.hotel-fesch.com
Stilvolles Haus mit 77 Zimmern in einer Fußgängerzone der Altstadt. Nr. 63 und 64 haben eine eigene Terrasse.

② *Du Golfe*
5, Bd. du Roi Jérôme
Tel. 04 95 21 47 64
Fax 04 95 21 71 05
www.hoteldugolfe.com
Hier logiert man direkt im Hafenviertel. Die meisten der 50 Zimmer bieten einen herrlichen Blick über die Bucht von Ajaccio.

③ *Napoléon*
4, Rue Lorenzo Vero
Tel. 04 95 51 54 00
Fax 04 95 21 80 40; 62 Z.
www.hotel-napoleon-ajaccio.com
3-Sterne-Hotel einer ruhigen Nebenstraße des Cour Napoléon, nur fünf Minuten von den Stränden und dem historischen Zentrum entfernt. Üppiges Frühstück!

**► Günstig**

④ ***Kallisté***
51, Cours Napoléon
Tel. 04 95 51 34 45
Fax 04 95 21 79 00
www.cyrnos.net
Freundliches Hotel in der ersten Etage mit 48 geräumigen Zimmern, darunter auch Vierbett-Zimmer für Familien

*Baedeker-Empfehlung*

⑤ ***Pension Morelli***
1, Rue Major Lambroschini
Tel. 04 95 21 16 97
www.ajaccio-tourisme.com/ville.htm
Sympathische Familienpension. Probieren Sie Madame Morellis selbst gemachte Kuchen! Ausgezeichnetes Frühstück.

**Napoleon Bonaparte**

Auf Schritt und Tritt begegnet man dem berühmtesten Sohn der Stadt: In Erinnerung an Napoleon, am 15. August 1769 geboren, wurden Straßen, Plätze, Gaststätten benannt, Denkmäler aufgestellt – und auch als Souvenirartikel lässt er allen anderen Nippes hinter sich. Geehrt wird Napoleon (► Berühmte Persönlichkeiten) alljährlich an seinem **Geburtstag** mit einer Zeremonie, obwohl er nach seiner Abreise nach Frankreich 1793 nur noch zweimal korsischen Boden betrat: 1799 auf der Rückreise vom Afrika-Feldzug und 1815, als er Elba verließ, um erneut die Herrschaft in Frankreich anzutreten, die er in der Schlacht von Waterloo endgültig verlor.

**Stadtgeschichte**

Ajaccio entstand aus der kleinen römischen Siedlung **Adiacum**, die im heutigen »Vigne di San Giovanni«-Viertel lag. 1492 gründete die Bank des hl. Georg (► Geschichte, S. 26), von der Republik Genua mit der Verwaltung von Korsika betraut, die Stadt, siedelte 100 ligurische Familien an und verbot den Korsen, sich ebenfalls niederzulassen. Das änderte sich erst mit Sampiero Corso (► Berühmte Persönlichkeiten), der Ajaccio 1553 in französischem Auftrag besetzte und eroberte. Als die Genuesen fünf Jahre später zurückkehrten, gewährten sie 1597 allen Einwohnern das Bürgerrecht und bauten die Zitadelle, unter den Franzosen errichtet, nach ihren Vorstellungen um. In der ersten Hälfte des 17. Jh.s zählte der Hafen von Ajaccio zu den betriebsamsten Häfen der ganzen Insel; gehandelt wurde mit Olivenöl, Wein, Getreide und Käse. 1715 erhielt Ajaccio die Administration für die südliche Hälfte der Insel. 1769 fiel die Insel und damit auch Ajaccio an Frankreich.

## Sehenswertes in Ajaccio

**★ Place Général de Gaulle**

Die Stadtbesichtigung beginnt auf dem Place Général de Gaulle, auch **Place du Diamant** genannt, der zwischen der Altstadt und den neuen Vierteln im Westen liegt. Mit ihren Cafés ist die sonnige Terrasse in der Nähe des Kasinos und des Kongressgebäudes mit Blick auf den Golf ein **traditioneller Treffpunkt** der Ajacciner. Am Süden-

## *Ajaccio* Orientierung

**Essen**
① Le Floride
② L'Assiette Gourmande
③ Da Mamma
④ Des Halles
⑤ Champs de Blé

**Übernachten**
① Hôtel Fesch
② Hôtel du Golfe
③ Napoléon
④ Hôtel Kallisté
⑤ Pension Morelli

*Ajaccio: Hinter der Zitadelle erstreckt sich die malerische Altstadt.*

de grüßt das bronzene **Reiterstandbild Napoleons** als römischer Imperator, umringt von seinen vier Brüdern – ein Werk von Viollet-le-Duc aus dem Jahr 1865.

★ **Cathédrale**

Vorbei am Palais de Congrès erreicht man an der Rue Forcioli-Conti die Kathedrale von Ajaccio, ein schlichter Kreuzkuppelbau, 1582 bis 1593 im Stil der venezianischen Renaissance errichtet.
Kostbarstes Stück der Kirchenausstattung ist das Gemälde »**Vierge au Sacré-Cœur**« von Eugène Delacroix (1798–1863) in der ersten Kapelle links. Die zweite Kapelle, Notre-Dame de la Miséricorde, birgt eine Marmorstatue der Heiligen Jungfrau aus dem 18. Jh., die beim Fest der **Schutzpatronin Ajaccios** am 18. März bei einer Prozession durch die Straßen getragen wird. Die dritte Kapelle ehrt mit 15 kleinen Tafeln aus dem 17. Jh. die Jungfrau mit dem Rosenkranz.
Den Hochaltar aus weißem Marmor, über dem sich vier gewundene Säulen aus schwarzem, gelb geädertem Marmor aus Portovenere erheben, stiftete 1811 Napoleons Schwester Elisa Baciocchi. Über dem Marmortaufbecken wurde Napoleon am 21. Juli 1771 als Zweijähriger getauft. Eine Marmortafel im linken Kirchenschiff erinnert an dessen Wunsch, in Ajaccio bestattet zu werden, falls eine Beisetzung in Paris verweigert würde.

Mit dem Besuch der Kathedrale ist man schon inmitten der malerischen Altstadt. Vieles erinnert an italienische Städte. Hier reihen sich bunt gemischt feine Restaurants, Bars in alten Kellergewölben, voll gestopfte Souvenirläden, Kunstgalerien, Hafenspelunken und Pizzerien aneinander.

★ **Altstadt**

Vor der **Zitadelle** aus dem 16. Jh. (militärische Zone, Besichtigung nur mit Führung des Office du Tourisme) biegt man links auf den Boulevard **Danielle Casanova** ab, benannt nach einer Heldin der Résistance (1909 – 1943), die im Konzentrationslager Auschwitz starb (► Berühmte Persönlichkeiten). Im Geburtshaus der Casanova präsentiert das private Musée du Capitellu (Nr. 18; Öffnungszeiten: April bis Okt. 10.00 – 12.00, 14.00 – 18.00 Uhr, So. nachmittag geschlossen) zierliches Porzellan, erlesenes Geschirr, alten Schmuck und Mobiliar einer adligen Familie aus Ajaccio.

**Musée du Capitellu**

Über die Rue Roi-de-Rome und die Rue St-Charles gelangt man zur **Place Letizia** mit einer Kinderbüste des Königs von Rom, Napoleons einzigem Sohn. Im Maison Bonaparte (Öffnungszeiten: April bis Sept. 9.00 – 12.00, 14.00 – 18.00 Uhr, Okt. – März 10.00 – 12.00, 14.00 bis 16.45 Uhr, Mo. vorm. geschlossen) erblickte **Napoleon I.** auf dem Sofa des Vorzimmers im ersten Stock 1769 das Licht der Welt – die Geburtswehen der Mutter hatten im Gottesdienst an Mariä Himmelfahrt eingesetzt, der es auf dem Heimweg nicht mehr gelang, das Schlafzimmer zu erreichen. Während des englisch-korsischen Reiches von 1794 bis 1796 beschlagnahmten die Engländer das schlichte Bürgerhaus aus dem 18. Jahrhundert. Das Erdgeschoss diente als Munitionslager, die Wohnung beherbergte Soldaten – darunter auch Hudson Lowe, den späteren Kerkermeister Napoleons auf St. Helena. 1798 wurde es auf Wunsch von Napoleons Mutter Letizia mit Entschädigungsgeldern der Engländer restauriert und umgebaut. Hinzu kamen der Salon im ersten Stock und neues Mobiliar wie das Louis-quinze-Bett und mit Intarsien geschmückte italienische Kommoden.

**Maison Bonaparte**

◄ www.musee-maisonbonaparte.fr

## *Highlights in Ajaccio*

**Markt auf dem Square César Campinchi**
Der wohl schönste Wochenmarkt Korsikas verführt mit Insel-Spezialitäten: Käse, Schinken, traditionellen Keksen und Honig – bei vielen Händlern darf man kosten.
► Seite 112

**Palais Fesch**
Italienische Meisterwerke und das Mausoleum der Familie Bonaparte – doch ihr wichtigster Sohn fehlt.
► Seite 118

**Maison Bonaparte**
Hier wurde Napoleon am 15. August 1769 geboren – aber nicht im Bett ...
► Seite 117

**Place Général de Gaulle**
Die schönste Panoramaterrasse mit Blick auf den Golf von Ajaccio
► Seite 114

*Stilvoll: das Maison Bonaparte*

Im »Napoleonzimmer« wohnte der Kaiser vermutlich bei seinem Aufenthalt im Jahre 1799. Im zweiten Stock sind Dokumente, Portraits, Erinnerungsstücke sowie ein Stammbaum der Familie Bonaparte ausgestellt.

Über die Rue Bonaparte gelangt man zum palmenbestandenen **Place Maréchal Foch**, der den Namen eines berühmten korsischen Marschalls aus dem Ersten Weltkrieg trägt. Vom **Löwenbrunnen**, den Gerolamo Maglioli schuf, grüßt Napoleon als römischer Imperator, umgeben von vier Löwen. In einer Fassadennische an der Ecke Avenue Serafini / Rue Bonaparte steht die 1656 in der Kirche St-Erasme geweihte Statue der »**Madonnuccia**« der Schutzpatronin Ajaccios.

**Salon Napoléonien**

Das **Rathaus** zur Hafenseite birgt den Salon Napoléonien (Öffnungszeiten: tgl. 9.00 – 11.45, 14.00 – 17.45 Uhr, Mitte Sept. bis Mitte Juni nur bis 16.45 Uhr), einen Empiresaal mit Portraits und Büsten der Familie Bonaparte, dem Taufschein vom 21. Juli 1771 im genuesischen Dialekt und der **Totenmaske Napoleons** von Antonmarchi. Die Einrichtung stammt aus der römischen Residenz des Kardinals Fesch; der tonnenschwere böhmische Kristalllüster ist ein Geschenk der ehemaligen Tschechoslowakei zum 200. Geburtstag Napoleons (1969). Hinter dem Rathaus liegt die einzige **Fischhalle** Korsikas.

! *Baedeker* TIPP

**Eintritt sparen**

Für die fünf Museen von Ajaccio gibt es einen sieben Tage gültigen Museumspass (Passe musées), für 10 € erhältlich im Touristenbüro oder in den Museen.

**Rue Cardinal Fesch**

Durch die Rue Cardinal Fesch, **Flaniermeile und Shoppingstraße** des stimmungsvollen Hafenviertels Borgo, gelangt man zum klassizistischen **Palais Fesch** (1827 – 1837) mit Bibliothek, Chapelle Impériale (Kaiserliche Kapelle) und dem berühmten Musée Fesch. Die **kaiserliche Kapelle** im rechten Flügel wurde 1860 auf Anweisung Napoleons III. von Paccard und Cazeneuve als letzte Ruhestätte der Bonapartes errichtet. Im runden Kuppelbau sind Kardinal Fesch, die Eltern Napoleons und weitere Angehörige bestattet. Alljährlich am 5. Mai, dem Todestag Napoleons, werden Gedenkgottesdienste abgehalten.

Chapelle Impériale ►

★★ **Musée Fesch**

Das Museé Fesch im ersten Stock gehört zu den größten Sammlungen italienischer Malerei in Europa (**www.musee-fesch.com**, Öffnungszeiten: April – Juni, Sept. Di. – So. 9.30 – 12.00, 14.00 – 18.00 Uhr, Juli, Aug. Mo., Fr. 14.00 – 18.00, Di. – Do., Sa., So. 10.30 – 18.00

Uhr, Okt. – März Di. – Sa. 9.30 – 12.00, 14.00 – 17.30 Uhr). **Kardinal Joseph Fesch** (1763 – 1839), Erzbischof von Lyon und Stiefbruder von Letizia Bonaparte, war ein eifriger Kunstsammler. Rund 16 000 italienische Gemälde vom 14. bis 19. Jh. trug er zusammen, von denen heute noch 1200 Bilder vorhanden sind, und vermachte die Sammlung samt Palais der Stadt Ajaccio. Die Ausstellung ist nach Themen geordnet – religiöse Darstellungen, Portraits, Landschaften und Stillleben. Zu sehen sind Werke der Schulen von Florenz, Venedig, Rimini und Ferrara; ferner Werke flämischer, holländischer und französischer Künstler. Zu den ältesten Gemälden gehören die »Vision der seligen Clara von Rimini«, ein Triptychon von 1330, die Mitteltafel eines Polyptychons, das der Meister des Kruzifixus von Argenta um 1340 schuf, die »Mystische Hochzeit der heiligen Katharina« von Allegretto Nuzi sowie ein »Jüngstes Gericht« der Florentiner Schule. Das 15. Jh. vertreten die entzückende »Madonna mit der Girlande« (um 1470), ein Jugendwerk von **Sandro Botticelli**, die »Madonna mit zwei Heiligen« von Cosimo Tura und die »Madonna von Grenada« von Lorenzo di Credi. Aus dem 16. Jh. stammen »Der Zweite Mann mit dem Handschuh« von **Tizian** und die »Leda« von **Veronese**. Aus dem 17. Jh. sind Landschaften von Gaspar Dughet und Nicolas Poussin sowie Portraits von Baciccio und Maratta zu sehen. Das venezianische 18. Jh. ist durch Veduten von Panini und der berühmten **Canaletto-Schule** vertreten.

*Boticellis Madonna im Musée Fesch*

**Cours Napoléon**

Durch die Rue des Trois Maries erreicht man die **Hauptverkehrsader** der Stadt, den Cours Napoléon, mit Ämtern, Straßencafés und Geschäften. Durch diese Straße führen auch die meisten Kundgebungen und Prozessionen. Am nördlichen Ende der Straße liegt der **Place Abbatucci** mit der Bronzestatue des korsischen Generals Abbatucci aus Zicavo, der die Verteidigung der jungen Republik in der Schlacht von Huningue (Elsass) 1796 mit dem Leben bezahlte. In südlicher Richtung folgt der Amtssitz des Präfekten der Region Korsika im **Palais Lantivy** von 1837.

★ **Musée »A Bandera«**

In der Rue Général Levie 1 dokumentiert das **landesgeschichtliche Museum** die korsische Vergangenheit und die Militärgeschichte des Mittelmeeres mit Münzen, Waffen, Karten und Uniformen

(Öffnungszeiten: Juni – Mitte Sept. 9.00 – 19.00, sonst Mo. bis Sa. 9.00 bis 12.00, 14.00 – 19.00 Uhr). Napoleon Bonaparte, Pasquale Paoli und Sampiero Corso wird ebenso gedacht wie Danielle Casanovas (► Berühmte Persönlichkeiten). Das Museum zieht voraussichtlich 2008 an die Route des Sanguinaires hinter Maricello.

**Cours Grandval, Place d'Austerlitz**

Westlich des Place de Gaulle führt die von Platanen gesäumte **Prachtstraße Cours Grandval**, später als Cours Général Leclerc, zum weitläufigen Place d'Austerlitz. Seine eindrucksvolle **Napoleon-Statue** ist eine Replik des Standbildes von Seuvre (1938) im Pariser Invalidendom. Es zeigt Napoleon mit Zweispitz und Redingote, einem taillierten Damenmantel mit Reverskragen. In einer Grotte der Tafonifelsen soll Napoleon als Kind gespielt haben.

## ✶ Golf von Ajaccio

**✶ Nordküste, Route des Sanguinaires**

Die Route des Sanguinaires genannte **Küstenstraße** (D 111) verlässt die Stadt westwärts und folgt dem Nordufer des Golfs von Ajaccio, vorbei an Hotels, Restaurants, Ferienwohnungen und -anlagen bis zum Genuesenturm an der Westspitze des Golfes, der Pointe de la Parata. Kleine, aber **einladende Strände** säumen die 12-km-Strecke: z. B. Barbicagia, Plage d'Ariadne, Plage du Scudo, Terra Sacra, Frati und Plage de Vignola.

**Chapelle des Grecs**

Etwa 2 km vom Stadtzentrum diente die äußerlich schlichte »Kapelle der Griechen« (1632) einst griechischen Siedlern, die vor korsischen Hirten aus Paomina nach Ajaccio geflohen waren, als Gotteshaus. Auch heute gibt es hier **orthodoxe Gottesdienste**. Neben General Fiorella sind Mitglieder der Familie Pozzo di Borgo hier bestattet. Die Grabkapellen vornehmer Ajacciner Familien am Berghang über der Bucht bilden einen eigenartigen Gegensatz zu den benachbarten Villen und Luxushotels.

**✶ Iles Sanguinaires**

Vor der **Pointe de la Parata** schließen die vier Iles Sanguinaires den Golf von Ajaccio im Westen ab. Der winzige Archipel ist ein beliebtes Fotomotiv – bei Sonnenuntergang leuchtet sein Granitgestein blutrot auf. So erklärt sich auch der Name »**Blutinseln**«. Auf der westlichsten Insel Grande Sanguinaire, auch »Mezzo Mare« genannt, mit 1200 m Länge, 300 m Breite, und 80 m Höhe zugleich die größte Insel der Gruppe, stehen Ruinen einer Quarantänestation und ein Leuchtturm, in dem der Dichter **Alphonse Daudet** 1869 zeitweise wohnte. Seine Erlebnisse hielt er in seinen »Lettres de mon moulin« fest. Zur Landspitze La Parata mit dem Genuesenturm **Tour de la Parata**

### ? WUSSTEN SIE SCHON ...?

- ... dass der Schlagersänger Tino Rossi nicht nur einem Hafenbecken seinen Namen gab, sondern auch auf dem Friedhof von Ajaccio begraben liegt? Seine Villa, in der er 1983 starb, liegt an der Küstenstraße zu den Sanguinaires-Inseln.

*Vom Genuesenturm genießt man einen herrlichen Blick auf die Iles Sanguinaires.*

führen Naturlehrpfade. Die Turmruine, von der sich ein weiter Blick auf die Iles Sanguinaires und den Golf von Sagone eröffnet, geht auf die Familie del Ponte zurück: Genua übertrug die Insel 1503 dieser Familie mit der Auflage, mindestens 600 Obstbäume und 800 Weinstöcke zu pflanzen. Zu den Inseln starten im Sommerhalbjahr **Schiffe vom Quai Napoléon** in Ajaccio. Hin- und Rückfahrt dauern zwei Stunden, der Aufenthalt auf Grande Sanguinaire eine Stunde.

**Südküste**

Mit ihrer felsigen, abschüssigen Küste wirkt die Südseite des Golfs – obwohl längst durchgehend besiedelt und kaum zugänglich – dramatischer als die Nordseite. Die D 55, über die N 196 zu erreichen, folgt fast ihrem gesamten Verlauf und führt vorbei an Buchten mit **schönen Sandstränden**.

**Porticcio**

Der breite und lange Sandstrand des **Seebades** Porticcio ist auch bei den Ajaccinern sehr beliebt. Entlang der Küste reihen sich traditionsreiche Nobelherbergen, Feriendörfer, Straßenlokale und Geschäfte für Ferienbedarf aneinander. Porticcio bietet zwar wenig Flair, aber einen hübschen Blick von der Punta Porticcio auf Ajaccio.

**Strände**

An der nächsten Bucht liegt der **Plage d'Agosta**, den im Süden ein genuesischer Turm auf der Pointe de Sette Nave abschließt. Es folgen der **Plage de Ruppione** und der kleine Hafen von Chiavari, den ein dichter Kiefernwald umgibt. Von hier führt die D 155 zur Anse (Bucht) de **Portigliolo** mit kleinem Strand, genuesischen Turm und dem Weiler Castagna (6 km) auf der gleichnamigen Landzunge. Bemerkenswert ist die Aussicht auf den Golf und die kleine Ile Piana sowie landeinwärts auf das Tal der Gravona und das Massiv des Monte d'Oro.

## Umgebung von Ajaccio – das Hinterland

**Les Milelli** Auf der D 61 wird via Alata nach 5,5 km das Landgut Les Milleli erreicht, das die **Familie Bonaparte** aus dem Besitz des Jesuitenordens erworben hatte – der Orden war 1762 wegen seiner Einmischung in politische Belange in Frankreich verboten worden. 1793 flüchteten Letizia und ihre Töchter vor den Anhängern Paolis hierher. Napoleon weilte nur zwei Tage auf dem Gut – auf der Rückreise von Ägypten anno 1799 (Öffnungszeiten: April – Okt. tgl. 9.00 – 12.00, 14.00 bis 18.00 Uhr, sonst 10.00 – 12.00 und 14.00 – 17.00 Uhr, Montag nur nachmittags).

> **! Baedeker TIPP**
>
> **Der Mythos als Männerduft**
>
> Aus den olfaktorischen Vorlieben von Napoleon kreierte Marc-Antoine Corticchiato ein Herrenparfüm, mit dem sich jetzt jeder Mann wie ein Kaiser fühlen kann: »Eau de Gloire«, eine Komposition mit Anklängen an Anis, Leder, Tabak und Macchia. Info: www.parfumdempire.fr.

**Château de la Punta in Alata** Zum Schloss Punta, auch Pozzo di Borgo genannt, folgt man der D 61 bis Bocca di Pruno oder Faccia di Campo und biegt dann links ab (13 km). Das Schloss wurde 1886 – 1894 nach dem Vorbild des Pariser Tuilerienpalastes erbaut und brannte 1979 aus. Die Straße führt weiter bis zur 779 m hohen **Punta Pozzo di Borgo** mit großartiger Sicht auf die Iles Sanguinaires.

**Schildkrötenpark A Cupulatta** An der N 193 liegt nach 30 km beim Dörfchen **La Vignola** der größte Schildkrötenpark Europas »A Cupulatta«, der sich der Erhaltung und Zucht der gepanzerten Urtiere widmet. Hier leben auf 2,5 ha rund 136 Arten aus aller Welt, vom fingerlangen Winzling bis zur Riesenschildkröte mit drei Zentnern Lebendgewicht (Öffnungszeiten: April bis Mitte Nov. tgl. 10.00 – 17.30 Uhr, Juni – August tgl. 9.00 –19.00 Uhr, www.acupulatta.com).

**Bastelica** Knapp 10 km östlich von Ajaccio verteilt sich Bastelica auf fünf Ortsteile, den Korsen bestens bekannt als Geburtsort des korsischen Freiheitskämpfers **Sampiero Corso** (1498 – 1567, ► Berühmte Persönlichkeiten). Auf dem Kirchplatz des Hauptortes Santos erinnert eine heroische Bronzestatue an den Freiheitskämpfer; am Geburtshaus im Weiler Dominicacci ehrt eine Gedenktafel Sampiero als »korsischsten aller Korsen«.

Die aussichtsreiche D 3 zurück nach Ajaccio verläuft oberhalb der Schlucht **Gorges du Prunelli**, die zum 40 ha Stausee südlich von Tolla führt, der Ajaccio mit Trinkwasser versorgt. Vom **Belvédère**, auf einer kurzen Abzweigung vom **Col de Mercujo** (715 m) zu erreichen, eröffnet sich eine herrliche Sicht auf die Schlucht des Prunelli und die umliegenden Berge. Weiter flussabwärts folgt der Eccicia-Stausee. Vom Ort **Eccia-Suarella** führt ein Pfad hinauf zu einer Stele, die an den Tod Sampiero Corsas erinnern soll, der in der Macchia von Suarella von Angehörigen seiner Frau ermordet wurde, nachdem er seinerseits seine Frau umgebracht hatte.

# ★★ Aléria

G 7

**Höhe:** 50 m ü. d. M. **Einwohner:** 2100

**Überragt vom Fort de Matra, schrieb das Dorf auf dem Hochplateau über dem Zusammenfluss von Tavignone und Tagnone 2500 Jahre lang Geschichte: als Handelszentrum der Griechen, Kornkammer Roms und alte korsische Hauptstadt.**

**Handelskolonie der Phokäer**

Keramikfunde belegen eine Besiedlung Alérias seit dem Neolithikum (ab 5500 v. Chr.). Um 565 v. Chr. gründeten griechische Phokäer aus Kleinasien die korsische Handelskolonie **Alalia** und bauten sie ab 540 v. Chr. zu ihrer Hauptstadt aus. Die Phokäer brachten den Wein-

## ALERIA ERLEBEN

### AUSKUNFT (OFFICE DU TOURISME)

Casa Luciani, F-20270 Aléria
Tel. 04 95 57 01 51, Fax 04 95 57 03 79
www.corsica-costaserena.com

*Hochgenuss: Muschelessen am Etang de Diane*

### ÜBERNACHTEN

**► Günstig**

*L'Atrachjata*
198, Route Nationale, F-20270 Aleria
Tel. 04 95 57 03 93, Fax 04 95 57 08 03
www.hotel-atrachjata.net
Geschmackvolles Haus mit 27 Z. im Ortszentrum am Ufer des Tavigno

### ESSEN

*Baedeker-Empfehlung*

**► Preiswert**

*Aux Coquillages de Diane*
2 km nördlich von Aléria am Etang de Diane, Tel. 04 95 57 04 55
Von Juni bis September sitzt man in dem Pfahlbau direkt an der Lagune, deren Austern, Miesmuscheln und Loups de mer hier ganz frisch zubereitet werden.

# DIE RÖMERSTADT ALERIA (Rekonstruktion)

★★ **Bereits Mitte des 6. Jahrhunderts siedelten auf der Anhöhe über dem Tavignano griechische Kolonisten. Sie kultivierten den versumpften Boden und machten das antike Alalia zum blühenden Handelszentrum. Unter den Römern entwickelte sich Aléria zur Kornkammer, diente als Flottenstützpunkt und stieg zur korischen Hauptstadt auf. Die Ausgrabungsstätte und das Museum im Fort Matra, wo Keramiken, Grabbeigaben und Trinkgefäße zu bewundern sind, vermitteln einen guten Eindruck der antiken Römerstadt.**

Öffnungszeiten:
Mitte Mai – Sept. 8.00 – 12.00, 14.00 – 19.00 Uhr
Okt. – April 8.00 – 12.00, 14.00 – 17.00 Uhr,
Nov. – März So. geschlossen

**1 Forum**
Der trapezförmige Marktplatz wurde im Norden und Süden von Säulen aus Ziegelsteinen und je einer offenen Säulenhalle (Portikus) umgeben.

**2 Tempel**
Die Ostseite begrenzte ein Tempel aus Sullas Zeiten, der – wie eine Inschrift vermuten lässt – Kaiser Augustus gewidmet war.

**3 Geschäfte**
An der Südseite liegen heute die Reste einer Reihe von Geschäften; das kleine Mausoleum nahe der Porta Praetoria könnte dem Gründer der römischen Kolonie gewidmet gewesen sein.

**4 Domus mit Dolium**
In dem mit feinen Stuckarbeiten verzierten Haus – nur wenige Mauern sind erhalten – wurde außer Keramiken, Münzen, Inschriften und einer Salzmühle aus Lavagestein ein riesiger Terrakottakrug (Dolium) gefunden, der im archäologischen Museum Jérôme Carcopino ausgestellt ist.

**5 Kapitol**
Im Westen der Römersiedlung führte eine Treppe hinauf zum Kapitol, dem religiösen wie politischen Zentrum der Stadt, mit einem Tempel und dem Prätorium, der Residenz des Statthalters der römischen Provinz Corsica.

**6 Thermen**
Durch den Nordportikus seines Amtssitzes gelangte der Statthalter direkt zu den klassischen römischen Badeanlagen (Balneum) mit Wasserbecken (Zisternen), geheizten Baderäumen (Caldarium) und einem unterirdischen Kanalisationssystem (Hypokausten) als Bodenheizung.

**7 Fischfabrik**
An das Balneum grenzt eine Fabrikanlage, in der einst Fische, Krustentiere und Muscheln verarbeitet wurden.

## *Aléria Orientierung*

### Ausgrabungen der römischen Stadt

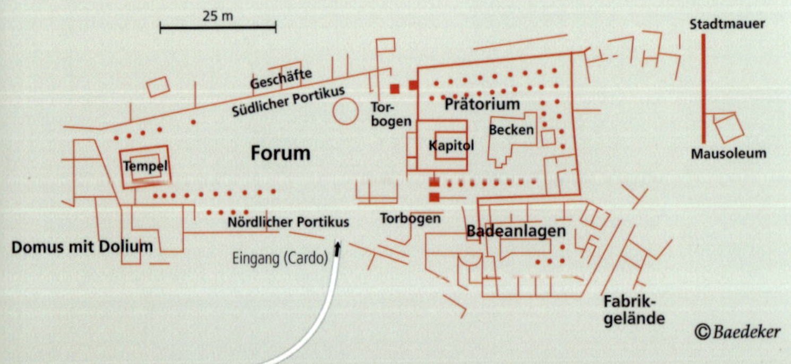

stock, Weizen und den Ölbaum nach Korsika und begannen mit dem Abbau von Kupfer, Eisen und Silberblei. Nach dem 535 v. Chr. mühsam errungenen Sieg in einer Seeschlacht gegen die Etrusker und Karthager verlegten die Phokäer jedoch ihre Hauptstadt nach Massalia, dem heutigen Marseille.

**Flottenstützpunkt der Römer**

Im Jahre 259 v. Chr. wurde Alalia von den Römern erobert und in **Aléria** umbenannt. Die ansässigen Karthager vertrieb Konsul Scipio im Laufe des Ersten Punischen Krieges, doch erst 163 v. Chr. war die Eroberung der Insel abgeschlossen – und hatte rund der Hälfte der einheimischen Bevölkerung das Leben gekostet.
Um 81 v. Chr. wandelte der römische Diktator Sulla Aléria in eine Militärkolonie um, später bestimmte Augustus den Etang de Diane zum Flottenstützpunkt der Kriegsschiffe und verlegte den Handelshafen an den Tavignano. Aléria als **Hauptstadt der römischen Provinz Corsica** erhielt ein Amphitheater, ein Aquädukt und ein neues Forum. Wohlstand kehrte ein, die Einwohnerzahl wuchs auf 20 000. Als Sklaven waren die Korsen wenig geeignet: Der römische Geograf Strabo beklagte ihre Widerspenstigkeit, der Philosoph Seneca den dadurch geringen Erlös. Mit dem langsamen Niedergang des Römischen Reiches schwand die Bedeutung von Aléria. Als die Vandalen 456 n. Chr. Aléria zerstörten, hatte die Malaria die Stadt und ihr Umland bereits weitgehend entvölkert. Bis Mitte des 20. Jh.s zählte die Plaine Orientale um Aléria zu den ärmsten Gegenden Korsikas.

**Spannungsreicher Neubeginn**

Die Renaissance der Region begann erst mit dem Ende der Malaria, nachdem die Amerikaner 1943 zum Schutz ihrer Truppen DDT in der Ebene versprühten. Anfang der 1960er-Jahre siedelte Paris aus Algerien vertriebene Kolonisten an, die mit staatlicher Unterstützung Wein anbauten. Zwischen den erfolgreichen Neuankömmlingen und den Einheimischen wuchsen die Spannungen. Im August 1975 warfen Autonomisten der Gruppierung ARC (action régionaliste corse) einem Weinkeller in Aléria die gesetzlich untersagte Weinverzuckerung vor und besetzten den Betrieb. Bei den Schießereien mit den Besetzern kamen zwei französische Sicherheitskräfte (CRS) ums Leben. Diese Ereignisse gelten als Initialzündung für den rapide wachsenden gewaltsamen korsischen Widerstand gegen französische Einrichtungen.

**Laufende Ausgrabungen**

Die 1955 begonnenen Ausgrabungen rund um die Stadt sind noch immer nicht abgeschlossen – heute helfen vor allem Häftlinge der nahen Strafanstalt Casabianda bei den Grabungen.

## ★★ Musée Jérôme Carcopino

Das 1572 erbaute **genuesische Fort de Matra** kontrollierte im Norden des Plateaus einst Flussmündung, Ebene und Strandseen. Heu-

*Kostbares Fundstück: Eine rotfigurige attische Keramikschale des Panaitios-Malers, die auf 480 v. Chr. datiert wurde (Musée Jérôme Carcopino).*

*Nur Ruinen zeug von dem einst b Handels*

*Man fand auf dem Hügel auch diese attische Vase (Musée Jérôme Carcopino).*

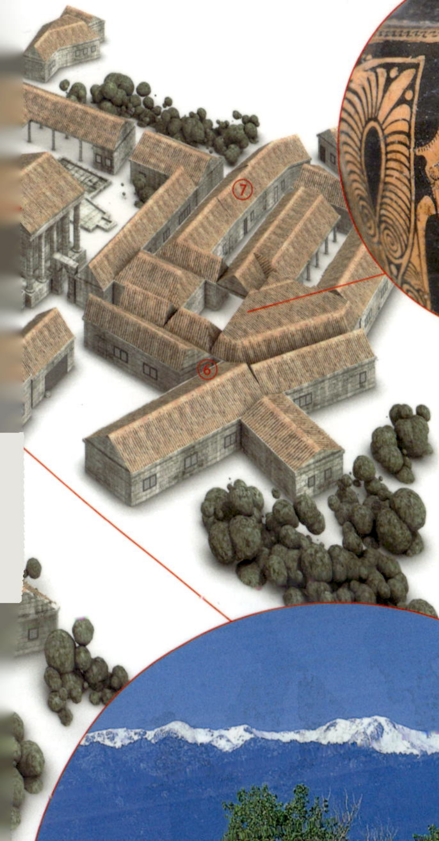

*Die etruskische Vase belegt die weitreichenden Handelsbeziehungen mit dem gesamten Mittelmeerraum (Musée Jérôme Carcopino).*

*en heute*
*ühenden*
*entrum.*

te beherbergt es das archäologische Museum Jérôme Carcopino, benannt nach dem korsischen Archäologen Carcopino (1881 – 1970), der die Arbeiten in Alalia und andere korsische Ausgrabungen leitete. Die Exponate erläutern das wirtschaftliche und religiöse Leben der Kolonie Aléria in vorrömischer und römischer Zeit. Gegenstände aus Bronze, Glas oder Eisen und **griechische Vasen** des 6. – 4. Jh.s v. Chr. belegen die Handelsbeziehungen zwischen Alalia, Griechenland und den Etruskern in Italien. Besonders sehenswert ist ein Krater von ca. 425 v. Chr., in dem die Griechen Wasser und Wein mischten, der Dionysos zwischen zwei Satyrn (Waldgeistern) und einer Nymphe zeigt. Wunderschön sind auch die **Grabbeigaben**, die in großen Kammergräbern aus dem 5. Jh v. Chr. entdeckt wurden: die attische Schale des Dokimasia-Malers (um 470 v. Chr.), die Herakles im Kampf mit dem Nemeischen Löwen zeigt, und der attische Krater des Panaitios-Malers (480 v. Chr.) mit Dionysos und einem Silen bei der Weinlese. Wie vielfältig die Grabbeigaben waren, wird exemplarisch an einem Kammergrab von 450 v. Chr. dargestellt: attische Keramikschalen, Lanzenspitzen, Kurzschwerter, Dolche und Helme sowie etruskische Kleinbronzen. Aus dem wohl ältesten Grab stammen zwei attische Rhyta (Spende- oder Trinkgefäße) in Form eines Maultierkopfes (Abb. S. 39). Bemalte **Keramiken aus Kampanien, Latium und Apulien**, Amphoren und Öllampen sind aus der römischen Zeit erhalten. Ein Marmorkopf des Jupiter Ammon mit Widdergehörn, der auf das 2. Jh. n. Chr. datiert ist, wurde im Forum gefunden.

Öffnungszeiten:
Mitte Mai – Sept.
8.00 – 12.00,
14.00 – 19.00;
Okt. – April
8.00 – 12.00,
14.00 – 17.00,
Nov. – März
So. geschlossen

## Umgebung von Aléria

**Etang de Diane**

Seit der Antike werden im 600 ha großen Etang de Diane und im 750 ha großen Etang d'Urbino Muscheln und Austern gezüchtet. Dass die **Austernzucht** hier Tradition hat, kann man an der kleinen Insel »Ilot des Pêcheurs« ablesen: Die Römer verschickten die Weichteile der Austern eingesalzen nach Rom, die Austernschalen warfen sie in die Mitte des Etangs, wo über die Jahre allmählich ein stattlicher Schalenberg heranwuchs. Den Austern schenkte auch Napoleon (► Berühmte Persönlichkeiten) seine Aufmerksamkeit: Während seines Zwangsaufenthaltes auf Elba schickte er zwei Mal pro Woche einen Boten zum Etang, um Austern zu kaufen – und um über Verbindungsleute den Kontakt mit dem Festland aufrechtzuerhalten.

**Strand, Wein und Macchia**

Von Aléria verläuft eine Stichstraße zum **Plage de Padulone**, einem weiten Sandstrand mit Bar und Restaurant. Wer einen Spaziergang durch abgeschiedenes Gelände vorzieht, wandert in anderthalb Stunden gemütlich von Aléria Richtung Nordosten durch Macchia und Weingärten auf der Landzunge zwischen dem Etang und dem Meer zum **Tour de Diane**.

**Casabianda**

Auf den Wiesen, Sümpfen und Teichen tummeln sich Bienenfresser, Türkentauben oder Rohrweihen; auf den Weiden werden tyrrhenische Rothirsche zur Auswilderung in anderen Inselgebieten gezüchtet: Im 1750 ha große **Tierschutzgebiet** Casabianda haben bedrohte Tierarten ein Refugium gefunden, zu dem Besucher nur eingeschränkt Zugang haben.

**Antisanti** Durch Weinberge und Olivenhaine führt die D 43 von Aléria zum 20 km entfernten **Bergdorf** Antisanti mit bezauberndem Ausblick: Im Osten dehnt sich die weite Küstenebene, in der Ferne erscheinen die Tyrrhenischen Inseln, im Westen ragen die höchsten Gipfel Korsikas auf. Wie viele andere Bergdörfer wurde das Dorf im 10. Jh. von Familien gegründet, die vor den Sarazeneneinfällen an der Küste geflüchtet waren. Antisanti, im 12. Jh. die bedeutendste Ansiedlung in dieser Gegend, unterstützte im 16. Jh. Sampiero Corso (►Berühmte Persönlichkeiten) bei seinem Kampf gegen Genua. Als es sich um 1795 gegen die Truppen Pasquale Paolis stellte, wurde es von den Belagerern in Brand gesteckt. Lebensgrundlage der Dorfbewohner ist die intensive Landwirtschaft in der Ebene von Aléria.

# ★ Alta Rocca

I/K 4/5

**In den Dörfern der Berge soll die korsische Seele liegen. Wie in der Alta Rocca, wo dichte Macchia und Wälder das Land bedecken. Am besten lernt man sie auf Schusters Rappen kennen, denn sie gehört zu den schönsten Wandergebieten Korsikas.**

## ALTA ROCCA ERLEBEN

### AUSKUNFT (OFFICE DU TOURISME)

***Communauté de Communes de l'Alta Rocca***
F-20170 Levie, B. P. 07
Tel. 04 95 78 56 33
Fax 04 95 78 44 77
www.alta-rocca.com
www.destination-sudcorse.com

### EVENTS

***Festa di olio novu***
Alljährlich Anfang März feiert Ste-Lucie-de-Tallano sein grünes Gold mit einem ausgelassenen Volksfest zu Ehren des neuen Olivenöls, das man unbedingt probieren sollte.

*Ste-Lucie-de-Tallano ist für seine Oliven berühmt.*

## WANDERN

Die Alta Rocca ist Teil des ►Parc Naturel Régional de la Corse, den der Fernwanderweg GR 20 durchquert. Die Wanderroute »Da Mare a Mare« verbindet die Ost- mit der Westküste über die Alta-Rocca-Dörfer Carbini, Levie, Zonza, Quenza, Serra-di-Scopamena, Altagène und Ste-Lucie-de-Tallano.

## ESSEN UND ÜBERNACHTEN

**► Komfortabel**

***Hôtel Le Tourisme***
Route de Quenza
F-20124 Zonza
Tel. 04 95 78 67 72
Fax 04 95 78 73 23
www.hoteldutourisme.fr
1882 als Postkutschenstation erbaut. Das Hotel in 800 Meter Höhe lockt mit Panoramaterrasse, beheiztem Pool und korsischen Spezialitäten im Restaurant.

### *Baedeker-Empfehlung*

***Auberge Sole e Monti***
F-20122 Quenza, Tel. 04 95 78 62 53
Fax 04 95 78 63 88
www.solemonti.com; 20 Z.
Ein Zwei-Sterne-Paradies von Lebenskünstler Félicien Balesi mit großem Garten, Kamin und guter Küche, die mit Wildschwein, Forelle und Milchlamm verwöhnt.

Die Alta Rocca, benannt nach der Adelsfamilie, die im 14. und 15. Jh. das südliche Bergland beherrschte, wird im Nordwesten von der Chaîne d'Istria begrenzt, im Nordosten vom Monte Incudine und dem Bavella-Massiv, im Süden vom Massiv de l'Ospedale und das Tal des Fiumicicoli.

## Sehenswertes in der Alta Rocca

Fozzano

◄ Colomba

Die im Jahr 1840 erschienene Novelle »Colomba« von **Prosper Mérimée** (►Berühmte Persönlichkeiten) machte das abgelegene Dorf im Südwesten der Alta Rocca berühmt. Mérimée lernte als Inspektor der historischen Denkmäler Frankreichs 1839 in Olmeto die Korsin Colomba Bartoli, geborene Carabelli, und ihre Tochter kennen. Ihr Heimatdorf Fozzano war jahrzehntelang Schauplatz einer unerbittlichen Fehde zwischen den Familien Carabelli / Bartoli und Durazzo. Colombas Vater, ihr Sohn Francesco und ein Freund der Familie waren ermordet worden, während auf der anderen Seite zwei Mitglieder der Durazzos ums Leben kamen. Anstifterin der blutigen »**Vendetta**« war Colomba, für Mérimée Symbol des Korsikas von gestern. Allerdings wählte er in seiner Novelle als Schauplatz Pietranera nördlich von Bastia, um die Gemüter nicht erneut zu erhitzen. Die wuchtigen Wohntürme der beiden verfeindeten Familien sind noch erhalten. Im wehrhaften **Torre Vecchia** aus dem 14. Jh. im Unterdorf wohnten die Carabellis, die bei Mérimée della Rebbia heißen; im **Torre Nova** aus dem 16. Jh. im Oberdorf wohnten die Durazzos, bei Mérimée Barricini genannt.

## Highlights der Alta Rocca

**Wandern im Bavella-Massiv**
Uralte Wälder, Felsspitzen aus Granit, gurgelnde Bäche, wild lebende Schweine: Das Gebirgsmassiv gehört zu den ursprünglichsten Ecken der Insel.
► Seite 134

**Pianu de Levie: Hochplateau der Vorgeschichte**
In Cucuruzzu und Capula sind die eindrucksvollsten Zeugnisse der Torreaner erhalten, die 2000 bis 800 v. Chr. auf Korsika lebten.
► Seite 135

**Steine voller Augen**
Grün und weiß leuchten die Augen des Kugeldiorits, der in Ste-Lucie-de-Tallano abgebaut wurde. Das Tiefengestein ist ein seltenes Souvenir.
► Seite 130

**Wehrhafte Häuser**
Typisch für die Dörfer der Region sind die Torre, wehrhafte Wohntürme aus Vendetta-Zeiten.
► Seite 129

**Baden im Bach**
Wer beim Wandern ins Schwitzen geraten ist, findet im Flüsschen Criviscia ein tiefes Badebecken zwischen hohen Felswänden. Abkühlung garantiert!
► Seite 131

**★ Sainte-Lucie-de-Tallano** Auf den Felskuppen, die das Tal des Rizzanèse beherrschen, thronen die vier Weiler von Sainte-Lucie-de-Tallano zwischen Weinbergen, Obstgärten und Wäldern. Sie gehörten einst den Grafen von Cinarca (Baedeker Special, S. 240). Charakteristisch sind die Torre, wehrhafte Granithäuser aus Vendetta-Zeiten. Eine Besonderheit – und ein schönes Souvenir – ist der bis in die 1970er-Jahre hier abgebaute **Kugeldiorit**. Die Korsen nennen das sehr harte Tiefengestein, das nur noch in Finnland vorkommt, »Petra Ucchjata« – Augenstein: Eingelagert in die körnige Gesteinsmasse sind konzentrische Kreise von grüner Hornblende und weißem Plagioklas, einer Art Feldspat. Ein Brocken davon dient als Sockel für das Kriegsdenkmal auf dem Marktplatz. Die Geschäfte um den aussichtsreichen **Place de L'Ormeau** verkaufen den ausgezeichneten Weißwein der Region und erlesene Nuss- und Olivenöle. Die **Pfarrkirche** birgt ein marmornes Flachrelief aus dem 15. Jh. mit Maria und dem Kind. In der ★ **Ölmühle »U Franghjonu«** aus dem 18. Jh., die derzeit restauriert wird, präsentiert ein kleines Museum die Herstellung des Olivenöls sowie regionale Erzeuger (Öffnungszeiten/Führungen: Auskunft im Rathaus, Tel. 04 95 78 80 13).

Moulin à huile ►

**Bains de Caldane** In vielen Kehren windet sich die D 268 hinab zum naturbelassenen **Thermalbad** von Caldane, dessen schwefelhaltige, 40 °C warme Thermalquelle bei Hautkrankheiten und Rheuma geschätzt wird.

**Aullène** Dichte Kastanienwälder umgeben das malerische Hirtendorf Aullène im Coscione-Tal. In 834 m Höhe kreuzen sich hier die Almwege, die

*Wehrhaft und doch der Welt entrückt: Sainte-Lucie-de-Tallano*

nach Norden zum Col de la Vaccia (1199 m) und nach Westen zum Col de St-Eustache (968 m) führen, beide schöne Aussichtspunkte. Die leider oft verschlossene Dorfkirche ist für ihre hölzerne Kanzel aus dem 17. Jh. bekannt, auf deren kunstvoll geschnitzten Pfeilern Seeungeheuer einem Maurenkopf entspringen. Auf einer Anhöhe sind Reste des **Castello della Cuntudine** erhalten, das Sinucello della Rocca (►Baedeker Special S. 240) bauen ließ.

**Quenza**

In Quenza starten **Wanderungen** per pedes, Pferd oder Langlaufski auf das Plateau von Coscione, dem Quellgrund von Taravo und Rizzanese. Sehenswert ist die Pfarrkirche **San Giorgio** mit zwei Tafelbildern aus dem 16. Jh., einer skulptierten Kanzel und einer eigenwilligen Statue des hl. Stephanus. Pisaner erbauten um 1000 die romanische Kapelle Sainte-Marie, eine der ältesten Kirchen Korsikas. Die farbige Holzfigur der Maria mit dem Kinde aus dem 15. Jh. schuf ein lokaler Künstler; der restaurierte Freskenzyklus in der Apsis entstand im 15. Jahrhundert.

! *Baedeker* TIPP

**Erfrischend**

Wo die D 420 zwischen Zonza und Quenza das Flüsschen Criviscia überquert, liegt unterhalb der Brücke ein langes, tiefes Badebecken, das zwischen hohen Felswänden bis an einen kleinen Wasserfall reicht. Das kühle Wasser lockt Korsen wie Urlauber an – meist stehen einige Autos in der Parkbucht vor der Brücke.

Touristisches Zentrum der Alta Rocca und Ausgangspunkt für Ausflüge in den Süden Korsikas ist **Zonza**, oberhalb des Asino-Tals inmitten ausgedehnter Kiefern-, Kas-

# BANDITEN DER MACCHIA

**Der »Vendetta« (Blutrache) fiel laut der offiziellen Statistik zwischen 1683 und 1715 mit 28 715 Menschen fast ein Viertel der gesamten Inselbevölkerung zum Opfer – eine grausame Bilanz dieser blutrünstigen Form der Selbstjustiz.**

»Schweig lieber – sonst fliegen Dir die Mücken in den Mund« wurde schon früh den korsischen Kindern mit auf den Weg gegeben. Nichts sehen, nichts sagen: Mit einem Mantel des Schweigens deckt die Bevölkerung bis heute die Morde der Blutrache – und hinterlässt die Polizei machtlos. Schon in der Römerzeit war die barbarische Sitte auf Korsika stark ausgeprägt, berichtete Seneca. Die uralte Tradition, jenseits von staatlichen Verordnungen das Recht selbst in die Hand zu nehmen, ist wohl nicht zuletzt auf die **willkürliche Justiz** der Fremdmächte zurückzuführen, die die ungeschriebenen Gesetze des korsischen Gemeinwesens missachteten. So erlaubte der Spruch **»ex informata conscientia«** dem genuesischen Gouverneur, Angeklagte ohne Gerichtsverfahren und Einspruchsmöglichkeit zu verurteilen. Mit **»non procedatur«** wurden Verfahren ohne Angabe von Gründen niedergeschlagen. Dies führte in der Praxis dazu, dass sich Verbrecher Freisprüche erkaufen konnten.

## Nutzlose Strafen

Theodor Baron Neuhoff, Pasquale Paoli und vor allem Napoleon I. verhängten drastische Strafen gegen Vendetta-Mörder. Konnte ein solcher selbst nicht gefasst werden, verfügte **General Morand**, der zwischen 1801 und 1811 Militär-Gouverneur war, sollten vier ihm nahe stehende Männer seines Familienverbandes verhaftet und binnen zwei Stunden erschossen werden. Aber auch diese ebenso unrechtmäßigen Methoden zur Bekämpfung der Vendetta setzten ihr kein Ende. Die Korsen hatten einen sehr weit gefassten »Ehrbegriff«, der ihnen wichtiger war als Geld oder Gut. Und so forderte die Vendetta, der **Prosper Mérimée** mit seiner Novelle

*Prosper Mérimée setzte der blutigen Vendetta mit seiner Novelle »Colomba« ein Denkmal.*

**»Colomba«** ein Denkmal setzte, im 18. Jh. mehr Tote als die Kriege gegen Genua und Frankreich.

## »Banditen aus Ehre«

Gleichwohl ist es aus heutiger Sicht nicht zu verstehen, dass viele Menschen wegen **Bagatellkonflikten** sterben mussten – zum Beispiel wegen eines Kastanienbaums, der zwischen zwei Grundstücken stand und einen Nachbarn störte, oder wegen eines verletzten Schafes in den Herden des Niolo. Diebstahl, Verleumdung, angebliche Beleidigungen oder **Machtstreben** waren oft der Auslöser. Selbst ein so banales Ereignis wie der Esel in Nachbars Garten lieferte noch 1954 den Anlass zum Morden. In Sartène gingen die blutigen Fehden sogar so weit, dass sich ganze Stadtviertel bekämpften. Die Vendetta zog sich meist über **mehrere Generationen** hin. Die verletzte Familienehre galt erst als gesühnt, wenn alle männlichen Familienmitglieder des anderen Lagers ermordet waren, auch wenn der Ursprung der Fehde kaum noch bekannt war. Wer versuchte, sich diesem unsinnigen Treiben zu entziehen, wurde schnell als »Rimbecco«, als Feigling, abgestempelt. Die Familie achtete ihn nicht mehr – verstieß sie ihn gar, kam es einem Todesurteil gleich.

## Flucht in die Macchia

Viele Männer, gefangen im überlieferten Ehrenkodex, töteten und flüchteten dann in die Macchia, wo sie sich der Unterstützung ihrer Angehörigen sicher sein konnten. Manche wurden auch als **Patrioten des korsischen Widerstandes** verehrt, die gegen Ungerechtigkeit kämpften – und sich auch selbst zum Held stilisierten. Selbst fremde Sympathisanten versorgten diese »Banditen aus Ehre«. Gelang es ihm, die ganze feindliche Sippe auszulöschen, konnte er wieder heimkehren – sonst musste er sein restliches Leben im korsischen Busch verbringen. Einige, die nach mehr als 20 Jahren in der Macchia dennoch den Weg zurück zur Familie wagten, wurden noch am selben Tag aus dem Hinterhalt erschossen. Und der Kreislauf der Vendetta begann erneut. Noch im frühen 20. Jh. starben 100 Menschen durch die Blutrache, die nicht nur auf Korsika Tradition ist: Auch die Sarden, Sizilianer und Albaner morden für die Familienehre.

## ? WUSSTEN SIE SCHON ...?

- ... dass 1953 Mohammed V., König von Marokko, und dessen Sohn Hassan II. nach Korsika verbannt und zunächst im Hôtel du Mouflon d'Or von Zonza unter Hausarrest gestellt wurden? Erst mit der Unabhängigkeit Marokkos 1956 durften die beiden königlichen Gefangenen in ihre Heimat zurückkehren.

tanien- und Steineichenwälder gelegen. Vom Dorfplatz bietet sich ein weites Panorama über die Täler der Umgebung, die reiche Granitvorkommen vorweisen, wie die massiven Steinhäuser des Ortes belegen. Zonza lebt außerdem vom **Pferdesport** – auf dem Weg zum Col de Bavella liegt die Pferderennbahn von Visco. Die günstige Lage erkannten schon prähistorische Hirtengemeinschaften, die Menhire und andere Zeugnisse hinterließen, die sich im archäologischen Museum von Levie und in den historischen Stätten von Cucuruzzu, Capula und Caleca begutachten lassen.

## ★★ Bavella-Massiv

**Col de Bavella**

Die kurvenreiche, teilweise schmale D 268 erreicht nach 9 km den 1218 m hohen **Bavella-Pass**. Seinen Sattel markieren ein Kreuz und die Statue **Notre-Dame-des-Neiges**, alljährlich am 5. August Pilgerziel frommer Gläubiger. Die steinernen Sommerhütten der Schäfer von Conca am Ostabhang gehen auf das 19. Jh. zurück. Oberhalb steht der Berggasthof **Auberge du Col**.

**★★ Aiguilles de Bavella**

Während der Fahrt – und vom Pass – eröffnen sich immer wieder herrliche Aussichten auf die Felswand der »Bavella-Nadeln«. Die Einheimischen nennen die Felsspitzen um die 1855 hohe Punta Alta salopp **Cornes d'Asino** (Eselsohren), da sie sich östlich des Asino-Tales erheben. Nach Osten setzen sich die Aiguilles de Bavella in der Wand der Calanca Murata und der Punta Tafonata di Paliri fort. Gen Norden erkennt man das Massiv des Monte Incudine. Faszinierend sind die je nach Tageszeit und Witterung wechselnden Lichtreflexe dieser **einzigartigen Felslandschaft**. Im Frühling duften die Wiesen verschwenderisch nach Kräutern; vereinzelt strecken alte Laricio-Kiefern ihre bizarren Zweige in den gelegentlich recht heftigen Wind.

**Forêt de Bavella**

Zu Füßen des Gebirgskamms erstreckt sich der 900 ha große **Schwarzkiefernwald**, der nach verheerenden Bränden erneut mit Kiefern, Tannen und Zedern aufgeforstet wurde. Mit viel Glück lassen sich die fast ausgerotteten **korsischen Mufflons** beobachten, von denen nur noch 200 – 600 Tiere im Gebirge leben.

**Wanderungen**

Wer größere Wanderungen und Bergtouren im Bavella-Gebiet unternehmen möchte, erhält bei der Verwaltung des ►Parc Naturel Régional de la Corse Infos und Kartenmaterial. Der Fernwanderweg GR 20 quert den Col de Bavella. Für weniger Ambitionierte empfiehlt sich eine Wanderung zum Cumpudellu oder »**Trou de la Bombe**«

(Bombenloch), die ab der Auberge de Col zunächst dem GR 20 folgt (rot-weiße Markierung), dann rechts abzweigt (rote Punkte) und nach einer Stunde samt Kletterübungen an einem 8 m großen Loch in der Felswand mit hinreißendem Ausblick endet.

★ **Levie**

Auf dem Pianu de Levie wurden Spuren jungsteinzeitlicher und bronzezeitlicher Besiedlung entdeckt. Das **Musée Départemental de Levie**, das Ende 2005 im Quartier Prato ein neues Gebäude bezogen hat, zeigt archäologische Fundstücke von Capula, Cucuruzzu, Caleca und Curacchiaghiu. Hier sieht man auch das auf 6570 v. Chr. datierte »Araguina-Skelett« der nach ihrem Fundort benannten »**Dame de Bonifacio**«. Ausgestellt sind ferner neolithische Keramiken, bronzezeitliche Tongefäße sowie Schmuck aus Glaspaste und Bronze. Nicht versäumen sollte man das wertvolle Elfenbeinkruzifix mit einer ausdrucksstarken Christusdarstellung, die ein Florentiner Künstler, vermutlich ein Schüler des Bildhauers Donatello, im 15. Jh. fertigte (Öffnungszeiten: Juli – Sept. tgl. 10.00 – 18.00 Uhr, sonst Di. – Sa. 10.00 – 12.00, 14.00 – 16.30 Uhr).

*Zu Fuß durch die »korsischen Dolomiten«: Auf Wanderungen lässt sich das wildromantische Bavella-Massiv am schönsten entdecken.*

**Carbini**

Im 8 km entfernten Dorf Carbini gründeten Franziskaner 1365 die **Giovannali-Bewegung** (►Ghisoni), deren Anhänger sich für die Armen gegen den Adel erhoben und daraufhin als Ketzer verfolgt und getötet wurden. Namensgeber war Carbinis frühromanische Kirche San Giovanni aus dem späten 11. Jahrhundert. Fassade, Seitenwände und Apsis bekrönen ein Blendbogenfries und Skulpturen. Der schlanke Campanile, im letzten Jh. rekonstruiert, bestand einst aus sieben Stockwerken mit Zwillingsfenstern.

★ San Giovanni ►

## ★ Pianu de Levie

**Ausflug in die Vergangenheit**

Knapp 6 km südwestlich von Levie lassen sich zwei Siedlungsstätten der **Torreaner** (►Geschichte, S. 23) besichtigen: Cucuruzzu und Capula (Öffnungszeiten: April, Mai, Okt. 9.30 – 18.00 Uhr, Juni, Sept. bis 19.00 Uhr, Juli, Aug. bis 20.00 Uhr). Den anderthalbstündigen Rundgang durch die märchenhafte Waldlandschaft mit erodierten Tafonifelsen, Steineichen, Schwarzkiefern und knorrigen Kastanien kann man sich mit einem Audioguide auf Deutsch kommentieren lassen (am Infokiosk).

**★★ Castello de Cucuruzzu**

Von den zehn **torreanischen Festungen** in der Alta Rocca ist das Castello de Cucuruzzu die bedeutendste. Die Festung wurde in der Bronzezeit um 1500 v. Chr. erbaut, im 3. Jh. v. Chr. aufgegeben und erst 1959 von Roger Grosjean entdeckt und erforscht. Cucuruzzu liegt auf einem felsigen Hügel, umgeben von einer gewaltigen Zyklopenmauer. Der einzige Zugang, eine Steintreppe, führt im Westen zwischen einem geborstenen Felsen hindurch. Die Nischen und kleinen Räume im Innern des Mauerrings dienten als Unterstände oder zum Aufbewahren von Waffen. Den Hauptraum der Festung bildet die **Cella**. Ihr Gewölbe mit 3,5 m im Durchmesser ist aus mörtellos geschichteten Steinen in Form einer Bienenkorbkuppel ausgeführt und blieb als einziges torreanisches Gewölbe auf der Insel unversehrt erhalten. Außen führt eine Rampe auf das Dach des Denkmals. Der Blick schweift über das Tal des Rizzanèse, die Aiguilles de Bavella und das Massiv des Monte Incudine. Selbst die Dörfer Zonza und Quenza sind zu sehen. Das Kultmonument liegt 10 m über den Resten eines **torreanischen Bauerndorfes**, das einst ebenfalls ein doppelter Mauerring schützte.

*Cucuruzzu war die bedeutendste torreanische Festung.*

Nach weiteren 20 Minuten erreicht der Weg die Ruinen des Dorfes Capula, das auf einer **torreanischen Siedlung** der Bronzezeit errichtet, im Mittelalter zur Festung ausgebaut und 1259 durch Sinucello della Rocca (► Baedeker Special S. 240) zerstört wurde. Erhalten sind nur noch das Fragment einer Menhirstatue und die Ruinen der einst kunstvoll geschichteten doppelten Festungsmauer. Vom höchsten Punkt des Felsens öffnen sich weite Ausblicke auf die wilde Landschaft des Pianu de Levie. **Capula**

Der Rundweg endet bei der **Chapelle St-Laurent,** die 1917 auf den Grundmauern einer romanischen Kirche erbaut wurde. Für historische Patina sorgen integrierte mittelalterliche Steine. Wallfahrt ist alljährlich am 9. August. **St-Laurent**

# ★ Balagne

D/E 2–4

**»Überall gibt es die üppigsten, wahrhaft paradiesischen Haine von Kastanien, Walnussbäumen und Mandeln, Gärten von Orangen und Zitronen und Ölwald an Ölwald« schwärmte der deutsche Kulturhistoriker Ferdinand Gregorovius 1852 über die liebliche Hügellandschaft im Nordwesten der Insel, den »Garten Korsikas«.**

## DIE BALAGNE ERLEBEN

### AUSKUNFT (OFFICE DU TOURISME)

Place Paoli, F-20220 L'Ile Rousse
Tel. 04 95 60 04 35
Fax 04 95 60 24 74
www.ot-ile-rousse.fr

Office du Tourisme in ► Calvi

### EVENTS

Im Juli sollte man sich auf keinen Fall die Festivoce in Pigna mit hervorragenden Interpreten korsischer Musik und die Foire du Livre Corse in L'Ile Rousse rund um korsische Autoren und ihre Werke entgehen lassen.

### ROUTE DES ARTISANS

An der »Straße der Kunsthandwerker« bei Pigna findet man landestypische Keramik, Stoffe, Holzschnitzereien und traditionelle Musikinstrumente, aber auch korsische Spezialitäten wie

*Shopping in der Markthalle von L'Ile Rousse*

Honig, Wurst, Schinken, Käse und aromatische Kräuter der Macchia.

## ESSEN UND ÜBERNACHTEN

s. auch Hotels und Restaurants in ► Calvi Baedeker Tipp, S. 142

### ► Komfortabel

***L'Ondine***
7a, Rue à Marina
F-20220 Algajola
Tel. 04 95 60 70 02
Fax 04 95 60 60 36
www.hotel-londine.com
60 schicke Zimmer gruppieren sich um einen Swimmingpool mit hübschem Garten.

***Santa Maria***
Route du port
F-20220 L'Ile Rousse
Tel. 04 95 63 05 05
Fax 04 95 60 32 48
www.hotelsantamaria.com
Gestyltes Haus mit Blick auf den Jachthafen; Swimmingpool und Fitnessbereich.

### ► Günstig

***Bel Horizon***
4, Place Prince Pierre
F-20214 Calenzana
Tel. 04 95 62 71 72
(April – Sept.)
Neben der Barockkirche gibt es saubere Zimmer mit DU, WC auf der Etage. Gut und preiswert isst man im Restaurant Chez Michel.

***L'Esquinade***
F-20220 Algajola
Tel. 04 95 60 70 19 (Mai – Okt.)
Familienbetrieb mit 10 netten Zimmern und ausgezeichneter Fischküche an der Hauptstraße.

***Auberge de Tesa***
F-20226 Belgodère
Tel. 04 95 60 09 55
Fax 04 95 60 44 34
www.aubergedetesa.com
Keine 2 km von den Stränden Lozaris entfernt bietet Marylène Santucci sechs geschmackvolle Zimmer und korsische Küche. Probieren Sie das Huhn in Honig und die geschmorte Lammschulter.

Die fruchtbare Balagne erstreckt sich zwischen dem Ostriconi-Tal im Nordosten und dem Fango-Tal im Südwesten, begrenzt durch eine eindrucksvolle Gebirgskette mit 2550 m hohen Gipfeln wie der Punta Minuta. An der Küste warten die Badeorte ► Calvi, Algajola und L'Ile-Rousse mit herrlichen Sandstränden.

**Geschichte** Seit vorgeschichtlicher Zeit wussten die Menschen das fruchtbare Gebiet zu schätzen, wie Werkzeuge aus Feuerstein und Obsidian belegen. Später kamen Phönizier, Griechen, Etrusker und die Römer, deren Spuren noch in ► Calvi, L'Ile Rousse, Algajola, Speloncato und Calenzana zu sehen sind. Nach den Sarazenen übernahmen vom 11. bis 13. Jh. die Pisaner das Regiment und machten mit ihren Kirchenbauten die Region zur »heiligen Balagne«. Die Genuesen förderten die Landwirtschaft und begründeten den Ruf als »Garten Korsikas«. Der korsische Unabhängigkeitskampf spaltete die Balagne in das nach Freiheit strebende Hinterland und genuatreue Küstenstädte.

*Dorf mit Weitblick über die Balagne: Speloncato*

**Balagne déserte**

Südlich von Calvi und Calenzana dehnt sich die »Balagne déserte« aus, wie die Désert des ► Agriates keine Wüste, sondern eine versteppte, fast menschenleere Landschaft mit **Macchia**. Im Winter weiden hier Ziegen und Schafe, die von den Hochalmen des Niolo durch das Fango-Tal hinuntergetrieben werden.

**Balagne fertile**

Heute kämpft auch der Garten Eden mit Problemen. Zwar thronen zahlreiche Dörfer mit mittelalterlichem Charme auf den Hügelkuppen. Doch die Landflucht hat auch zu massiver Entvölkerung geführt, Arbeitsplätze und Ausbildungsmöglichkeiten sind rar. Brände, die immer wieder die **Weinreben, Oliven- und Zitrusbäume** gefährden, verdrängten die Landwirtschaft und ließen den Tourismus zum Wirtschaftsfaktor Nr. 1 aufsteigen. Die gute Infrastruktur und mediterranes Flair sorgen für Besucherandrang an der Küste, das Hinterland lockt mit Brauchtum. Entlang der **Route des Artisans de Balagne** lernt man in malerischen Bergdörfern traditionelles Handwerk der Region kennen.

## Von Algajola nach Cateri

**★ Algajola**

Algajola hat den Reiz eines **mittelalterlichen Ortes** bewahrt. Das von den Phöniziern gegründete Städtchen erlebte als genuesische Garnison im 17. Jh. seine größte Blüte. Austern- und Olivenhandel machten Algajola zu einem der wichtigsten Häfen der Insel. Nach dem Einfall der Sarazenen 1643 ließ Genua die Befestigungsanlagen ver-

## Highlights der Balagne

**Mountain-Biken und Baden**
Eine herrlich erfrischende Mountain-Bike-Tour führt von Lozari durch die Wälder des Monte Grosso zu tollen Badebecken.
► Seite 144

**Klangvolles Dorf mit Charme: Pigna**
Nicht nur die pittoreske Lage und alten Gassen, auch die zahlreichen Musikfestivals haben das Bergdorf berühmt gemacht.
► Seite 142

**Sunset in funkelnden Farben**
Schöner geht die Sonne auf Korsika nicht unter: Feuerrot leuchten die Granitfelsen der kleinen Ile de la Pietra vor L'Ile Rousse.
► Seite 144

**Sant'Antonino**
Das älteste Dorf der Insel ist ein autofreies Idyll mit Ausblicken auf die ganze nördliche Balagne.
► Seite 142

**Urlaub im Ritirio: Besinnung in Stille**
Der Couvent de Corbara lädt ein, in geistlichem Ambiente aufzutanken – bei besinnlichen Tagen der Einkehr im Kloster.
► Seite 80, 143

stärken. Die **Zitadelle** mit zwei Bastionen ist heute Privatbesitz und nicht zugänglich. Zum Niedergang führte aber eine Neugründung andernorts: 1758 gründete Pasquale Paoli L'Ile Rousse, der so den genuatreuen Siedlungen Algajola und Calvi eine unabhängige Konkurrenz bescherte. Erst 1920, als englische Badegäste den Ort entdeckten, blühte Algajola wieder auf. Heute sind der kleine Jachthafen und der **lange Sandstrand** beliebte Ausflugsziele, bequem zu erreichen mit der Bäderbahn **Tramway de Balagne**. In der **Église St-Georges** aus dem 17. Jh. hängen eine wertvolle »Kreuzabnahme« des italienischen Malers Guercino (1591 – 1666) und ein Porträt des »Apostels von Korsika«, gemalt von Alexander Sauli.

**✶ Marine de Sant'Ambroggio**
Eine der größten Ferienanlagen Korsikas ist die 4 km westlich gelegene Marine de Sant'Ambroggio mit Jachthafen, Golfplatz, Boutiquen, Restaurants, Hotels und Ferienwohnungen.

**Lumio**
Die N 197 führt hinauf nach Lumio, das mit seiner Barockkirche über dem Golf von ►Calvi thront. Einen Besuch lohnt die **Kapelle San Pietro e San Paolo** im romanisch-pisanischen Stil vom Ende des 11. Jh.s. Oberhalb von Lumio bietet das Ruinendorf **Occi** einen herrlichen Blick über die Bucht von ►Calvi.

## Von Cateri nach Calenzana

**Montemaggiore**
Über den aussichtsreichen **Col du Salvi** erreicht man Montemaggiore, das auf einem Felsvorsprung über dem Fiume Secco liegt. Von hier stammen die Vorfahren des größten Verführers der Weltliteratur: Don Juan.

Keine 11 km südlich liegt **Calenzana** inmitten von Mandelbäumen und Olivenhainen am Fuß des Monte Grosso. Lokale Spezialitäten sind der **Macchia-Honig** und der **Cusgiulelle-Kuchen**. Bekannt ist das Dorf vor allem bei Wanderfreunden: Hier beginnen die berühmte Inseldurchquerung GR 20 und die Strecke »Tra Mare e Monti« nach ► Cargèse. Im Ort erhebt sich die barocke **Église St-Blaise**, die 1691 – 1701 nach Plänen des Mailänders Domenico Baïna erbaut wurde. Der vierstöckige Glockenturm entstand 1870 – 1875. Anders als die Küstenorte schloss sich Calenzana 1729 dem **korsischen Unabhängigkeitskampf** an. Daher wollte Genua hier ein Exempel statuieren. Kaiser Karl VI. von Österreich, der Vater Maria Theresias, sorgte für militärischen Beistand: mit 8000 deutschen Söldnern zum monatlichen Preis von 30 000 Gulden. Als 800 von ihnen am 2. Februar 1732 in Calenzana einmarschierten, trafen sie auf unerwarteten Widerstand: Steine, kochendes Öl, wütende Stiere – und Bienen. Die zerstochenen Angreifer ließen in Panik ihre Waffen vor den Dorfbewohnern fallen. 500 Deutsche fielen im Gemetzel und wurden von den Korsen auf dem Friedhof neben der Kirche ehrenhaft bestattet.

◄ Biologische Kriegsführung im 18. Jahrhundert

> **! Baedeker TIPP**
>
> **Eselsgeduld**
>
> In der historischen Ölmühle von Lunghignano läuft unablässig ein Esel im Kreis und sorgt für die Zerkleinerung der Früchte. Neben kaltgepresstem Öl werden aber auch Maronenkonfitüre, Nougat, Zitronen- und Kräuteressig, Lavendel- und Honigseifen sowie Keramik mit Olivendekor angeboten; www.ufragnu.com.

✶ ◄ Eglise Ste-Restitute

Nur 1 km außerhalb an der D 151 steht mitten in einem Olivenhain die letzte Ruhestätte der Schutzpatronin der Balagne: die **hl. Restituta**, die im 4. Jh. in Calvi den Märtyrertod fand. 1951 wurde bei Restaurierungsarbeiten im barocken Altar ein älterer Altar und der Sarkophag der Heiligen entdeckt; ihre Statue aus dem 18. Jh. birgt der barocke Chor. Den Hauptaltar zieren Fresken, die die Heilige vor ihren Richtern und bei der Enthauptung zeigen. Am Ostermontag werden die Statue und die Reliquien der Heiligen in einer **Prozession** zur Kirche St-Blaise getragen (► Abb. S. 64); am Sonntag nach dem 21. Mai kehren sie wieder zurück.

## Von Cateri nach Belgodère

**Muro**

Groß und weiß überragt die **Barockkirche** von Muro die kleinen, dunklen Wohnhäuser des einstigen Olivenzentrums. Im Innern, spätbarock mit Stuck, Blattgold und Marmor verziert, soll 1730 das Gesicht einer Christusfigur zu bluten begonnen haben. Zur **Wallfahrt** in der Fastenzeit kommen Gläubige aus ganz Korsika.

✶ **Feliceto**

Das Dörfchen Feliceto besitzt eine **Glasbläserei**, in der man werktags Glasbläsern wie Ange Campana und seinem Sohn Dominique bei der Arbeit über die Schulter schauen kann (Verrerie Corse, Ld. Chioselle, Tel. 04 95 61 73 05).

**! Baedeker TIPP**

**Bon appétit!**

Gaumenfreuden verspricht ein Abend in der Osteria U Mulinu von Feliceto. Maître Ambrosini, der seinen originellen Schankraum in einer alten Ölmühle mit Brueghels »Bauernhochzeit« dekoriert hat, serviert zum Festpreis ein köstliches Menü samt Wein und One-Man-Show, die vom Jonglieren mit den Tellern bis zur musikalischen Darbietung reicht; abends tgl. außer Di., Tel. 04 95 61 73 23 – unbedingt reservieren!

Der wohl schönste Ort der Balagne, **Speloncato** (►Abb. S. 139), erhielt seinen Namen von einem 8 m langen Felstunnel, der zum malerischen Place de la Libération mit kleinen Cafés weist. In den engen verwinkelten Gässchen scheint die Zeit stehen geblieben zu sein.

**Belgodère**, das größte Dorf der Balagne, trägt seinen Namen zu Recht: »Schöner Aufenthalt« – aussichtsreich thront es auf einem 310 m hohen Hügel über dem Tal des Prato. Im Mittelalter war der Ort Lehen der pisanischen Familie Malaspina. Von den Resten ihrer Festung reicht der Blick über das Tal des Regino bis zum Stausee Codole. Im Chor der 1269 geweihten Barockkirche **St-Thomas** (nur zum Gottesdienst geöffnet) zeigt ein Tafelbild Maria mit Jesus-Kind zwischen zwei Aposteln und Mitgliedern der Stifterbruderschaft.

## Von Cateri nach L'Ile-Rousse

**★ Sant'Antonino**

Das autofreie Dorf Sant'Antonino klettert einen 500 m hohen Kamm empor, der die Täler des Algajola und Regino trennt. Durch schmale Gassen, Passagen und Höfe der Granithäuser geht es zu Fuß oder per Esel den Felssporn hinauf, auf dem Lehnsherr Guido Savelli im 9. Jh. eine wehrhafte Fluchtburg erbaute. Von ihren Ruinen eröffnet sich ein Rundblick über die gesamte nördliche Balagne.

**★ Aregno**

Inmitten duftender Orangen- und Zitronenhaine liegt das Dorf Aregno mit der 1177 geweihten **Eglise de la Trinité**, deren Fassade durch ein polychromes Granitmauerwerk und archaische Skulpturen im Stil der pisanischen Romanik besticht. Im Inneren der einschiffigen Dreifaltigkeitskirche stellen zwei Fresken aus dem 15. Jh. die Kirchenlehrer Augustinus, Gregor, Hieronymus und Ambrosius sowie den hl. Michael im Kampf mit dem Drachen dar.

**★★ Pigna**

Nicht nur zahlreiche **Musikfestivals** haben Pigna berühmt gemacht, sondern auch pittoreske kleine Gassen mit kunsthandwerklichen Geschäften wie der Casa di Artigiani. Interessant sind auch die Werkstätten alter korsischer Musikinstrumente wie Zither, Harfe und Flöte. Die **Casa Musicale** ist gleichzeitig Hotel, Restaurant, Musikbibliothek und Bühne für korsische Bands, die traditionelle korsische Gesänge und neue Schöpfungen vortragen (samstags ab 22.00 Uhr, Mitte Juni bis Mitte September auch dienstags). Ein unvergessliches Erlebnis ist Anfang Juli das **Festivoce** mit Musik, Tanz und Theater (www.festivoce.casa-musicale.org).

**Couvent de Corbara**

Ein hoher Glockenturm weist den Weg zur Anlage, 1430 als Waisenhaus errichtet und 1456 in ein **Franziskanerkloster** umgewandelt. Nach den Zerstörungen der Französischen Revolution bauten Dominikaner 1857 das Kloster wieder auf. Als Gäste empfingen sie u. a. den Schriftsteller Guy de Maupassant. Heute führt die **»Gemeinschaft des hl. Johannes«** das Kloster als »Ritirio« – und lädt Laien zum Urlaub der inneren Einkehr. Ein Pfad führt in 45 Minuten auf den Aussichtsberg **Monte Sant'Angelo** mit Blick über die Balagne und die Küste bis zum ►Cap Corse.

**Corbara**

In der einstigen Hauptstadt der Balagne verkündete Pasquale Paoli die Gründung von Paoliville, dem späteren L'Ile Rousse. Auf einem Felssporn thront das **Castel de Corbara**, 816 vom römischen Adeligen Guido de Savelli errichtet, im 18. Jh. zerstört und Anfang des 19. Jh.s vom Grafen Andrea Savelli wieder aufgebaut. Ein zweites Schloss von 1375 schleiften die Genuesen im 16. Jahrhundert. Die barocke **Église l'Annonciation** birgt Tafelbilder des hl. Franziskus und seiner Mitbrüder. Alte Grammophone, Taschenuhren, Wanderstöcke, Puppen und historische Postkarten zeigt Guy Savelli in seinem **Petit Musée** (Öffnungszeiten: tgl. 15.00 –18.00 Uhr, Eintritt frei).

*Dank seiner geschützten Lage ist L'Ile Rousse der wärmste Ort der Insel.*

*Dolce vita in L'Ile Rousse: Korsen beim Café am Place Paoli*

★★ **L'Ile Rousse**

Das Hafenstädtchen (► Abb. S. 143) erhielt seinen Namen von der vorgelagerten **Ile de la Pietra**, deren Granitgestein bei Sonnenuntergang rot leuchtet. Heute ist Pietra keine Insel mehr, sondern mit einer Mole mit dem Hauptort verbunden. Ein niedriges Vorgebirge schützt L'Ile Rousse vor den kalten Nordwinden und macht die Stadt, die auch die korsische Statistik der Sonnentage anführt, zum **wärmsten Ort der Insel**. Im Jahre 1758 gründete Pasquale Paoli (► Berühmte Persönlichkeiten) die Stadt unter dem Namen **Paoliville**, um den genuatreuen Städten ► Calvi und Algajola wirtschaftlich und militärisch Konkurrenz zu machen. Den von Platanen beschatteten **Place Paoli** mit der Marmorbüste des korsischen Helden säumen Straßencafés, und auch die Strandpromenade am Jachthafen prägt heitere Urlaubsatmosphäre. In der restaurierten Markthalle am Place du Marché werden die Produkte der fruchtbaren Balagne feilgeboten (Abb. S. 137). Wer andere Strände kennen lernen möchte, besteigt die **Tramway de Balagne**, die bis nach ►Calvi die Küste erschließt.

! *Baedeker* TIPP

**Hallo Mountainbiker!**

Wer Herausforderungen sucht, bitte sehr, hier ist eine: Die Strecke führt von Lozari (6 m) auf der N 197 bis hinter Belgodère (300 m), dann auf der D 963 über Olmi-Capella (800 m) in die Wälder am Fuß des Monto Grosso und endet nach 46 km beim Forsthaus am Tartagine, wo tolle Badebecken Erfrischung bieten. Unentwegte fahren die Piste hinauf bis zum Col de Tartagine auf 1850 m.

Gute 4 km landeinwärts schmiegen sich die alten Steinhäuser des Dörfchens Monticello an den Hang, umgeben von Feigenkakteen und knorrigen Olivenbäumen.

★ **Monticello**

Östlich von L'Ile Rousse bietet Lozari seinen Gästen ein großes Feriendorf und einen **fantastischen Sandstrand** mit Blick auf die Ausläufer der Désert des ►Agriates und den ►Monte Cinto, der oft bis in den späten Frühling verschneit ist.

★ **Strand von Lozari**

# ★ Bastia

C 6

**Höhe:** 40 m ü. d. M. **Einwohner:** 60 000

**Bastia blendet nicht mit malerischen Meeresbuchten, Palmen oder prunkvollen Palästen, Bastia brummt: Das »Tor zur Korsika« ist wichtigster Fährhafen und Wirtschaftsmotor der Insel. Hier wird nicht flaniert, sondern gearbeitet – und am Abend beim Boulespiel auf dem Place St-Nicholas oder beim Altstadt-Bummel entspannt.**

**Stadtgeschichte**

Wo vor rund 2000 Jahren die römische Siedlung **Mantinum** lag, ließ 1380 der genuesische Statthalter Leonello Lomellini das Fischerdorf Porto Cardo mit einem Turm auf einem ins Meer ragenden Felsen befestigen – der »**Bastiglia**«. Das Viertel um den Wehrturm, der Namensgeber der Stadt wurde, erhielt die Bezeichnung Terra Nova, das alte Quartier um den Porto Cardo (heute: Vieux Port) den Namen Terra Vecchia. 1453 wurde Bastia **Inselhauptstadt**, 1570 Bischofssitz und 1670 der Hafen erweitert. Innerhalb der Ringmauer und um

## BASTIA ERLEBEN

### AUSKUNFT

*Office du Tourisme de l'Agglomération de Bastia*
Place Saint-Nicolas
F-20200 Bastia
Tel. 04 95 54 20 40
Fax 04 95 54 20 41
www.bastia-tourisme.com

### VERKEHR

Vom 20 km südlich gelegenen Flughafen Poretta (►Anreise, S. 54 / 55; Tel. 04 95 54 54 54, www.bastia.aeroport.fr) fahren Air-France-Pendelbusse zum Bahnhof, Fahrzeit: 30 Minuten. Fährverbindungen: ►Anreise, S. 54. Fast 4 Std. dauert die Bahnreise quer über die Insel über ►Corte nach ►Ajaccio, knapp 3 Std. die Zugfahrt nach ►Calvi. Vom Gare Routière tgl. Busverbindungen nach ►Porto Vecchio, ►Calvi und ►Ajaccio. Die Busse »Rapides Blues« erschließen das ►Cap Corse. Am Place St-Nicholas startet das Touristenbähnchen »Le Petit Train« zur 45-minütigen Altstadttour. Zentrale Tiefgaragen finden sich unter dem Place St-Nicolas und dem Place du Marché.

## SHOPPING

Um den Place St-Nicolas, auf dem sonntagmorgens Flohmarkt ist, konzentriert sich das Einkaufsviertel mit Flaniermeilen wie der Rue Napoléon und dem Boulevard Paoli. In der Rue César Campinchi 15 gibt es bei »U Montagnolu« Olivenöl, Honig, Feigenmarmelade, Schinken und Kastaniengebäck. Seit über 100 Jahren wird bei »Leoncini« in der Avenue Maréchal Sebastiani 2 feines Konfekt hergestellt. Den Aperitif-Klassiker »Cap Corse« sollte man im Stammhaus von L. N. Mattei am Place St-Nicholas probieren, edle Patrimonio- und Muskatweine bei »Cave Ceddas« in der Av. Emile Sari 3 und bei »Grand Vin Corse« in der Rue C. Campinchi 24.

*Probieren Sie bei L. N. Mattei den klassischen Korsika-Aperitif »Cap Corse«!*

## ESSEN

### ► Fein und teuer

① ***A Casarella***
6, Rue Ste-Croix, Tel. 04 95 32 02 32
Die Mühe des Aufstiegs belohnen authentische korsische Gerichte, gewürzt mit den Kräutern der Macchia. Besonders lecker: Casgiate, mit Frischkäse gefüllte Ofen-Krapfen, genossen auf der Terrasse.

### *Baedeker-Empfehlung*

② ***Chez Lavezzi***
8, Rue St-Jean, Tel. 04 95 31 05 73
Bastias beste Fischadresse mit der schönsten Terrasse am alten Hafen. Pierre Benoît verewigte in seinem Roman »Les Agriates« u. a. die Mutter des Inhabers. Ein Gedicht: Quappe mit Pfifferlingen und Petersfisch an Estragon.

### ► Erschwinglich

③ ***Chez Jo la Braise***
7, Bd. Hyacinthe de Montera
Tel. 04 95 31 36 97
So., Aug. geschlossen
Eigentlich kommt Jo la Braise aus Nizza, doch in Bastia machte ihn seine köstliche Pizza stadtbekannt. Schmackhaft sind auch die Fleischgerichte vom Holzofengrill und die Figatelli-Wurst.

### ► Preiswert

④ ***L'Onda Marina***
33, Rue César Campinchi
Tel. 04 95 33 25 72; Mo. geschlossen
Haben Sie schon Austern mit Estragon oder Brochette de Mérou genossen? Fischfreunde mit Faible für Überraschungen kommen hier auf ihre Kosten.

⑤ ***Pub Assunta***
4, Rue Fontaine-Neuve
Tel. 04 95 34 11 40
In der angesagten Kneipe gibt es leckere Tapas und eine große Auswahl an Bieren und Cocktails, die man am besten auf der Terrasse mit Blick über die Altstadt trinkt. Freitags Livemusik lokaler Bands.

## KORSISCHES BIER

Seit 1994 brauen Dominique und Armelle Sialelli in Furiani bei Bastia korsisches Bier aus Wasser, Malz und Kastanienmehl. Das Helle der Brasserie Pietra heißt »Serena«, das Weizen »Colomba«, das Starkbier »Pietra Strong«. Santé!

## ÜBERNACHTEN

### ► Luxus

① ***Hôtel l'Alivi***
Route du Cap, Tel. 04 95 55 00 00
Fax 04 95 31 03 95
www.hotel-alivi.com; 37 Z.
1 km nördlich des Jachthafens. Alle Zimmer des schicken Hotels haben Meerblick; entspannen Sie sich am Swimmingpool.

### ► Komfortabel

*Baedeker-Empfehlung*

② ***Les Voyageurs***
9, Avenue Maréchal Sebastiani
Tel. 04 95 34 90 80, Fax 04 95 34 00 65
www.hotel-lesvoyageurs.com
Geschmackvolles, jüngst renoviertes Hotel mit großen Zimmern, sehr nettem Personal und eigenem Parkplatz.

③ ***Bonaparte***
45, Bd. Général Graziani
Tel. 04 95 34 07 10
Fax 04 95 32 35 62; 23 Z.
www.hotel-bonaparte-bastia.com
Modernes, gepflegtes Haus unweit des neuen Hafens; eigener Parkplatz

### ► Günstig

④ ***Atena***
2, Rue Miot, Tel. 04 95 34 88 40
Fax 04 95 31 26 41; 7 Z.
Zentrales, jüngst renoviertes Hotel

⑤ ***Central***
3, Rue Miot, Tel. 04 95 31 71 12
Fax 04 95 31 82 40
www.centralhotel.fr; 18 Z., 7 Studios
Sympathisches Haus im Zentrum

den Hafen entstanden acht- bis neunstöckige Wohnhäuser nach ligurischem Vorbild. Während des korsischen Unabhängigkeitskrieges wurde das genuatreue Bastia 1730 von Einheimischen belagert und geplündert, 1764 überließ Genua die Stadt den Franzosen. 1798 kam es in Bastia und Umgebung erneut zum Aufstand. Doch die Rebellen wurden rasch besiegt und ihr Anführer, der 80-jährige Agostino Giafferi, auf dem Hauptplatz von Bastia erschossen. Als Napoleon 1811 den Rang der Inselhauptstadt an Ajaccio übertrug, antwortete Bastia auf die politische Abwertung mit dem Ausbau als Handels- und Industriestadt. Beim einzigen Luftangriff auf Korsika wurde Bastia 1943 durch amerikanische Bomben zu 80 % zerstört. Seit 1975 ist Bastia **Präfektursitz** des französischen Départements Haute-Corse.

## *Highlights in Bastia*

**Das Herz Bastias: Le Vieux Port**
Hohe Häuser, Wäsche, die im Wind flattert, enge Gassen, Treppenwege und spielende Kinder: In Bastias Altstadt lässt sich korsischer Alltag hautnah erleben.
► Seite 151

**Spektakulär: die Zitadelle**
Schweißtreibend schön ist der Aufstieg durch das Terra-Nova-Viertel, einfach atemberaubend die Aussicht von oben.
► Seite 151

**Place St-Nicholas**
Genießen Sie das Flair der Stadt beim Café crème oder Cap Corse, Flohmarktbummel oder Flanieren unter Platanen.
► Seite 148

**Wochenmarkt der Wohlgenüsse**
Von 7.00 bis 12.00 Uhr locken die Marktstände auf dem Place de l'Hôtel de Ville mit Köstlichkeiten der Region und Kunsthandwerk (tgl. außer Mo.).
► Seite 150

## Sehenswertes in Bastia

**✶ Place St-Nicolas**

Der 300 m lange und 100 m breite Platz am neuen Hafen ist eine beliebte **Flaniermeile** der Bastianer, Treffpunkt, Festbühne und Schauplatz des sonntäglichen Flohmarktes. An der Westseite erhebt sich inmitten platanenbeschatteteter Straßencafés und Restaurants das Stammhaus von **L. N. Mattei**, das den korsischen Aperitif »Cap Corse« herstellt. Die Palmen der Ostseite überragen die Großfähren im Hafen. Zwei Statuen begrenzen den Platz: im Norden ein Denkmal für die Toten beider Weltkriege, im Süden **Kaiser Napoleon** in römischer Toga. Im Pavillon werden Sommerkonzerte veranstaltet, auf den Sandflächen beim Boulespiel die neuesten Ereignisse und Gerüchte diskutiert.

**! *Baedeker* TIPP**

**Heiß auf Eis?**

Serge Raugi ⑥ ist für sein Eis weit über die Grenzen Bastias berühmt. Die Herstellung des köstlichen Speiseeises ist seit drei Generationen Familientradition; 2, Rue Capanelles, Tel. 04 95 33 68 25; günstiger: Filiale am Place St-Nicolas.

**Chapelle St-Roch**

Die lebhafte Rue Napoléon führt vorbei an der Chapelle St-Roch von 1604. Die Innenausstattung des 18. Jh.s – Holztäfelung, roter Damast und vergoldete Säulen – schufen ligurische Künstler, den Altar der Florentiner Giovanni Bilivert.

## *Bastia* Orientierung

**Essen**
① A Casarella
② Chez Lavezzi
③ Chez Jo la Braise
④ L'Onda Marina
⑤ Pub Assunta
⑥ Eisdiele Serge Raugi

**Übernachten**
① Hôtel l'Alivi
② Hôtel Les Voyageurs
③ Hôtel Bonaparte
④ Hôtel Atena
⑤ Hôtel Central

*Am alten Hafen erhebt sich das Wahrzeichen von Bastia: die Eglise St-Jean-Baptiste.*

★ **Oratoire de l'Immaculée Conception**

Äußerlich unscheinbar, aber prachtvoll im Innern ist auch die **Kapelle der Unbefleckten Empfängnis**, ein einschiffiger Bau im genuesischen Barock von 1611. Die Wände sind mit rotem Damast und Samt bespannt, Fresken schmücken das Gewölbe, illusionistische Malerei die Marmorkanzel. Die Marienstatue aus dem 18. Jh. wird alljährlich am 8. Dezember in einer **Prozession** zur Kirche St-Jean-Baptiste getragen. Zu den wertvollsten Exponaten des kleinen **Museums sakraler Kunst** in der Sakristei gehören eine Statue des hl. Erasmus aus dem 18. Jh. und ein mit Miniaturen geschmücktes Messbuch aus dem 17. Jahrhundert.

**Place de l'Hôtel de Ville**

Auf dem Place de l'Hôtel de Ville, auch **Place du Marché** genannt, bieten allmorgendlich außer montags Bauern und Kunsthandwerker aus der Umgebung auf dem **Wochenmarkt** ihre Produkte an.

★ **Eglise St-Jean-Baptiste**

Sie ist das **Wahrzeichen der Stadt** und größte Kirche Korsikas: die 1636 – 1666 erbaute Eglise St-Jean-Baptiste am Alten Hafen. Die Fassade im Stil des ligurischen Barock flankieren zwei später hinzugefügte Glockentürme. Die prunkvolle Dekoration der mit Gold, Stuck und Wandgemälde in Trompe-l'œil-Technik entstand im 18. Jh.; der monumentale Hochaltar aus korsischem Marmor 1844. Kardinal Fesch stiftete die Gemälde italienischer Schule.

✶ **Vieux Port**

Die engen Passagen, schmalen Gässchen, Hinterhöfe und hohen Häuser des **Terra Vecchia**-Viertels, das den **Alten Hafen** im Halbkreis umgibt, bilden den malerischsten Teil Bastias. Auf vielen Balkonen wurden nachträglich Toilettenhäuschen eingebaut. Bunte Fensterläden halten die größte Hitze ab, und zwischen den Häuserschluchten flattert Wäsche auf der Leine. Am **Jardin Romieu** mit Aussicht auf das Hafenviertel führt die Escalier Romieu hinauf zur Zitadelle.

Militärstrategen und Urlauber haben eines gemeinsam: den Wunsch nach Über- und Ausblick. Beides vereint die **Zitadelle**, einst das Zentrum der administrativen und militärischen Macht Bastias. Der Blick schweift vom Hafen über die Küste von Cap Corse bis zu den Toskanischen Inseln. Die Befestigungsanlagen und Häuser der **Terra Nova** wurden zwischen 1480 und 1521 errichtet und erstrahlen heute renoviert in neuem Glanz.

! *Baedeker* TIPP

**Den richtigen Riecher ...**

... haben Sie auf jeden Fall mit dem Besuch des Musée du Parfum, denn hier dürfen Sie Ihre Nase in (fast) alles stecken, was Parfumeur Guy Cecchini gesammelt hat. Aus welchen Ingredienzen die exklusiven Wässerchen zusammengebraut werden, erfahren Sie in der Ave. Emile Sari 29; Tel. 04 95 31 39 30; Öffnungszeiten: im Sommer tgl. außer So. 10.00 – 12.00, 15.30 – 19.30 Uhr, im Winter: 10.00 bis 12.00, 15.00 – 19.00 Uhr.

**Musée d'Ethnographie**

Der ehemalige **Gouverneurspalast** beherbergt das Korsische Volkskundemuseum zur Geologie, Flora und Fauna, Geschichte, Folklore, Wirtschaft und Gesellschaft der Insel (wegen Umbau geschlossen).

✶ **Eglise Ste-Marie**

Die 1495 im Stil des genuesischen Barock erbaute Kirche Ste-Marie war 1570 bis 1801 Kathedrale, dann wurde der Bischofssitz nach ▸ Ajaccio verlegt. Das dreischiffige, reich dekorierte rosa- und goldfarbene Innere ist fast 45 m lang und 23 m breit. Die Gruppe der Himmelfahrt Mariens (18. Jh.) des Sieneser Getano Macchi aus ziseliertem Silber wird in der jährlichen **Prozession am 15. August** mitgeführt. Aus der Sammlung Fesch stammen zwei Gemälde des 17. Jh.s: »Episode aus dem Leben Alexanders des Großen« und »Die Seeschlacht von Lepanto«. Das geschnitzte Chorgestühl ist ein Werk des Pisaner Bildhauers Fontana aus dem 19. Jh., die Orgel schuf Serassi aus Bergamo 1845. Der Boden wurde 1869 für den Besuch von Kaiserin Eugénie mehrfarbig mit Marmor ausgelegt – der Weiße stammt aus Carrara, der Blaue aus Corte, der Rote aus Oletta. Auch der Amtswechsel genuesischer Gouverneure wurde in der Kirche feierlich begangen, die Schlüssel der Stadt und das Zepter Korsikas als Insignien der Macht auf einem Silberteller überreicht – heute als

## ? WUSSTEN SIE SCHON ...?

- Am 31. Juli 1944 war Antoine de Saint-Exupéry vom Flughafen Bastia-Poretta zu einem Aufklärungsflug gestartet und galt als verschollen, bis der Taucher Vanrell im Frühjahr 2005 Wrackteile seines Flugzeugs im Mittelmeer entdeckte. Am Terminal erinnert eine Gedenktafel an den Autor des »Kleinen Prinzen«.

prachtvolles **Historienfest** alljährlich am zweiten Juli-Wochenende zwischen dem Gouverneurspalast und der Môle Genois zu erleben.

Das himmelblaue Gewölbe der 1543 in der Rue de l'Evêché erbauten Kapelle **Ste-Croix** zieren vergoldete Stuckaturen, kunstvolle Arabesken und verspielte Barockengel im genuesischen Barocchetto-Stil. Einzigartig ist der »**Christus der Wunder**«, ein Kruzifix aus schwarzem Holz, das 1428 von zwei Fischern aus dem Meer gezogen wurde und seitdem als deren Schutzpatron verehrt wird – **Prozession** ist am 3. Mai.

✶ Christ des Miracles ►

## Umgebung von Bastia

**Oratoire de Monserrato** ✶ Scala Santa ►

Südwestlich von Bastia versteckt sich beim Dorf **Cardo** die Kapelle Monserrato mit einer Kopie der »**Heilige Treppe**« aus der Basilica San Giovanni in Laterano in Rom. Ihre 28 Stufen erinnern an die Treppe, die Jesus zu seiner Verurteilung im Palast des Pilatus hinaufgestiegen sein soll. Das seltene Privileg einer solchen Treppe verlieh Papst Pius VII. Bastia 1816, da es aus Rom verbannten Priestern Unterschlupf bot. Seit Fertigstellung der Treppe im Jahre 1884 steigen alljährlich am 12. Mai und am 2. Juli Pilgergruppen auf Knien die »Scala Santa« empor.

**Panoramastraße zum Cap Corse**

Die kurz vor dem Oratoire nach Norden abzweigende D 31 führt auf einer 25 km langen Panoramastrecke nach Miomo an der Ostküste von Cap Corse. In **San-Martino-di-Lota** werden aus Palmblättern religiöse Symbole für den Karfreitag geflochten. Von der Kirche **Sainte-Lucie** hat man einen fantastischen Ausblick auf Bastia und den Etang de Biguglia.

**Etang de Biguglia**

Mit 1800 ha bildet der Etang de Biguglia die größte Lagune Korsikas und seit 1994 als **Naturschutzgebiet** die Heimat von 30 Stand- und 60 Zugvogelarten, darunter Rohrweihen, Purpurreiher und Eisvögel. Naturfreunde bezweifeln, dass das Vogelparadies noch lange erhalten bleibt. Sein schmaler Nehrungsstreifen ist ein beliebter Badestrand, der allerdings direkt in der Einflugsschneise des **Flughafens Bastia-Poretta** liegt.

✶ **La Canonica**

Die Kathedrale **Santa Maria Assunta** gilt als Musterbeispiel der pisanischen Frühromantik auf Korsika. Die Kirche, ursprünglich ein Sakralbau aus dem 5. Jh., wurde 1119 vom Erzbischof von Pisa der

Himmelfahrt Mariens (Santa Maria Assunta) geweiht, im 16. Jh. zerstört und erst im 20. Jh. restauriert. Ihre volkstümliche Bezeichnung »La Canonica« rührt von den **Kanonikern** (Chorherren) her, die damals den Gottesdienst versahen. Die dreischiffige Pfeilerbasilika ist mit 35 m Länge, 12 m Breite und 13 m Höhe das größte romanische Bauwerk Korsikas. Ihr Baumaterial – Marmorblöcke in Bernsteintönen – stammt aus den Steinbrüchen Brando und Sisco am Cap Corse. Vom Glockenturm steht nur die Basis. Das Kirchendach ist mit Hohlziegeln gedeckt. Den Architrav am Westportal schmücken Pflanzen- und geometrische Motive, den Fries über dem Giebelfeld stilisierte Tiere wie Löwe, Wolf, Hirsch, Lamm und Greif. An der Südfassade erkennt man Intarsien mit konzentrischen Kreisen und Sternmotive in toskanischem Stil. Die Apsis gliedern schlanke Pilaster mit Blendarkaden, die sich im Giebelfeld wiederholen. Im Innern – wegen Restaurierung derzeit nicht zugänglich – unterteilen Pfeiler die drei Kirchenschiffe, seitlich öffnen sich kleine Kapellen mit Gewölbe. Aus dem 4. Jh. stammen südlich der Canonica die Mauerreste einer Basilika mit Apsis und eines **Baptisteriums** mit Mosaiken, die christliche Symbole wie Löwe, Hirsch, Ente und Fisch und die vier Paradies-Flüsse zeigen. Keine 300 m südwestlich schmücken die kleinere pisanische Kirche **San Parteo** aus dem 11. Jh. am südlichen Seitenportal zwei einander zugewandte Löwen unter einer Palme.

*Perle der Frühromanik: La Canonica*

**Ausgrabungen von Mariana**

Mariana, um 93 v. Chr. vom Konsul Marius an der Golo-Mündung gegründet, wurde unter Augustus zum **römischen Flottenstützpunkt** für die Expansion nach Norden ernannt. Doch der Hafen versandete; hinzu kamen Malaria und Beutezüge der Sarazenen. Seit dem 10. Jh. verlassen, wurden in Mariana erst in jüngerer Zeit die Reste einer römischen Brücke über den Goto, eines Thermalbades, eines Kanals, einiger Wohnhäuser und Gräber freigelegt.

**Borgo**

Das wiederholt **heftig umkämpfte Borgo** am Ostufer des Etang de Biguglia bedeutete für die Franzosen die empfindlichste militärische Niederlage im Kampf gegen die Korsen: 1738 schlug die Korsische Nationalgarde die Truppen des Grafen von Boissieux; im September 1768 eroberte das Heer Pasquale Paolis (▸ Berühmte Persönlichkeiten) erneut das von Oberst de Ludre besetzte Borgo und zwang die Truppen des Marquis von Chauvelin zum Rückzug.

**Biguglia** Kaum zu glauben: Biguglia war unter den Pisanern die **Hauptstadt Korsikas** – sie hatten den Regierungssitz von Mariana hierher verlegt – und auch der genuesische Gouverneur residierte hier, bis Aufständische 1372 Biguglia zerstörten.

**Casinca** Die **fruchtbare Hügellandschaft** 20 km südlich von Bastia erstreckt sich zwischen den Flüssen Golo und Fium'Alto bis zum Massiv des 1218 m hohen **Monte Sant'Angelo**. Getreide, Tabak, Zitrusfrüchte, Kiwis und Wein gedeihen in der Ebene, Olivenbäume und Kastanienwälder auf den Hügeln. Im Volksmund heißen die Dörfer auf den Bergkämmen auch »**Balkone**«, da man von hier eine weite Aussicht auf die Küstenebene hat. Der 140 m hoch gelegene Hauptort **Vescovato** ist ein typisches Festungsdorf auf einem Bergkamm mit schmalen Gassen, Treppen und Passagen, die beim zentralen Dorfplatz mit dem Adlerbrunnen zusammentreffen. Sehenswert ist in der Kirche **St-Martin** das genuesische Tabernakel aus weißem Marmor von 1441. Von 1269 bis 1570 war der Ort Bischofssitz. Im 16. Jh. wurden hier die Chronisten Ceccaldi und Filippini geboren. Auch der Freiheitskämpfer Andrea Colonna Ceccaldi, ein erbitterter Feind Genuas, erblickte in Vescovato das Licht der Welt.

! *Baedeker* TIPP

**Dorfidylle**

Loreto-di-Casinca blickt aus 600 m Höhe auf die Ebene von Biguglia herab. Einladend sind das Waschhaus mit Quellwasser und ein mit riesigen alten Platanen bestandener Dorfplatz, in dessen Bars sich schon nachmittags die Männer des Ortes zu einem Schwätzchen einfinden. Im Restaurant U Campanile neben der Dorfkirche kann man ausgezeichnet korsisch essen. Der Blick ins Tal und auf die anderen Casincadörfer ist umwerfend schön – bei guter Sicht reicht er bis zu den Toskanischen Inseln.

# ★★ Bonifacio

L 4/5

**Höhe:** 60 m ü. d. M. **Einwohner:** 2700

**Paul Valéry nannte sie die »malerische Hauptstadt Korsikas«: Bonifacio. Die südlichste Stadt der Insel wacht auf einem 60 m hohen Kalksteinplateau über die Meerenge »Bouches de Bonifacio«, die Korsika vom acht Seemeilen entfernten Sardinien trennt.**

**Traumhafte Lage** Korsikas eigenwilligste Stadt thront hoch auf einer 1,5 km langen und durchschnittlich 150 m breiten Halbinsel, deren Kalksteinwände zur Seeseite 60 m steil ins Meer abfallen. Im Laufe der Jahrtausende hat die Brandung die Felsen unterspült, Grotten ausgewaschen und Buchten geschaffen. Bei einem Bootsausflug zu den Kalkhöhlen der Umgebung kann man diese **traumhafte Lage** am besten in Augenschein nehmen. Die fjordartige Bucht ist seit uralten Zeiten ein si-

## BONIFACIO ERLEBEN

### AUSKUNFT (OFFICE DU TOURISME)

2, Rue Fred Scamaroni
F-20169 Bonifacio
Tel. 04 95 73 11 88
Fax 04 95 73 14 97
www.bonifacio.fr

### VERKEHR

Der 25 km entfernte Flughafen Figari/ Sud-Corse wird täglich angeflogen (www.figari.aeroport.fr, Tel. 04 95 71 10 10); Busverbindung in die Stadt. Fähren von Saremar und Moby Lines schippern nach Sardinien. Für Autofahrer stehen sieben gebührenpflichtige, bewachte Parkplätze bereit. Zwischen Unter- und Oberstadt pendelt das Touristenbähnchen »Le Petit Train«.

### TAUCHEN

Kalliste Plongée neben dem Hotel Centre Nautique (Tel. 04 95 73 02 83) bietet Tauchgänge um die Iles Lavezzi und im Naturreservat der Illes Cerbicales. Vor wunderschönen korallenbewachsenen Felslandschaften mit roten Gorgonien, Schwämmen und Anemonen tummeln sich hier stattliche Zackenbarsche, Mönchsfische, Muränen und Geissbrassen!

*Hübsche Taschen gibt es in der Rue Doria.*

### SHOPPING

In Bonifacio sollte man sich auf jeden Fall Zeit für einen Einkaufsbummel nehmen. Köstliches Backwerk hat die Boulangerie Faby (►Baedeker Tipp, S. 162), hübsche Taschen findet man bei Casadoria in der Rue Doria Nr.8, handgeschmiedete Messer bei Les Terrasses d'Aragon am Quai Banda del Ferro.

*Baedeker-Empfehlung*

***Grottes et Falaises***
Rund 45 Minuten dauert die Bootstour vom Hafen an der spektakulären Steilküste entlang zu zwei Grotten. Unvergesslich: der Blick vom Wasser auf Bonifacio, das verwegen auf den Kreidefelsen thront (►Bonifacio, Umgebung).

### ESSEN

**► Fein und teuer**

① ***Le Voilier***
81, Quai Jérôme Comparetti
Tel. 04 95 73 07 06, www.levoilier.fr
Im eleganten Hafenrestaurant mit Terrasse serviert Jean-Paul Bartoli fangfrische Meerestiere und saisonale Küche aus korsischen Produkten.

**► Erschwinglich**

② ***L'Archivolto***
2, Rue Archivolto
Tel. 04 95 73 17 58. Charmantes, mit Antiquitäten eingerichtetes Lokal. Auf der Terrasse speist man im Schatten alter Arkaden. Probieren Sie die Lammspezialitäten.

③ ***Les 4 Vents***
Quai Banda del Ferro
Tel. 04 95 73 07 50
(Mo. geschlossen)
Die Schwestern Roulet servieren knackige Sommersalate, eine legendäre Fischsupe, Elsässer Choucroute und eine unwiderstehliche Charlotte au Chocolat.

► **Preiswert**

④ ***Cantina Doria***
27, Rue Doria, Tel. 04 95 73 50 49
Einfache, deftige Küche, Spaghetti und leckere Salate

## ÜBERNACHTEN

► **Luxus**

① ***Genovese***
Quartier de la Citadelle, Haute Ville
Tel. 04 95 73 12 34
Fax 04 95 73 09 03
www.hotel-genovese.com, 14. Z.
Traumhafter Blick, luxuriöse Zimmer, neuer Swimmingpool und tolles Frühstück

► **Komfortabel**

② ***Caravelle***
35 – 37, Quai Jérôme Comparetti
Tel. 04 95 73 00 03
Fax 04 95 73 00 41
www.hotel-caravelle-corse.com
Das beste Hotel der Unterstadt mit schönen Zimmern, Hafenblick und Feinschmeckerrestaurant.

③ ***Hôtel-Résidence Centre Nautique***
Port de Plaisance, Quai Nord
Tel. 04 95 73 02 11, Fax 04 95 73 17 47
www.centre-nautique.com; 11 Z.
Nicht nur bei Seglern und Tauchern eine beliebte Adresse direkt am Jachthafen

④ ***Santa Teresa***
Quartier St-François, Haute-Ville
Tel. 04 95 73 11 32
Fax 04 95 73 15 99
www.hotel-santateresa.com; 48 Z.
Logiert wird in der früheren Gendarmerie am Ende der Oberstadt. Nehmen Sie ein Zimmer mit Seeblick.

*Baedeker-Empfehlung*

⑤ ***U Capu Biancu***
Golfu di Sant'Amanza
Domaine de Pozzoniello
Tel. 04 95 73 05 58, Fax 04 95 73 18 66
www.ucapubiancu.com
Eine unbefestigte Stichstraße führt zu der idyllischen Hotelanlage mit rötlichen Granitfelsen am kleinen Hotelstrand. 41 wunderschöne Balkonzimmer. Gadio El Hadji zaubert für das Terrassenrestaurant Spitzenmenüs.

cherer Zufluchtsort für Schiffe, die die gefährliche Meerenge »Bouches de Bonifacio« durchqueren. Die hohen Klippen der Halbinsel bilden eine uneinnehmbare natürliche Festung, die wegen ihrer strategisch hervorragenden Lage im Lauf der Jahrhunderte militärisch ausgebaut wurde, um Siedlung und Hafen zu verteidigen. Das unbewohnte Hinterland ist von Macchia bewachsen und verstärkt den Eindruck der Abgeschiedenheit dieser Grenzstadt, die in ihrer Oberstadt die **Atmosphäre des genuesischen Mittelalters** bewahrt hat.
Die traditionellen Einkommensquellen der Stadtbewohner waren die Handelsschifffahrt, die Langustenfischerei und die Korkverarbeitung. Inzwischen spielt der Tourismus die Hauptrolle. Im Jachthafen, der

vor allem im Hochsommer stark besucht ist, gibt es Liegeplätze für 450 Boote. Die Badebuchten der Umgebung mit ihren wunderschönen Stränden verfügen über moderne touristische Einrichtungen, die eine wachsende Zahl von Gästen anziehen.

**Stadtgeschichte**

Das Gebiet von Bonifacio ist seit dem Frühneolithikum besiedelt. Unter dem Felsen Araguina-Sennola wurde das Skelett der 35-jährigen »**Dame von Bonifacio**« freigelegt. Die »älteste Bürgerin« Korsikas lebte circa 6750 v. Chr. (► Alta Rocca, Levie). Auch Homers Held Odysseus kam bei seinen Irrfahrten in den Naturhafen von Bonifacio, wo er von gigantischen Lästrygonen mit Steinen beworfen wurde. Zeugnis der **römischen Besiedlung** legt eine antike Villa aus dem 1. Jh. v. Chr. ab, die auf der Landzunge Piantarella nahe der Pointe de Sperone stand. Sie gehörte vermutlich einem hohen römischen Beamten, der die Seefahrt und Fischerei in den Bouches de Bonifacio sowie den Bergbau auf den benachbarten Inseln kontrollierte. Auf der Ile Cavallo entdeckte man in der Nähe eines Granitsteinbruchs Ruinen einer Badeanlage und einer Bergmannssiedlung.
Die **Gründung von Bonifacio** geht auf das Jahr 828 zurück, als Markgraf Bonifacio II. aus Lucca nach einem Sieg über die Sarazenen die Zitadelle in der Oberstadt errichtete. Im 11. Jh. erschienen die Pisaner, um 1195 von den Genuesen abgelöst zu werden, die mit »prakti-

*Bonifacio: die südlichste Stadt Korsikas thront verwegen auf einem 60 m hohen Kalksteinplateau.*

scher« Siedlungspolitik ihren Einfluss stärkten: Die Einwohner wurden verjagt und durch 1200 ligurische Siedler ersetzt. Durch Privilegien wie Selbstverwaltung und Münzrecht entwickelte sich Bonifacio zur genuatreuesten Siedlung auf Korsika. Waren aus Genua wie Wein, Stoffe, Töpferwaren und Gewürze, Vieh, Pökelfleisch, Käse und Leder wurden hier verladen; vom 14. Jh. an war Bonifacio ein wichtiger Umschlagplatz für Getreide.
1420 belagerten die Aragonier unter Alfons V. die Stadt erfolglos. Auch der Versuch, heimlich über die 187 Stufen der Königstreppe

## *Bonifacio* Orientierung

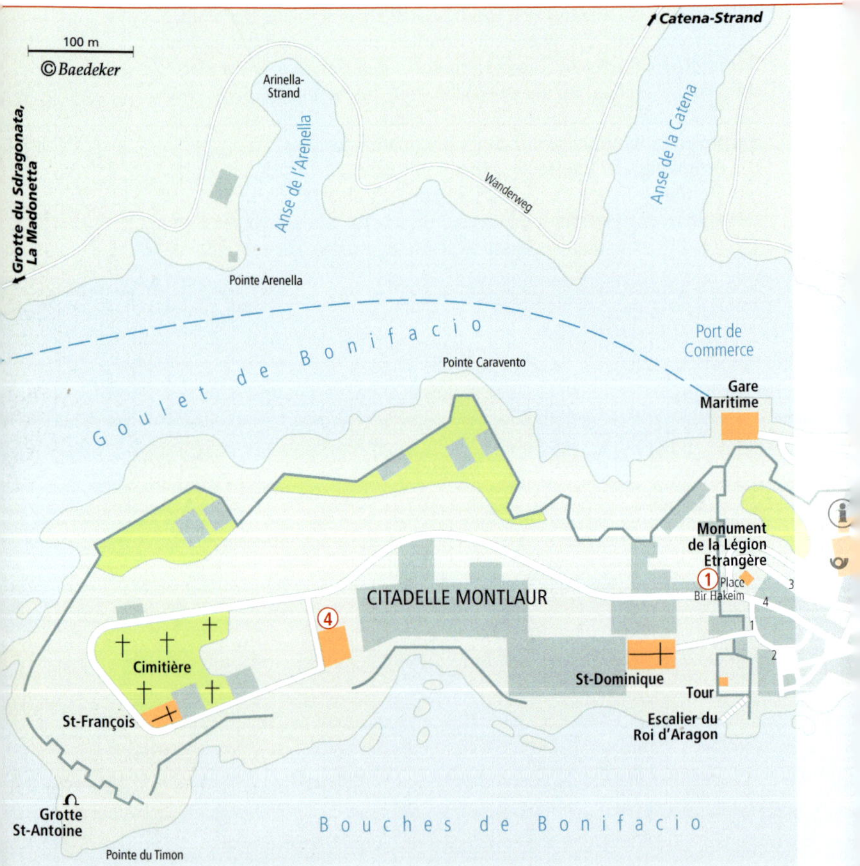


**Essen**
① Le Voilier
② L'Archivolto
③ Les 4 Vents
④ Cantina Doria

**Übernachten**
① Hôtel Genovese
② Hôtel La Caravelle
③ Hôtel Centre Nautique
④ Hôtel Santa Teresa
⑤ Hôtel U Capu Biancu

»Les Escaliers du Roi d'Aragon« in die Zitadelle zu schleichen, schlug fehl: Die aufmerksame Margherita Bobia entdeckte die Spanier und schlug Alarm. Nach vier Monaten der **Belagerung** kam die genuesische Flotte zu Hilfe.

1553 bombardierten französische Truppen Heinrichs II. gemeinsam mit den Soldaten des Sampiero Corso (►Berühmte Persönlichkeiten) und der Flotte des türkischen Piraten Dragut 18 Tage lang Bonifacio, dessen Bevölkerung durch die Pestepidemie von 1528 auf ein Drittel reduziert wurde. Die Angreifer hatten außer Kanonen noch eine

## *Highlights in Bonifacio*

**Lebensader der Unterstadt: Quai Comparetti**
Auch abends ist an der Uferpromenade, die Boote, Bars und Boutiquen säumen, noch viel los.
► Seite 160

**Doppelte Aussichten: Belvedere de la Manichella**
Über den Fjord und auf das Meer schweifen die Blicke vom kleinen Balkon am Place du Marché.
► Seite 162

**Festung am Rande der Klippen: die Oberstadt**
Hoch über dem Meer drängt sich die Altstadt von Bonifacio auf einem schmalen Plateau.
► Seite 162

**Bootsausflug zur Grotte du Sdragonato**
Vorbei an den Felswänden des Fjords geht es zu einer Höhle mit beeindruckendem Farbenspiel.
► Seite 164

neue, handliche Waffe mitgebracht: die Flinte. Nicht Waffengewalt, sondern der **Verrat** eines nach Genua geschickten Unterhändlers, der behauptet hatte, Genua könne keine Hilfe beisteuern, zwang die Stadt schließlich zur Kapitulation. 1559 fiel die Stadt mit Korsika erneut an **Genua** und hielt während der Herrschaft von Pasquale Paoli (►Berühmte Persönlichkeiten) zur Seerepublik. Seit 1768 gehört Bonifacio wie ganz Korsika zu Frankreich, doch die ligurische Vergangenheit der Stadt ist noch heute im **lokalen Dialekt** zu hören, der als einer der reinsten der noch gesprochenen ligurischen Idiome gilt.

## Unterstadt mit Jachthafen

**Stadtbesichtigung per Bahn**

Eine bequeme Alternative: An den Parkplätzen von la Marine startet »**Le Petit Train Touristique**« zur Altstadttour (Juli, Aug. 9.00 – 24.00 Uhr, April – Juni, Sept., Okt. 9.00 – 12.00, 13.30 – 18.00 Uhr).

**La Marine**

Im Halbkreis umrahmt die Unterstadt den **Hafen** von Bonifacio, überragt von der imposanten **Bastion de l'Etendard**, heute ein Memorial mit Szenen zur Stadtgeschichte (Öffnungszeiten: April, Mai tgl. außer So. 11.00 – 17.30, Juni – Sept. tgl. 9.00 – 20.00 Uhr). Boote und Jachten, Hotels, Restaurants und Geschäfte sorgen an der Uferpromenade **Quai Comparetti** für lebhaftes Treiben. Vom Hafen starten Ausflugsschiffe zu den Inseln Lavezzi und Cavallo sowie der Grotte du Sdragonato.

**★ Aquarium**

In einer Naturgrotte am Quai präsentiert das Aquarium in 13 Becken Fische, Mollusken, Krustentiere und andere **Meeresfauna** der Bouches de Bonifacio (deutschsprachige Broschüre; Öffnungszeiten: April – Okt. tgl. 9.30 – 24.00 Uhr).

*Nicht nur am Abend wunderschön: der Hafen zu Füßen der Zitadelle*

◀ Korallen

Die roten Edelkorallen entstanden, als Perseus der Medusa den Kopf abschlug und sich ihr Blut ins Meer ergoss – recht martialisch erklärt die Legende die wunderschönen Meeresbewohner. Rund um Bonifacio blickt die **Korallenfischerei** auf eine jahrhundertealte Tradition zurück. Leider sind die Bestände durch den Raubbau der vergangenen Jahrzehnte stark zurückgegangen.

**Eglise St-Erasme**

Dem **Schutzpatron der Seeleute**, dem hl. Erasmus, ist die Kirche am Fuß des Treppenwegs Montée Rastello zur Oberstadt geweiht. Von hier starten jährlich am 2. (Patronatsfest) und 20. Juni (Fest des hl. Sylverius, Patron der Langustenfischer) die **Prozessionen**.

**Chapelle St-Roch**

Die Treppe **Montée Rastello** endet an einer Brüstung neben der Kapelle St-Roch. Sie wurde an der Stelle erbaut, wo das letzte Opfer der Pestepidemie von 1528 zu Tode kam. Vom Aussichtspunkt **Col St-Roch** an der engsten Stelle der Halbinsel öffnet sich ein herrlicher Blick auf die steile Kalkwand, die Bucht und die beiden Bollwerke der Porte de Gênes bis nach Sardinien. Ein Fußweg führt östlich zum **Capo Pertusato**, und hinauf zur **Porte de Gênes**.

**»Grain de Sable«** Linker Hand sieht man gegenüber des Sutta Rocca-Strandes den vor rund 800 Jahren von der Klippe abgebrochenen und ins Meer gestürzten Felsen »Grain de Sable« (Sandkorn).

## Oberstadt mit der Zitadelle

**Porte de Gênes** Bis ins 19. Jh. war die Porte de Gênes von 1598 der einzige Zugang zur Oberstadt, die für die Einheimischen das »Bonifaziu propriu« – das wahre Bonifacio – bildet. Am Tor, auch **Porta Vecchia** genannt, beginnt ein 2,5 km langer Mauerring, der um die Stadt und ihre militärischen Anlagen führt. Die Zugbrücke, deren Gegengewichte zum Herablassen noch erhalten sind, führt auf den kleinen **Place d'Armes**, einst Exerzierplatz und Standort von Silos, die Weizen für eventuelle Belagerungen enthielten.

*** Belvédère, Jardin des Vestiges** Vom 65 m hohen **Aussichtsbalkon** Belvédère de la Manichella bietet sich eine ausgezeichnete Sicht auf die Bouches de Bonifacio und den Hafen. Im davor liegenden Jardin des Vestiges wurden Reste der **mittelalterlichen Stadtmauer** freigelegt.

**** Ville Haute** Das Gewirr aus engen Gassen mit turmartigen, hohen Häusern erinnert an die Zeit, als drei Viertel des ummauerten Stadtbezirks von der Zitadelle eingenommen wurden und wenig Platz zur Bebauung blieb. Fast alle Gebäude der **Oberstadt** besitzen Brunnen, Zisternen und Lagerräume für Lebensmittel. Die sehr steilen, schmalen Holztreppen oder Strickleitern zum ersten Stock konnten jederzeit eingezogen werden. Der Blendbogenfries, der die Fassaden vieler Häuser abschließt, ist typisch für vornehme genuesische Wohnhäuser. Strebebögen verbinden die gegenüberliegenden Häuser. Sie gehörten einst zu einem ausgeklügelten Leitungssystem, mit dem Regenwasser von den Dachrinnen zu den hauseigenen Zisternen geleitet wurde.

> **!** *Baedeker* TIPP
>
> **Korsische Köstlichkeiten**
>
> Traditionelle Backwaren gibt es in der Boulangerie Faby in der Rue St-Jean-Baptiste 4: Fugasi-Kuchen mit Orangenblütenwasser, das Totenbrot Vea Seccata und die Mandelkekse Canistrelli, die mit Zitrone oder Anis aromatisiert sind.

**Loggia** In der Rue du Palais steht die romanische Kirche **St-Marie-Majeure**, deren Vorhalle (Loggia) einst **Versammlungsort des Stadtrats** war. Hier sprach der Podestà (Ratsvorsitzender) Recht und schrieben die Notare ihre Urkunden. Darunter befand sich eine Zisterne mit 650 m³ Fassungsvermögen – heute dient der restaurierte Wassertank als Konferenzsaal.

**Ste-Marie-Majeure** Die dreischiffige Kirche aus dem 14. Jh. wurde mehrmals umgestaltet, die Portale bei der Renovierung 1879 in klassizistischem Stil erneuert. Das Innere ist reich geschmückt mit einem römischen Marmorsarkophag aus dem 3. Jh., einem Taufbecken mit Tabernakel von 1465 und einem Hochaltar mit Reliquien des hl. Bonifatius. Den quadratischen Campanile mit vier Stockwerken aus dem 15. Jh. stellte Prosper Mérimée 1900 unter Denkmalschutz.

**Rue des Deux Empereurs**

Die Straße verdankt ihren Namen zwei Kaisern, die hier als Gast weilten: 1541 übernachtete Karl V. nach dem gescheiterten Nordafrika-Feldzug im **Stadtpalais des Grafen Cataccioli** (Nr. 22); 1793 wohnte Napoleon Bonaparte, damals noch Leutnant, vor dem missglückten Landungsversuch in Sardinien im **Maison Passano** (Nr. 31).

**Zitadelle**

Die Zitadelle, 1963 bis 1983 Stützpunkt der Fremdenlegion, beherbergt heute **französische Truppen**. Der Eingang zum Inneren der Zitadelle, die zum großen Teil besichtigt werden kann, befindet sich am Place Bir Hakeim.

**★ Eglise St-Dominique**

Die Eglise St-Dominique mit ihrem achteckigen, zinnengekrönten Campanile ist die einzige gotische Kirche Korsikas. Zu den sehenswerten Gemälden der Kirche, ab 1270 von den Templern errichtet, ab dem 14. Jh. unter der Verwaltung der Dominikaner, gehören die »Rosenkranzmadonna« von 1554 und eine »Kreuzabnahme« des 18. Jh.s. In St-Dominique werden **Figurengruppen** aufbewahrt, die man bei den Prozessionen der Karwoche und den Festen des hl. Johannes und des hl. Bartholomäus mitführt, darunter die 800 kg schwere Figurengruppe »Martyrium des hl. Bartholomäus« sowie die Ensembles »Drei Marien unter dem Kalvarienberg«, »Heiliges Kreuz«, »Salome und Herodes« und »Schmerzensmutter und hl. Martha«.

◄ Prozessionen der Karwoche

Die Prozessionen der fünf Bruderschaften in der Karwoche und beim Johannes- bzw. Bartholomäus-Fest finden trotz des großen Gewichts der Figurengruppen traditionsgemäß im Eilschritt statt. Die Läufer tragen bunte Tuniken und Kapuzen. Die lebhafte Stimmung unterscheidet sich deutlich von der ernsten Feierlichkeit der sonst auf Korsika üblichen Prozessionen.

Die 187-stufige »**Escaliers du Roi d'Aragon**« ist nur während der Saison zugänglich (Gebühr). Die uralte »Königstreppe« diente als Zugang zur Süßwasserquelle Puits Saint-Barthélemy und als Fluchtweg zum Meer.

Am Ende der Halbinsel stößt man auf den **Cimetière Marin** mit dicht gedrängten Friedhofshäuschen und auf das ehemalige Kloster **Saint-François**, von dem nur eine Kirche des 13. Jh.s und ein Konventsgebäude erhalten sind.

*Totenstadt mit Stil: der Cimetière Marin*

*Die Unterwasserwelt der Lavezzi-Inseln begeistert Taucher.*

## Umgebung von Bonifacio

**Capo Pertusato** Von der Chapelle St-Roch führt die **Promenade des Falaises** entlang der Küste zur 5 km entfernten Landspitze Pertusato mit Leuchtturm und sehr **schönem Badestrand** – die großartige Sicht auf die Kreidefelsen lohnt die Wanderung.

**Pointe de Sperone** Die südlichste Spitze Korsikas bildet die Pointe de Sperone, auch Capo di Sperone genannt, mit steilen Klippen, Sandstränden und dem **besten Golfplatz** der Insel, der als einziger 18 Löcher besitzt.

★ **Bootsausflüge** Das Ausflugsboot umfährt die Halbinsel und wendet sich Richtung Capo Pertusato im Südosten. Man passiert die Grotte de St-Antoine, die an einen Zweispitz – den berühmten Napoleonhut – erinnert, und den Aussichtspunkt »Gouvernail de la Corse«, dann geht es entlang der von den Häusern der Ville Haute gekrönten Kalksteinwand.

★ **Grotte du Sdragonato** Kurz nach den Escaliers du Roi d'Aragon macht das Schiff beim Kalksteinfelsen »Grain de Sable« kehrt und fährt hinter dem Phare de la Madonetta in die Grotte du Sdragonato hinein, durch deren gespaltene Decke das Sonnenlicht einfällt. Die rot und lila auf dem Meeresgrund schimmernden Algen verleihen der Höhle einen eigentümlichen Reiz. Kürzere Bootsfahrten führen direkt zur Grotte oder umrunden nur die Halbinsel.

Die Lavezzi-Inseln, 7 km südöstlich vom Capo Pertusato in der Mitte der Meerenge von Bonifacio gelegen, bieten herrliche Strände, unberührte Natur und wunderschöne Tauchgründe (s. auch S. 155). Auch Segler gehen in den einsamen Buchten gern vor Anker. Im Westen bei der Pointe d'Achiarino erinnert eine Pyramide an den Schiffbruch der **Fregatte »Sémillante«** am 14. Februar 1855, die Heerestruppen auf die Krim transportieren sollte. Nur einer der 773 Soldaten an Bord konnte sich retten. Wie Lavezzi gehört auch die nahe **Ile Cavallo** seit 1982 zum Naturschutzgebiet des Reserve Naturelle des Bouches de Bonifacio.

★ **Taucherparadies Iles Lavezzi**

Der Golf von Sant' Amanza um das Fischerdörfchen **Gurgazu**, früher unter Surfern und Schnorchlern als Geheimtipp gehandelt, gehört heute zu den bevorzugten Austragungsorten der französischen **Surfmeisterschaften**.

**Golfu di Sant'Amanza**

An der zerklüfteten, malerischen Küste des Golfs von Ventilegne wartet auf Badegäste ein erholsamer Urlaub. Besuchenswert ist die **Eremitage de la Trinité** (7 km) mit Aussicht auf den Plage de la Tonnara und die Montagne de Cagna. Im September ist der Ort Schauplatz einer Wallfahrt, nach der man Auberginen à la bonifacienne (mit Käse und Basilikum) verzehrt, was der Eremitage den Namen »Notre Dame des Aubergines« einbrachte.

**Golfe di Ventilegne**

Wie von Riesenhand wurden nördlich in **Pianotolli-Caldarello** Granitblöcke zu Felsenburgen aufgetürmt. Die malerische Bucht von Figari mit einem Genueserturm aus dem 16. Jh. umgibt mediterrane Macchia.

★ **Baie de Figari**

Hinter Pianotolli-Caldarello, dem einzigen Ort auf der 54 km langen Strecke zwischen Bonifacio und Sartène, führt eine kleine Straße in die wenig besiedelte **Montagne de Cagna**. Im südlichsten Gebirge der Insel ruht der **Granitblock** Uomo di Cagna in 1000 m Höhe. Der 400-t-Stein wirkt von weitem wie der Kopf eines Riesen – daher der Name »Mann von Cagna«. Wahrscheinlich hat Sickerwasser diesen Felsblock geformt und unterhöhlt. Ihn zu erreichen ist eine ausgesprochen mühsame Partie und nur etwas für geübte Kletterer.

**Uomo di Cagna**

# ★★ Calanche

F 1/2

**»Diese verblüffenden Felsen schienen wie Bäume, Pflanzen, Tiere, Gebäude, Menschen, Mönche in Kutten, gehörnte Teufel und übergroße Vögel – ein Volk von Ungeheuern, eine Menagerie von Alpträumen ...« – so beschrieb Guy de Maupassant 1884 in »Une Vie« die bizarre Felsenlandschaft zwischen ►Porto und Piana.**

## CALANCHE ERLEBEN

### AUSKUNFT

***Hôtel de Ville***
F-20115 Piana, Tel. 04 95 27 84 42
Fax 04 95 27 82 72, www.sipiana.com

### ESSEN UND ÜBERNACHTEN

**▸ Komfortabel**

***Les Roches Rouges***
F-20115 Piana
Tel. 04 95 27 81 81
Fax 04 95 27 81 76
www.lesrochesrouges.com
Leicht morbides Juwel der Belle-Epoque in Top-Lage mit Feinschmeckerlokal an der D 81. Zimmer mit Aussicht zum Golf von Porto.

Die verwitterten Granitfelsen der Calanche gehören zum **UNESCO-Weltnaturerbe**. Etymologisch leitet sich ihr Name vom korsischen »calanca« – Schutzhafen ab. Kiefern, Buchsbäume und Stechpalmen entziehen den Felsen zäh das Nötigste zum Überleben; hinter der Calanche dehnt sich dichter Kastanienwald aus. Je nach Tageszeit und Licht wechselt der Granit seine Farbtöne und Schattierungen, die mit dem Blau des Meeres und Azur des Himmels kontrastieren – in der Abenddämmerung scheint das Land zu glühen.

**Tafoni-Verwitterungen**

Neben dem Farbenspiel faszinieren die Klippen mit **bizarren Löchern** oder Hohlformen, den »Tafoni« – von korsisch »tafonare« für »durchlöchern«. Ihre Entstehung ist umstritten. Eine Theorie besagt, dass durch große Temperaturunterschiede an der Gesteinskruste Eisenoxidhydrate abgeschieden werden, die im Laufe der Zeit durch Wassererosion unregelmäßige Höhlen in das Gestein fressen.

*** Wanderungen**

Kurze Wanderungen führen zu herrlichen Aussichtspunkten. Auf den unwegsamen Pfaden ist festes Schuhwerk unabdingbar. An der Felsformation **Tête de Chien** (Hundekopf) beginnt ein orangemarkierter Wanderweg zu einem 332 m hohen Plateau, an dessen Spitze ein Fels in Turmform emporragt: das **Château Fort** mit überwältigender Aussicht. Blaue Punkten markieren den **Chemin des Muletiers**, auf dem einst Maultiere von Piana nach Ota trotteten. Heute genießen Wanderer auf dem einstündigen Rundweg den Ausblick auf die Felsformationen und den Golf von Porto. Start: Marienstatue »Oratoire de la Vierge« an der D 81.

**Bootsfahrt entlang der Calanche**

Von **Marine de Porto** aus fahren während der Hochsaison täglich Boote in rund zwei Stunden die Granitküste mit ihren bizarren Felsen entlang bis zum **Capu Rossu**. Besonders zu empfehlen ist eine Tour am Spätnachmittag und frühen Abend, wenn die untergehende Sonne die Felsen beleuchtet.

*Rot an Backbord: die spektakulären Felsen der Calanche*

# ** Calvi

D 2

**Höhe:** 62 m ü. d. M. **Einwohner:** 4000

**Eine kleine Küstenstadt, bunt und quirlig bei Tag und Nacht, wunderschön am blauen Golf mit langem Sandstrand und mittelalterlicher Zitadelle gelegen: Calvi ist neben ►Porto-Vecchio das beliebteste Ferienparadies der Insel.**

**Zwischen Zitadelle und Strand**

Mit **mächtigen Bastionen** ragt die Zitadelle weit ins Meer und beherrscht die beiden benachbarten Buchten. An der östlichen Bucht findet man das **quirlige Hafenviertel** mit der Hafenpromenade Quai Landry und einen 6 km langen **Traumstrand**. Besonders schön ist die Szenerie am späten Nachmittag, wenn die Sonne die Zitadelle golden leuchten lässt, sich bunte Boote im türkisblauen Wasser spiegeln und schneebedeckte Bergketten am Horizont glitzern.

**Stadtgeschichte**

Der geschützte Naturhafen wurde bereits in der Antike von Seefahrern entdeckt, doch erst die Römer gründeten im 1. Jh. n. Chr. das Hafendorf **Sinus Casalus** oder Caesiae. Nach den Sarazeneneinfällen besetzten die Pisaner im 11. Jh. die Stadt. Im Streit mit korsischen Adelsfamilien wandte sich Bevölkerung 1278 Hilfe suchend an **Genua**, das Calvi zur Festung ausbaute und der Stadt denselben autono-

# CALVI ERLEBEN

## AUSKUNFT (OFFICE DU TOURISME)

Port de Plaisance, F-20260 Calvi
Tel. 04 95 65 16 67
Fax 04 95 65 14 09
www.tourisme.fr/calvi

## VERKEHR

Der Flughafen Ste-Catherine (7 km südl., wwwe.calvi-aeroport.fr) wird von Air France (Tel. 0 820 820 820) und der Compagnie Corse Méditerranée (Tel. 08 36 67 95 20) angeflogen. Fähren verbinden mit Nizza und Savona. Die Tramway de la Balagne fährt im Sommer in einer Stunde nach L'Ile Rousse (►Balagne). Colombo Line bietet Bootstouren im Golf von Calvi, zur Halbinsel Revellata, nach Girolata und La Scandola (Tel. 04 95 65 32 10, www.colombo-line.com). Parkplätze finden sich am Place Christophe Colomb (außer Do.) und am Südende des Jachthafens.

*Polyphone Gesänge in der Kathedrale*

## KARWOCHE

In Calvi wird die Karwoche besonders feierlich und mit reger Anteilnahme der Bevölkerung begangen. Am Gründonnerstag führt nachmittags eine Prozession von der Kirche Sainte-Marie-Majeure zur Kirche St-Jean-Baptiste. Dort werden nach der Fußwaschung »Canistrelli« verteilt, ein traditionelles Hefegebäck. In der Karfreitagnacht führt die Prozession der »Granitola« in spiralförmigen Figuren von der Kirche St-Jean-Baptiste zum Hafenviertel. Die Bruderschaften des hl. Antonius und des hl. Erasmus tragen das Kruzifix »Christ des Miracles« und die Rosenkranzmadonna; barfüßige Büßer mit Kapuze ein schweres Kreuz.

## FESTIVALS

In der zweiten Junihälfte veranstaltet Calvi ein Jazz-Festival, Mitte Juni bis Mitte Sept. ein Rencontre d'Art Contemporain mit Ausstellungen zeitgenössischer Kunst. Am 15. Aug. wird mit Raketen und Böllern der Schutzpatronin Ste-Marie gedacht. Mitte September sind im Zitadellenviertel polyphone Gesänge zu hören. Open-Air-Konzerte und Straßentheater bietet das Festival du Vent Ende Oktober.

## SHOPPING

Für einen Einkaufsbummel empfiehlt sich die Unterstadt in und um die Fußgängerzone Rue Clémenceau. Spezialitäten der Region gibt es Do. auf dem Markt am Place Christoph Colomb.

## ESSEN

### ► Fein und teuer

① ***Emile's***
Rue Clémenceau (Quai Landry)
Tel. 04 95 65 09 60

www.restaurant-emiles.com
Exquisite Fischküche am Hafen mit Panoramablick und Art-déco-Ambiente. Probieren Sie Langusten an Linsensalat.

► **Erschwinglich**

② ***l'Abri Côtier***
Rue Joffre/Quay Landry
Tel. 04 95 65 12 76
www.abri-cotier-calvi.com
(März – Dez.)
Schmuckes, gelbblau gestyltes Lokal am Jachthafen. Küchen-Klassiker: die dicke, sämige Fischsuppe. Probieren Sie auch gegrillte Rotbarbe und das im Tajine-Topf geschmorrte Lamm mit Couscous.

③ ***U Fornu***
Impasse Bertoni/Boulevard Wilson
Tel. 04 95 65 27 60
Wählen Sie geschmortes Lamm, Cannelloni mit Brocciu und zum Schluss Torta Castagnina.

④ ***A Cicala***
Place du Marché
Tel. 04 95 65 02 85
Perfekt zubereitet: Langusten, Paella und fangfrischer Fisch

► **Preiswert**

⑤ ***Chez Fifi***
Place du Marché, Tel. 04 95 65 39 16
Preiswerte Fischgerichte, heimische Spezialitäten und abends korsische Musik

## ÜBERNACHTEN

► **Luxus**

① ***La Villa***
Chemin de Notre Dame de la Serra
Tel. 04 95 65 10 10
Fax 04 95 65 10 50
www.hotel-lavilla.com (April – Okt.)
Relais & Châteaux-Haus mit 52 Zimmern und Suiten, aber auch preisgünstigen Appartements.

*Hotel La Villa: Schlemmen mit Meerblick*

Gespeist wird im Michelin-besternten Terrassenrestaurant.

► **Komfortabel**

② ***Balanea***
6, Rue Clémenceau
Tel. 04 95 65 94 94
Fax 04 95 65 29 71
www.hotel-balanea.com
38 Z. und 10 Luxussuiten
Schickes Hotel am trubeligen Hafenboulevard. Zwei Zimmer im ersten Stock haben eine XXL-Terrasse zum Jachthafen.

### *Baedeker-Empfehlung*

③ ***Le Magnolia***
Place du Marché
Tel. 04 95 65 19 16
Fax 04 95 65 34 52
Tel. Restaurant: 04 95 65 08 02
www.hotel-le-magnolia.com
Charmantes Haus im Zentrum. Jedes der 28 Zimmer hat eine persönliche Note. Im Feinschmeckerrestaurant Le Jardin speist man im Schatten eines über 100-jährigen Magnolienbaums.

④ ***Hostellerie de l'Abbaye***
Route de Santore

Tel. 04 95 65 04 27, 04 95 65 05 56
Fax 04 95 65 30 23, 04 95 65 29 26
www.hostellerie-abbaye.com
(Ostern – Okt.)
Romantische Drei-Sterne-Herberge in einer ehem. Franziskanerabtei des 16. Jh.s. Buchen Sie ein Zimmer mit Blick auf den bezaubernden Garten.

**► Günstig**

⑤ ***Cyrnea***
Route de Bastia
Tel. 04 95 65 03 35
Fax 04 95 65 38 46
www.hotelcyrnea.com (April – Okt.)
40 großzügige Zimmer mit Balkon, Pool und nur 300 m bis zum Strand

⑥ ***Du Centre***
14, Rue Alsace-Lorraine
Tel. 04 95 65 02 01
(Juni – Okt.)
Sympathisches Haus mit 17 kleinen aber netten Zimmern, direkt neben dem alten Fischmarkt; Kreditkarten werden nicht akzeptiert.

men Status wie Bonifacio verlieh. 1553 – 1559 widerstand Calvi den Eroberungsversuchen Sampiero Corsos und des türkischen Piraten Dragut. Aus dieser Zeit stammt der Treueschwur im Tor der Zitadelle: »**Civitas Calvi semper fidelis**« – »Calvi, die immer getreue Stadt«. Calvi bekräftigte seine Treue zu Genua im korsischen Unabhängigkeitskrieg und beherbergte Gegner Pasquale Paolis, wie 1793 Napoleon (beide: ► Berühmte Persönlichkeiten). Vom 16. Juni bis 5. August 1794 bombardierten Engländer und Anhänger Paolis ununterbrochen die Stadt, bis Calvi kapitulierte. In dieser Schlacht verlor Admiral Nelson, von einem Steinsplitter getroffen, sein rechtes Auge. 1796 kam Calvi als letzte Stadt Korsikas zu Frankreich.

**Christoph Kolumbus**

Der Seefahrer und »**Entdecker Amerikas**« war Genueser. Doch wer dies war, musste nicht in Genua geboren sein. Im 15. Jh. gehörte auch Calvi zur Seerepublik. Die Korsen sind daher von Kolumbus' Herkunft aus Calvi überzeugt – 1441 soll er im »Maison natale de Christophe Colomb« in der Rue Colomb im Zitadellenviertel das Licht der Welt erblickt haben.

**Fremdenlegion**

Seit dem Abzug der Fremdenlegionäre aus Bonifacio und Corte 1983 gibt es nur noch in Calvi eine Fallschirmjäger-Einheit. Die letzten **Söldner** Europas gehören zum französischen Militär, kommen aber nur außerhalb Europas zum Einsatz. Gegründet wurde die Fremdenlegion 1831 unter König Louis Philippe zur Sicherung der afrikanischen Kolonien. Nach dem Verlust der nordafrikanischen Gebiete wurde die Ausbildung der Legion 1962 von Algerien nach Korsika verlegt. Wie der Name verrät, sind etwa die Hälfte der Legionäre Ausländer, die sich auf fünf Jahre verpflichten und dann die französische Staatsbürgerschaft erwerben können. Die kahl geschorenen Soldaten haben bis heute einen zwielichtigen Ruf; jedem Bewerber wird absolute Anonymität zugesichert. Dass die angegebenen Namen stets richtig sind, darf getrost bezweifelt werden.

## Sehenswertes in Calvi

★★ La Marine

Die Besichtigung beginnt im **Hafenviertel** La Marine (Abb. S. 108/109). In der Rue Clémenceau und entlang der mit Palmen bepflanzten Uferpromenade **Quai Landry** reiht sich ein Restaurant mit Fisch- oder korsischen Spezialitäten ans andere. Vom Quai Landry fahren Boote nach ►Ajaccio und La Scandola (►Porto, Umgebung). Weiter südlich ankern im Sommer bis zu 400 Boote im Jachthafen. Östlich des Tour de Sel liegt der Fähr- und Handelshafen. Die Barockkirche **Ste-Marie-Majeure** am malerischen **Place Crudeli** ersetzte 1774 die Kapelle Ste-Marie.

## *Calvi* Orientierung

**Essen**
① Emile's
② L'Albri Côtier
③ U Fornu
④ A Cicala
⑤ Chez Fifi

**Übernachten**
① Hôtel La Villa
② Hôtel Balanea
③ Hôtel Le Magnolia
④ Hostellerie de l'Abbaye
⑤ Hôtel Cyrnea
⑥ Hôtel du Centre

*Stets im Blick am Strand von Calvi: die Zitadelle*

★ **Zitadelle**

Calvis **Wahrzeichen** wurde auf einem Granitfels errichtet, der 82 m steil ins Meer stürzt. Einziger Zugang ist ein mit Zugbrücke und Fallgitter gesichertes Tor am Place Christophe Colomb, das seit 1555 das Stadtwappen samt Treuemotto »Civitas Calvi semper fidelis« schmückt. Die Festungsanlage entstand im 13. Jh. und wurde von den Genuesen erweitert. Ein Mauerring mit Wehrgang verbindet die drei Bastionen, Teghiale im Nordosten, Malfetano im Südosten und Spinchone im Südwesten, und eröffnet herrliche Blicke auf Stadt, Golf und Gebirge. Von der Bastion Spinchone führt ein überdachter Mauergang zum **Salzturm**, der zur Verteidigung des Hafens und der Speicher errichtet wurde und später als Salzlager diente.

Tour du Sel ▶

**Palais des Gouverneurs**

Der einstige Palast des genuesischen Gouverneurs beherbergt heute die Verwaltung des Fallschirmjägerregiments der **Fremdenlegion**. Ihre Hauptkaserne liegt am östlichen Ortsausgang.

**Eglise St-Jean-Baptiste**

Auf dem höchsten Punkt des Felsens erhebt sich das Kuppeldach von St-Jean-Baptiste. Das Gotteshaus vom Ende des 13. Jh.s, 1567 bei einer Explosion des Pulvermagazins abgebrannt, wurde bis 1570 wieder aufgebaut und 1576 zur **Kathedrale** erhoben. Das Innere auf dem Grundriss eines griechischen Kreuzes birgt einen Marmortaufstein von 1568, eine dekorierte Kanzel aus der Mitte des 18. Jh.s und Seitenteile eines Triptychons von 1498 mit der Verkündigung und Heiligen. Das Kruzifix »Christ des Miracles«, das die türkische Belagerung 1553 beendet haben soll, wird wie die Rosenkranzmadonna aus dem 15. Jh. bei den Prozessionen der Karwoche mitgeführt.

Der Sitz der **Bruderschaft St-Antoine** geht auf das späte 15. Jh. zurück. Das Relief über dem Türsturz zeigt den hl. Antonius als Schutzpatron des Viehs mit einem Schwein sowie den hl. Franziskus und Johannes den Täufer als Schutzpatrone der Stadt.

**Oratoire de la Confrérie St-Antoine**

## Umgebung von Calvi

Südlich der Stadt zweigt von der D 81b ein Sträßchen zur Kapelle Notre-Dame de la Serra ab, die von einer Marienstatue überragt wird. Zwar ist das Gotteshaus nicht zugänglich, der **Rundblick** vom 216 m hohen Hügel auf Calvi und den Golf, das Tal von Calenzana und das Bergmassiv des Monte Cinto jedoch fantastisch!

**Notre-Dame de la Serra**

# ★★ Cap Corse

A – C 5 – 7

**Wie ein großer Zeigefinger weist die Halbinsel von Cap Corse im Nordosten Korsikas über das blaue Meer hin zur einstigen Schutzmacht Genua.**

Für die Korsen ist die steil zum Meer abfallende, 40 km lange und 12 – 15 km breite Landzunge eine »**Ile dans l'île**«, eine Insel auf der Insel. Sie durchzieht ein Gebirgskamm, der bei der Cima di e Follicie

**»Insel auf der Insel«**

## CAP CORSE ERLEBEN

### AUSKUNFT (OFFICE DU TOURISME)

Maison du
Cap Corse
F-20200 Ville de Pietrabugno
Tel. 04 95 32 01 32
Fax 04 95 31 75 85

### WEINGÜTER

Auf Weinfreunde warten in und um Patrimonio rund zwei Dutzend Weingüter wie Antoine Arena, Domaine Aliso-Rossi und Domaine de Catarelli mit Dégustation und Verkauf ab Hof. Sie keltern aus der heimischen Niellucciu-Traube ausgezeichnete Rotweine; ferner Weißweine und einen Muscat. Am ersten Wochenende im Mai lädt Luri zum Weinfest »Fiera di u vino«.

### *Baedeker-Empfehlung*

***Ein Meer an Ideen***

Der einstige Tänzer der Pariser Oper, Pierre Fuger, fand in Morsiglia eine neue Passion: Er fertigt aus angeschwemmtem Holz eigenwillige Möbel: Stühle, Hocker, Tische, Bilderrahmen, Betten, Kerzenleuchter – alles Unikate (Les Bois de la Mer, Stanti, F-20238 Morsiglia, Tel. 04 95 35 65 22).

### ESSEN UND ÜBERNACHTEN

► **Luxus**

***Résidence Castel'Brando***
F-20222 Erbalunga
Tel. 04 95 30 10 30
Fax 04 95 33 98 18, (April – Okt.)
www.castelbrando.com

Direkt am Meer logiert man im eleganten »Palazzu« des 19. Jh.s in 35 Zimmern und sechs Suiten, die geschmackvoll und z. T. behindertengerecht eingerichtet sind.

► **Komfortabel**

***La Giraglia***
F-20275 Ersa, Barcaggio-Plage
Tel. 04 95 35 60 54
Fax 04 95 35 65 92 (April – Sept.)
Kleine Oase mit Meerblick am Nordende von Barcaggio

***Le Vieux Moulin***
F-20238 Centuri-Port
Tel. 04 95 35 60 15
Fax 04 95 35 60 24 (März – Okt.)
www.le-vieux-moulin.net
Charmantes Haus mit 14 stilvollen Zimmern und Gartenrestaurant mit Panoramablick

***U Ricordu***
F-20248 Macinaggio
Tel. 04 95 35 40 20
Fax 04 95 35 41 88
(im Febr. geschlossen)
www.hotel-uricordu.com; 54 Z.
Gepflegtes Hotel mit gutem Restaurant und Schwimmbad, 300 m von Jachthafen und 2 km vom Strand »Tamarone« entfernt

► **Günstig**

***U Sant'Agnellu***
F-20247 Rogliano
Tel. 04 95 35 40 59
Fax 04 95 35 09 99
www.hotel-usantagnellu.com
(April – Mitte November)
Sympathisches Haus mit Panorama-Terrasse und Zimmern mit Meerblick. Spezialität der Küche: die köstlichen Kap-Langusten. Minibus-Service nach Macinaggio.

1324 m erreicht. Bekannter als Wanderziel ist jedoch der 1307 m hohe Monte Stello. Um sich vor Überfällen von Seeräubern zu schützten, wurden die Siedlungen oft versteckt auf Anhöhen im Inselinneren gegründet. Schmale Saumpfade führen zu den Häfen.

**Geschichte** Die Bewohner von Cap Corse unterscheiden sich nicht nur in Mentalität und Sprache von den übrigen Korsen, sondern auch beim Wirtschaften: Sie waren nicht nur Hirten und Bauern, sondern auch Fischer und Kaufleute, die enge Handelsbeziehungen mit **Genua** unterhielten. Der Vorposten der Seerepublik wurde im 16. Jh. entlang der Küste mit 32 Wachtürmen gesichert, die zum Teil erhalten sind. Ende des 19. Jh.s setzte eine massive Abwanderung ein. Die vor allem in Puerto Rico und Venezuela zu Wohlstand gekommenen Kap-Korsen errichteten später in ihren Heimatdörfern prachtvolle Villen, die die Einheimischen »**Maisons d'Américains**« nennen.

*Weinlese in Patrimonio, im Gegensatz zur Ostküste noch von Hand.*

**Wirtschaft**

Neben der Zucht von Milchkühen und Schafen prägt **Weinbau** die Wirtschaft. Weißweine und süßer Muskat werden bei Macinaggio und Tomino gekeltert, hervorragende Rotweine bei Patrimonio. Der korsische National-Aperitif »Cap Corse« wird ebenso auf der Halbinsel erzeugt wie der Likör »Cedratina« aus Zitronat-Zitronen. In der Fischerei dominiert der **Langustenfang**. Wichtigster Wirtschaftszweig ist inzwischen der Fremdenverkehr, wenngleich – noch – im erträglichen Rahmen. Sehr beliebt sind Radtouren rund um das Kap, das ein hervorragendes Tauchrevier ist.

## Die Ostküste des Cap Corse

**Von Bastia nach Lavasina**

Von Bastia aus erreicht die D 80 **Pietranera**. Über **Miomo** mit Genueserwachturm und nicht sehr einladendem Kieselstrand geht es nach **Lavasina**, dessen 1677 geweihte Kirche **Notre-Dame-des-Graçes** alljährlich zum Geburtsfest der Gottesmutter am 8. September Ziel einer großen Fackel-Prozession über den Strand ist – denn die Kirche besitzt mit der »**Madonna von Lavasina**« ein angeblich wundertätiges Marienbildnis aus dem 16. Jh. vom Raffael-Lehrer Perugino.

**Erbalunga** ✶

Auf der Spitze einer Klippe steht ein halb verfallener Genueserwachturm, auf der kleinen Landzunge drängen sich schiefergedeckte Fischerhäuschen vor einem kleinen Fischerhafen: Fasziniert von der **morbiden Schönheit** Erbalungas errichteten Leinwandjünger hier eine **Malerkolonie**. Auch die väterlichen Vorfahren des Dichters Paul Valéry (1871 – 1946) stammten aus Erbalunga. Seine Bekanntheit verdankt der Ort jedoch vor allem den **Prozessionen der Karwoche**, die am Gründonnerstag mit dem Treffen der weiß gekleideten Büßer beim Benediktinerinnenkloster beginnen. Am Karfreitag führt um 7 Uhr früh die Prozession **»La Cerca«** (Suche) von der Kirche Saint-Erasme auf 7 km durch alle Gemeinden der Kommune Brando; am Abend bilden die Gläubigen in Kapuzengewändern bei der Büßer-Prozession **»Granitola«** (Spirale) mit Fackellicht traditionelle Formen wie Spirale und Kreuz. Im Ortsteil Castello birgt die mit Schieferschindeln gedeckte romanische Kapelle **Notre-Dame-des-Neiges** die ältesten Fresken der Insel, die auf 1386 datiert sind.

! *Baedeker* TIPP

**Panoramablick**

In Pozzo beginnt ein markierter Wanderweg auf den 1307 m hohen Monte Stello. Nach drei Stunden Aufstieg eröffnet sich vom zweithöchsten Gipfel des Kaps ein traumhafter Blick über die Landzunge und das nördliche Korsika.

**Sisco**

Hinter Erbalunga wird die Landschaft rauer, strauchige **»Garrigue«**, eine niedrige Variante der Macchia, säumt die Hänge. Vom kleinen Fischerhafen Marine de Sisco führt die D 32 hinauf nach Sisco, das im Mittelalter für seine **Erzverarbeitung** bekannt war – hier gab es Gießereien, Waffen-, Huf- und Kunstschmiede. Das Eisenerz kam von Elba, die Holzkohle stellten die Korsen selbst her. Die Pfarrkirche **St-Martin** besitzt kostbare, fein gearbeitete Kästchen aus Holz und Elfenbein vom normannischen Hof auf Sizilien sowie das Reliquiar des hl. Johannes Chrysostomus, eine Maske aus versilbertem und vergoldetem Kupfer des 13. Jh.s. Hinter St-Martin führt ein halbstündiger Fußweg zur **Chapelle St-Michel**. Von der auf 1030 datierten pisanisch-romanischen Kapelle mit Blendbogenschmuck bietet sich ein überwältigender Ausblick bis zum italienischen Festland. 1 km nördlich von Marine de Sisco erhebt sich hoch über der Küstenstraße die im 12. Jh. begonnene Kirche **Ste-Catherine**, deren Fassade orientalische Keramik ziert. In der Krypta sollen einst die sterblichen Überreste der hl. Julia von Nonza aufbewahrt worden sein. Während der Sarazenen-Einfälle wurden sie nach Italien überführt.

Tour de Losse ► Hinter der Badebucht **Marina de Pietracorbara** taucht der wohl besterhaltene **Genueserwachturm** auf, der im Privatbesitz ist.

**Weindorf Luri**

In Santa-Severa zweigt mit der D 180 eine der wenigen Querverbindungen des Kaps zur Westküste ab. Genau in der Mitte liegt das Weindorf Luri, das alljährlich am ersten Juliwochenende sein großes **Weinfest** »Fiera di u vino« feiert.

Macinaggio hat sich zu einem **beliebten Ferienort** entwickelt – dank des größten Hafens am Cap Corse mit 500 Liegeplätzen, einem familienfreundlichen Sandstrand und weiterer Badebuchten. Da Macinaggio Genua am nächsten lag, errichtete die Seerepublik eine Garnison im Naturhafen, den Pasquale Paoli (► Berühmte Persönlichkeiten) 1757 – 1761 belagerte und zum Flottenstützpunkt ausbaute. Sein Sieg über die Genuesen auf der Insel Capraja 1767 beendete die Herrschaft der Seerepublik auf Korsika. 29 Jahre später ging Paoli bei der Rückkehr aus dem englischen Exil in Macinaggio wieder an Land. An den alten Häusern am Kai erinnern Tafeln auch an andere prominente Besucher: Napoleon Bonaparte kam 1773, Kaiserin Eugénie 1869.

✶ Macinaggio

## Die Westküste

Nun verlässt die D 80 die Küste und schlängelt sich kurvenreich zur Westküste. Den Straßenrand säumen **Erdbeerbäume** (Arbousiers), deren Früchte im Herbst rot leuchten.

*Prominente Besucher gingen im Hafen von Macinaggio an Land: Napoleon Bonaparte, Kaiserin Eugénie und Pasquale Paoli.*

*Der Fischerhafen von Centuri-Port zählt zu den schönsten der Insel.*

★ **Rogliano**

Auf den Hängen des 447 m hohen **Monte Poggio** verteilen sich terrassenförmig die acht Ortsteile von Rogliano, vom 12. – 16. Jh. Sitz der genuesischen **Adelsfamilie da Mare**, der ein Großteil von Cap Corse gehörte. Sie errichtete Burgen und Türme und kontrollierte den Schiffsverkehr zwischen dem Kap und Genua. Als sich Giacomo Santa da Mare 1553 mit Sampiero Corso gegen Genua verbündete, büßte er dafür die drei Schlösser der Patrizierfamilie ein. 1554 wurde daher das auf Korsisch »U Castellaciu« (schlechte Burg) genannte **Schloss San Colombano** aus dem 13. Jh. von Genua zerstört. 1626 bestimmte die Seerepublik Rogliano zum Gouverneurssitz des Kaps, und die Einwohnerzahl der »kleinen Hauptstadt« stieg auf rund 4000 an. Nach dem Besuch der **Kaiserin Eugénie**, die 1869 in Macinaggio landete, wurde die D 53 zwischen den beiden Orten zum »Weg der Kaiserin« ausgebaut.

**Barcaggio, Ile de la Giraglia**

Bei **Ersa** zweigt ein 15,5 km langer Rundkurs zur Nordspitze von Cap Corse mit dem winzigen Fischerdorf Barcaggio ab, das der genuesische **Torre dell'Agnello** bewacht. Die kleine Badebucht ist bei Familien beliebt, das Hotel verwöhnt im Restaurant mit leckerer Fischküche (► S. 174). Genau gegenüber von Barcaggio markiert auf der kleinen Ile de la Giraglia ein imposanter **Leuchtturm** den nördlichsten Punkt Korsikas.

Einen Traumblick auf die Nordspitze von Cap Corse genießt man nach einem kurzen Spaziergang vom Col de Serra zur **Moulin Mattei**. Die einzige noch erhaltene Mühle Korsikas wurde vom Aperitif-Hersteller Mattei (► Bastia) restauriert. Kurz nach dem Col de Serra biegt die zunehmend kurvenreiche D 35 an die steil ins Meer abfallende Westküste nach Centuri-Port ab.

! *Baedeker* TIPP

**Auf den Spuren der Küstenwacht**

Von Macinaggio über Barcaggio nach Centuri-Port führt der ehemalige Zöllnerpfad »Sentier des Douaniers« rund um die Inselspitze. Geübte Wanderer benötigen einen Tag für die Strecke, die sich auch in zwei Etappen à vier Stunden mit Übernachtung in Barcaggio aufteilen lässt. Unabdingbar: gutes Schuhwerk und ausreichend Trinkwasser!

✶ **Centuri-Port**

Der Fischerei- und Ferienort, den schon der römische Geschichtsschreiber Plinius erwähnte, zählt zu den schönsten Häfen am Cap Corse. Um die kleine Hafenbucht der Langustenfischer drängen sich pastellfarbene Häuser mit Dächern aus grünem Serpentinschiefer, direkt am Hafen reihen sich die Restaurants aneinander – probieren Sie die Meerefrüchte im **»Le Langoustier«** (Tel. 04 95 35 64 98), der Patron Ferdinand fischt noch selbst. Den Hang säumen Weiler der Gemeinde Centuri und Sommerdomizile wohlhabender Familien. Gegenüber der **Bucht von Mute** lockt die kleine **Insel Centuri** mit hervorragenden Tauchplätzen. Im 13. Jh. war die Gegend Schauplatz des Kampfes zwischen Sinucello della Rocca (► Baedeker Special S. 240) und den mit Genua verbündeten Familien da Mare, Avogari und di Nebbio. Nachdem Rocca sie besiegt hatte, flüchteten sie ins genuatreue ►Calvi.

Wenige Kilometer nach **Morsiglia**, das sich bis zur Küste hinabzieht (► Baedeker Empfehlung, S. 173), teilt sich die Straße nach Süden in die küstennahe D 80 und die D 33 am Hang, die in die D 180 von der Ostküste her mündet.

**Tour de Sénèque**

Ein lohnenswerter Abstecher führt nicht nur ins Landesinnere, sondern auch in die Vergangenheit Korsikas: Am Col de Lucie zweigt eine kleine Straße zum »Tour de Sénèque« ab. **Seneca** wurde 41 n. Chr. mit 39 Jahren nach Korsika verbannt, weil er angeblich die Nichte von Kaiser Claudius verführt hatte. Der römische Philosoph soll bis 49 n. Chr. im Seneca-Turm gewohnt haben – tatsächlich stammt der Bau jedoch aus dem 13. Jh. und gehörte der Familie da Mare. Senecas Jahre im Exil waren recht fruchtbar – der spätere Nero-Erzieher schrieb hier einen Teil seiner philosophischen Abhandlungen.

✶ **Pino**

145 m hoch thront Pino malerisch über einem Steilhang. In den Gärten stehen prächtige **Familienmausoleen**; gegenüber des Genueserwachturms erhebt sich das ehemalige **Kloster St-François** mit einem Fresko und Kreuzwegstationen.

**Canari** Wahrzeichen des terrassenförmig angelegten Dorfes Canari am Fuß des Monte Cuccaro ist ein weithin sichtbarer Glockenturm. Schlichte pisanische Romanik aus dem 12. Jh. kennzeichnet die aus quadratischen hellgrünen Schieferblöcken erbaute Kirche **Santa Maria Assunta**, deren Fassade und Gesims eigenwillige florale Motive, Masken, Menschen- und Tierköpfe schmücken. Die einschiffige Barockkirche **St-François** besitzt sehenswerte Kunstwerke, darunter ein Altarbild aus dem 15. Jh., dessen Flügel den büßenden Christus und den hl. Michael im Kampf mit dem Drachen zeigen, sowie ein Triptychon der Himmelfahrt Mariens aus dem 16. Jh. und eine Grabplatte mit der Liegefigur von Vittoria de Gentile.

★ **Nonza** Kurz vor Nonza ruht die verlassene Fabrik der bis 1965 betriebenen **Asbestmine**. Ihr Abraum, offiziell als ungefährlich eingestuft, beschert Nonza seinen berühmten **schwarzen Strand**. Mittelpunkt des mittelalterlichen Ortes, dessen helle, mit »teghie«-Steinplatten gedeckten Steinhäuser sich mit ihren kleinen Terrassengärten an einen 160 m hohen Grat anlehnen, ist der viereckige Genueserturm von 1550. Vom zinnenbewehrten **Wachturm** aus grünlichen Schieferblöcken, über malerische Treppengassen zu erreichen, öffnet sich ein Panorama über die Westküste von Cap Corse bis zum Cinto-Massiv. 1768 belagerten französische Truppen den Turm von Nonza. Der alte **Giacomo Casella**, ein Hauptmann von Pasquale Paoli, hielt als Letzter die Stellung, indem er sich einer List bediente: Mittels eines Transmissionssystems, bestehend aus einem Bindfaden, schoss er gleichzeitig aus allen Gewehren, die seine geflüchteten Soldaten zurückgelassen hatten, und ergab sich erst, nachdem die Franzosen ihm und seiner vermeintlichen Truppe freien Abzug zugesichert hatten. Auch als die Belagerer erkannten, dass sie es nur mit Casella zu tun hatten, ließen sie ihn in Ehren gehen.

Heilige Julia ► Berühmtheit erlangte Nonza auch durch die **hl. Julia**, eine der drei Schutzpatroninnen Korsikas. Während der Christenverfolgungen unter Diokletian wurde sie 303 n. Chr. hier gekreuzigt. Wo die Brüste der Heiligen zu Boden fielen, entsprang eine Doppelquelle, deren wundertätiges Wasser bis heute aus dem **Brunnen der hl. Julia** an der steilen Strandtreppe sprudelt. Julias sterbliche Reste wurden aus Angst vor der Entweihung durch die Sarazenen bereits im 8. Jh. nach Brescia überführt. Die Kirche **Eglise Ste-Julie** aus dem 16. Jh. ist alljährlich am 22. Mai Ziel einer **Wallfahrt**. Über dem barocken Marmoraltar zeigt ein Gemälde das Martyrium der Heiligen.

Südlich von Canari vereinigen sich D 33 und D 80 wieder. Hinter Nonza kann man wählen zwischen der Rückfahrt nach ► Bastia (D 81) über Patrimonio und den 536 m hohen Col de Teghime, von dem aus sich ein Abstecher zum 4 km nördlich liegenden Gipfel Serra di Pigno (961 m) empfiehlt, oder der Weiterfahrt nach St-Florent.

★ **Weinbaugebiet Patrimonio** In Patrimonio am Nordrand des Nebbio-Gebietes wurde der erste korsische Wein mit kontrollierter Ursprungsbezeichnung (**AOC**) hergestellt. Das Weinbaugebiet reicht im Westen bis zur ► Agriates, im Norden bis nach Farinole und im Süden bis nach Oletta. Hier werden die besten **Rotweine** der Insel erzeugt, aber auch Roséweine und Weißweine, häufig aus Vrementino-Reben. Erstklassig sind die Roten von der Domaine Leccia in Poggio d'Oletta, die Roséweine vom Clos Marfisi; hervorragende Tropfen liefern auch die Weingüter Oregna de Gaffory, Campo Altoso, San Quilico, Lazzarini und Clos de Bernardi. Entlang der **»Route des Vins«** bzw. der »Strada Vinaghjola« kann man sich bei Weinproben von der hohen Qualität der lokalen Erzeugnisse überzeugen.

◄ Menhir »Nativu«

Aus der Bronzezeit stammt die 2,30 m hohe **Menhirstatue** »Nativu«, die bei Bauarbeiten in Barbaggio gefunden wurde. Die Kirche **St-Martin** aus dem 18. Jh. liegt außerhalb des Dorfes und fällt durch die Harmonie ihrer klassischen Formen und den hohen, schlanken Turm auf.

# ✶ Cargèse

G 1

**Höhe:** 40 m ü. d. M. **Einwohner:** 900

**Weiß getünchte Häuser, bunte Fensterläden, Terrassen voller Blumen: Die Griechenstadt Cargèse auf einer Felszunge am Nordrand des Golfs von Savone ist überraschend anders als die meisten korsischen Badeorte.**

**Griechische Kolonie**

Im Jahre 1676 gab Genua 730 Griechen vom Peloponnes, die vor der Tyrannei des Osmanischen Reiches geflüchtet waren, Land und gewährte ihnen die Gründung von **Paomia** nördlich von Cargèse. Die

## CARGESE ERLEBEN

### AUSKUNFT (OFFICE DU TOURISME)

Rue du Dr. Dragacci
F-20130 Cargèse
Tel. 04 95 26 41 31
Fax 04 95 26 48 80
www.cargese.net

### ESSEN UND ÜBERNACHTEN

**► Komfortabel**

***Les Lentisques***
Plage du Pero, Tel. 04 95 26 42 34
Fax 04 95 26 46 61
www.leslentisques.com; 18 Z.
Gepflegte Balkonzimmer, Schwimmbad und gute Küche, direkt am Strand

***Saint Jean***
Place St-Jean, Tel. 04 95 26 46 68
Fax 04 95 26 46 17; 10 Z.
Gutes 2-Sterne-Hotel mit leckeren Fischgerichten

*Orthodoxe Pracht in der griechischen Kirche von Cargèse*

erfolgreichen Neu-Bauern erregten den Neid der Einheimischen. Der **schwelende Konflikt** entlud sich im korsischen Unabhängigkeitskampf, als sich die Cargèser auf die Seite Genuas schlugen. Die meisten griechischen Siedler flohen daher 1732 nach ► Ajaccio, wo noch heute die »Chapelle des Grecs« an ihr Exil erinnert. Nach dem Anschluss an Frankreich 1769 ließ **Gouverneur Marbeuf** 1774 jene 100 Wohnhäuser sowie eine griechisch-orthodoxe Kirche errichten, die heute den Kern von Cargèse bilden. Während der Französischen Revolution flohen die griechischen Siedler 1793 erneut nach ► Ajaccio; 1797 kehrten zwei Drittel von ihnen nach Cargèse zurück.

## Sehenswertes in Cargèse

Die Kirchen der beiden Konfessionen stehen sich genau gegenüber und bieten einen **Panoramablick** auf den Golf und den kleinen Hafen. Die römisch-katholische **Eglise Latine (Eglise de l'Assomption)** mit frei stehendem Campanile wurde 1821 bis 1831 im neobarocken Stil erbaut. Die griechisch-orthodoxe **Eglise Grecque**, dem hl. Spiridon geweiht, entstand 1852 – 1870 an der Stelle eines Vorgängerbaus. Eine **Ikonostase** von 1886 mit auf Goldgrund gemalten Heiligenbildern trennt das Kirchenschiff vom Altarraum. Von den Siedlern aus Griechenland mitgebracht wurden vier Ikonen, darunter die Darstellung der Kirchenlehrer Basilius der Große, Gregor und Johannes Chrysostomus sowie eine »Grablegung Christi« (Epitaphios) aus dem 13. Jahrhundert. Der »Geflügelte Johannes der Täufer« entstand im 16. Jh. im Kloster auf dem Berg Athos.

**Strände** Die Strände von Cargèse liegen außerhalb der Stadt. Beliebt sind vor allem die nördlich folgenden Strände Plage de Pero, Plage de Chiuni mit dem **Club Méditerranée** und der Sandstrand Plage de Arone, erreichbar über die D 81 nach Piana (►Porto) und die D 824.

# ★ Castagniccia

D–F 6/7

**Zu Tausenden überziehen verwilderte Kastanienbäume die Hänge, enge Landstraßen winden sich zu kleinen Weilern, die wie hingetupft wirken in der grünen Landschaft der Castagniccia, die seit jeher das politische und kulturelle Kernland Korsikas bildet.**

## CASTAGNICCIA ERLEBEN

### AUSKUNFT (OFFICE DU TOURISME)

Piedicroce & Castagniccia
F-20229 Piedicroce
Tel. 04 95 35 82 54
Fax 04 95 58 41 01

### SHOPPING

In der Castagniccia werden die vielfältigsten Produkte aus Kastanien gefertigt: kulinarische Spezialitäten wie Pulenta, Canistrelli-Kekse, Kuchen, Konfitüren, aber auch Möbel und Gebrauchsgegenstände. Jeden Sonntag im Juli und August werden die lokalen Erzeugnisse auf dem Pass von Arcacotta verkauft.

*Madame Berinis Spezialität: Canistrelli aus Kastanienmehl*

### ESSEN UND ÜBERNACHTEN

**► Erschwinglich**

*L'Ampugnani*
Am Kirchplatz von La Porta
Tel. 04 95 39 22 00
Hier wird eine ausgezeichnete korsische Küche aus frischen Zutaten der Region bereitet. Als Nachspeise sollte man sich den »fiadone« nicht entgehen lassen – unbedingt reservieren!

**► Günstig**

*Le Refuge*
F-20229 Piedicroce
Tel. 04 95 35 82 65
Fax 04 95 35 84 42 (April – Okt.)
Einfaches Wanderhotel mit traditioneller Küche. Von der Aussichtsterrasse toller Panoramablick über das Tal von Fium' Alto.

*Le Lido*
Am Strand von Moriani-Plage
Tel. 04 95 38 50 03
(April – Okt.)
10 ruhige Zimmer mit Blick aufs Meer oder den kleinen Garten. Gutes Touristenmenü mit Fischsuppe, Seebarbe, Käse und Nachtisch.

*Aus Kastanien wird Konfitüre, Kuchen und sogar Bier hergestellt.*

# KORSIKAS BROTBAUM

**Jahrhundertelang war die Edelkastanie ein korsisches Grundnahrungsmittel. Die getrockneten Früchte, auch Maronen genannt, wurden gemahlen, das Mehl zum Backen von Brot und Kuchen verwendet oder Suppen zugesetzt. Heute entstehen daraus leckere Desserts, Crêpes und Kastanienpüree – und auch gekocht als Gemüse oder geröstet als feine Knabberei sind sie eine Delikatesse.**

Ursprünglich stammt die Edelkastanie (lat. »castanea sativa«) aus **Kleinasien**. Sie kann 20 m hoch und über 1000 Jahre alt werden. Die Bäume blühen im Mai und Juni, Erntemonate sind Oktober und November. Bis Kastanienbäume verwertbare Früchte tragen, müssen sie 15 Jahre lang intensiv gepflegt und veredelt werden.

## Befehl aus Genua

Im 13. Jh. ermöglichte eine **List** der genuesischen Besatzungsmacht die umfassende Kultivierung der Edelkastanie. Genua befahl den Bauern unter Androhung einer Geldstrafe jährlich den Anbau von **vier Bäumen**. Zur Auswahl standen Feige, Olive, Kastanie und Maulbeerbaum. 1770 bedeckten drei Viertel des kargen korsischen Bodens Kastanienbäume.

## Von der Frucht zum Mehl

Die alten Häuser in der Castagniccia besaßen stets einen Raum zum Trocknen der Kastanien. Nach der Ernte trockneten die Früchte bis zu drei Wochen auf einem Gitterrost. Die äußere Hülle wurde entfernt, indem man die Früchte in einem Ledersack auf einen Holzblock schlug. Bevor sie gemahlen wurden, legte man sie zum endgültigen Trocknen in den warmen Ofen.

## Korsische Spezialität

Als im 19. Jh. importiertes Weizenmehl billiger als das Kastanienmehl wurde, verwilderten die Kastanienwälder zunehmend, die Früchte dienten als **Schweinefutter**. Schädlinge und **Pilze** befielen die Bestände, so dass die Wälder immer lichter wurden. Im Zuge der Rückbesinnung auf alte korsische Traditionen gibt es seit einiger Zeit **staatliche Unterstützung** zur Rekultivierung des korsischen **»Brotbaums«**. Heute kann man nicht nur in der Castagniccia, sondern auf ganz Korsika Spezialitäten wie Kastanienkonfitüre, Kastanienkuchen und sogar Kastanienbier kaufen.

**★ Zu Fuß durchs Kastanienland**

Das »Kastanienland« gehört heute größtenteils zum ►**Parc Naturel Régional de la Corse** und ist als Wandergebiet gut erschlossen. Der Fernwanderweg »**Da Mare a Mare**« durchquert die Castagniccia von Moriani-Plage bis ►Corte.

**Geschichte**

Im 15. Jh. verpflichtete ein genuesischer Gouverneur unter Androhung hoher Geldstrafen alle Landeigentümer und Bauern, jährlich mindestens vier Bäume – Oliven, Feigen oder Kastanien – anzupflanzen. Gegen 1770 bedeckten Kastanienbäume etwa 70 Prozent der Fläche und machten die Castagniccia zu einem blühenden, dicht besiedelten Gebiet. Die Kastanien garantierten die Ernährung der Bevölkerung im Winter und lieferten Holz für die Herstellung von Möbeln und Geräten sowie Futter für die Schweine. Billigere Getreideimporte und die Landflucht führten im Lauf des 20. Jh.s zur Aufgabe der Kastanienwälder und Abwanderung der Bevölkerung.
Das Kastanienland ist auch die **Wiege korsischer Patrioten** wie Pasquale Paoli (► Berühmte Persönlichkeiten). In Cervione residierte der deutsche Baron von Neuhoff als König Theodor I. (► Baedeker Special S. 48 / 49), und im Kloster Orezza trafen sich Vertreter des korsischen Unabhängigkeitskampfes.

**Edelkastanien – vielseitig verwendbar**

Die Edelkastanien, die bereits seit der Jungsteinzeit hier wachsen, sind heute nur noch auf rund 5000 ha zu finden. Die Wälder sind deutlich lichter geworden; viele Bäume wurden von einer **Pilzkrankheit** befallen, die schon im Frühjahr die Blätter braun färbt.
Dennoch leben in der Castagniccia noch viele **handwerkliche Traditionen**. Korbwaren und Möbel aus Kastanienholz werden vor allem in den Dörfern La Porta, Croce und Polveroso hergestellt. **Typische Gerichte** der Region sind die »Pulenta«, ein Brei aus Kastanienmehl, oder die »Torta castagnina«, eine Kastanientorte. Und auf eine Hochzeitstafel gehören in der Castagniccia immer noch 20 Spezialitäten aus Kastanienmehl.

## Fahrt durch die Castagniccia

**Valle di Rostino**

Bei Valle di Rostino führt ein unbefestigter Weg zur mit Macchia überwucherten Ruine von **Santa Maria di Riscamone**, einer frühen pisanischen Kirche auf Korsika. Die Apsis, aus Schieferblöcken gemauert und durch Pilaster und Blendarkaden gegliedert, stammt aus dem 10. Jh., im 12. Jh. entstanden Fassade und Baptisterium.

**Castello di Rostino**

Die D 115 führt weiter nach Castello di Rostino, an dessen Ortsausgang links der Weg zu einem Kleinod abgeht: die romanische Kapelle **St-Thomas**. In den 1930er-Jahren zerstörte eine dilettantische Restaurierung Teile der Kapelle. Unversehrt blieben im **Freskenzyklus** die Szenen »Christus als Weltherrscher« in der Apsis, »Verkündigung und hl. Michael« im Triumphbogen, Passionsszenen an der Nordwand sowie »Jüngstes Gericht« und Heiligenbilder an der Südwand.

**Morosaglia** In dem Bergdorf wurden drei der prominentesten Freiheitskämpfer Korsikas geboren: Pasquale Paoli, sein Bruder Clément und seine Schwester Hyancinthe. Die Statue von **Pasquale Paoli** (► Berühmte Persönlichkeiten) am Ortseingang stifteten Korsen aus aller Welt 1953. Sein schlichtes Geburtshaus mit Außentreppe und soliden Steinmauern im Ortsteil Stretta ist als Museum **Maison natale de Pasquale Paoli** (Öffnungszeiten: April – Sept. tgl. außer Di. 9.00 bis 12.00, 14.30 – 19.30 Uhr, sonst 9.00 – 12.00, 13.00 – 17.00 Uhr, Feb. geschlossen) eingerichtet. Die Urne Pasquale Paolis, der im Londoner Exil starb, wurde am 3. September 1889 aus der Westminster Abbey in die Kapelle bei seinem Geburtshaus überführt. Neben persönlichen Erinnerungsstücken Paolis zeigt das Museum **Exponate aus der Geschichte des Unabhängigkeitskampfes**. Dazu gehören die erste korsische Flagge mit dem Maurenkopf, der zum Zeichen der Freiheit die Binde auf der Stirn trägt und keinen Ohrring mehr hat, und das 1758 erste auf Korsika gedruckte Buch »La Justification de la Révolution corse«. Getauft wurde der Freiheitsheld Paoli in der mehrmals umgestalteten Kirche **Santa Reparata**. Von der frühromanischen Bausubstanz zeugen im Tympanon des Westportals zwei ineinander verschlungene Schlangen, die sich in die Schwänze beißen. Schön ist auch der Kreuzweg im Innern.

Rocca Soprana ► Der Ortsteil Rocca Soprana zieht durch seine schöne Lage und die typische Dorfarchitektur viele Feriengäste an, die von hier auf den 1767 m hohen **Monte San Petrone** wandern, den höchsten Aussichtsgipfel der Castagniccia.

**Ponte Nuovo** Ponte Nuovo im Tal des Golo verdankt seinen Namen einer **genuesischen Brückenruine**, die in der Schlacht vom 8. Mai 1769 Bedeutung erlangte. Damals fanden 2000 von Pasquale Paoli befehligte Soldaten den Tod, als sie von den französischen Truppen des Grafen von Vaux auf der Brücke in die Enge getrieben wurden. Ein Denkmal erinnert an den letzten Kampf des freien Korsika – danach fiel die Insel nach 14 Jahren Unabhängigkeit an Frankreich. Paoli flüchtete ins Exil nach London.

**✶ La Porta** Hinter dem **Col de Prato** gibt ein schmales, kurvenreiches Sträßchen durch dichte Kastanienwälder immer wieder den Blick frei auf das 300-Seelen-Dorf La Porta und seine Barockkirche **St-Jean-Baptiste**, die 1648 – 1680 vom lombardischen Architekten Domenico Baïna erbaut wurde. Ihre elegante Fassade mit Dekorationen um das ovale Fenster und Pilaster und Säulen zu beiden Seiten des Hauptportals harmonisiert mit dem Innern aus dem 19. Jh, dessen Schätze die **Trompe-l'œil-Malerei**, eine hölzerne Christusstatue aus Holz und die Orgel von 1780 sind, die im Sommer bei Konzerten erklingt. Der Glockenturm von 1720, ebenfalls von Baïna entworfen, wirkt trotz seiner 45 m Höhe leicht. Seine fünf Stockwerke sind üppig mit Nischen, Voluten und Säulen verziert. Nebenan speist man bestens im Restaurant l'Ampugnani Chez Elisabeth (►S. 183).

*Schieferdächer und grobe Mauern, Kastanienbäume und kleine Terrassen – dieser Weiler bei Morosaglia ist typisch für die Castagniccia.*

Berühmtester Sohn des Ortes ist ein Spross einer seit dem 16. Jh. ansässigen Familie: **Horace Sebastiani**. Der Gefolgsmann Napoleons wurde zunächst zum Grafen, dann zum Marschall von Frankreich ernannt. Später diente der korsische Haudegen dem Bürgerkönig Louis Philippe als Minister und Botschafter Frankreichs in Neapel und London. Begraben ist der Urheber so mancher Rivalität zwischen Familien und Dörfern der Insel im Pariser Invalidendom.

Das **Franziskanerkloster** von Orezza, heute als Ruine wegen Einsturzgefahr gesperrt, war während des Unabhängigkeitskrieges eine wichtige **Bastion des Widerstandes**. Hier wurde 1751 die neue korsische Verfassung erlassen und Gianpiero Gaffori die Exekutivgewalt übertragen. 1790 trafen sich im Kloster Pasquale Paoli und sein Widersacher Napoleon Bonaparte (►Berühmte Persönlichkeiten). ★ **Couvent d'Orezza**

Piedicroce im Zentrum der Castagniccia gibt den Blick frei auf die Berge von Orezza. Seine reich dekorierte **Barockkirche St-Pierre et St-Paul** birgt üppige Wand- und Deckenmalereien in leuchtenden Farben. Statuen der Namensgeber wachen über das Tafelbild im ★ **Piedicroce**

*Alte Tradition: Bruyère-Pfeifen von Giudicelli aus dem Weiler Valle d'Orezza*

Hochaltar mit Maria und dem Kind aus dem 16. Jahrhundert. Die Orgel, 1617 für die Kathedrale Ste-Marie in Bastia gebaut und 1842 hierher gebracht, gilt als älteste der Insel.

**Valle d'Orezza** In dem kleinen Weiler am Ende der D 46 scheint die Zeit stillzustehen. Hier werden von den Familien Moracchini, Guidicelli und Colombani noch nach alter Tradition **Pfeifen** aus Oliven-, Erlen- und Bruyèreholz hergestellt.

**Carcheto** Über die D 71 geht es zum Weiler Carcheto auf 630 m, wo Anfang des 20. Jh.s der berüchtigte Bandit und mehrfache Mörder François-Marie Castelli lebte. Friedlich geht es in der barocken **Pfarrkirche** mit dem großen Glockenturm zu. Die kräftigen Farben und der üppige Stuck im Innern sind ebenso sehenswert wie die Bilder vom Kreuzweg, 1790 von einem korsischen Künstler gefertigt. Die Alabasterstatue der Maria mit dem Kind ist ein italienisches Werk des 18. Jh.s; die Orgel stammt aus dem Kloster von Orezza.

## ! *Baedeker* TIPP

### Das Wasser der korsischen Tafel

Seit der Antike wurde die Quelle von Orezza wegen ihres eisen- und hydrogenkarbonathaltigen Wassers geschätzt, 1866 sogar durch kaiserlichen Erlass anerkannt. Das Mineralwasser, das auf allen korsischen Tafeln daheim ist, kann man an einem Brunnen im ehemaligen Heilbad Eaux d'Orezza tgl. 9.00 – 20.00 Uhr kostenlos in seine Flaschen füllen.

**Valle-d'Alesani**

An der Südgrenze der Castagniccia liegen die Weiler von Valle-d'Alesani inmitten grüner Kastanienwälder. Bekannt wurde der Ort durch das Franziskanerkloster, in dem sich am 15. April 1736 der westfälische **Baron Theodor von Neuhoff** (► Baedeker Special S. 48/49) zum König Theodor I. von Korsika krönen ließ. Zu seinen Ministern ernannte er die Freiheitskämpfer Agostino Giafferi und Giacinto Paoli, den Vater Pasquale Paolis (► Berühmte Persönlichkeiten), als Residenz erkor er das nahe Cervione.

✶ ◄ Kloster von Valle-d'Alesani

Mit der Abwanderung aus der Castagniccia im 20. Jh. verlor auch das Kloster im Weiler **Perelli** an Bedeutung. 1943 stürzte der Glockenturm ein, 1987 verließen die letzten Mönche den einsamen Ort. Mittlerweile jedoch ließ die Gemeinde das Kloster renovieren, berief einen Pfarrer, richtete 1994 den Kirchturm wieder auf und veranstaltet **Konzerte** in der prachtvoll-barocken Klosterkirche. Bis vor wenigen Jahrzehnten war in der linken Seitenkapelle der Klosterkirche das Tafelbild der »**Jungfrau mit der Kirsche**« von 1450 zu sehen. Heute hängt das 50 x 40 cm große Gemälde des Sieneser Malers Sano di Pietro im Pariser Louvre, im Kloster Valle-d'Alesani eine Kopie. Aus dem Ortsteil Perelli d'Alesani stammt **Pietro Giovanni** (1715 – 1801), ein fliegender Händler mit dem Spitznamen »Grosso Minuto« (Kleiner Dicker), der für seine Schlagfertigkeit und witzigen, recht volkstümlichen Geschichten berühmt wurde. In hohem Alter ernannte ihn Pasquale Paoli zu seinem Berater und erwies ihm so späte Ehre für seinen Mutterwitz.

**Felce**

Südöstlich von Carcheto führt die Straße durch das kleine Dorf Felce, dessen Dorfkirche einen **volkstümlichen Freskenzyklus** aus der Renaissance birgt. Den Tabernakel schnitzte ein korsischer Bandit. Im Ortsteil Poggiale wurde der Historiker Pietro Cirneo (1445 bis 1503) geboren, der »De rebus corsicis« verfasste.

Das historisch bedeutsame **Cervione** liegt wie in einem Amphitheater am Hang des Monte Castello inmitten von Kastanienwäldern, Olivenhainen und Weinbergen. Im einstigen **Bischofspalast** residierte nicht nur der »Apostel von Korsika«, Bischof Alexander Sauli (1534 – 1592; 1904 heilig gesprochen), der den Bischofssitz aus ► Aléria hierher verlegte, sondern 1736 auch der »König von Korsika«, Baron Theodor von Neuhoff (► Baedeker Special S. 48/49), der Cervione zu seiner Hauptstadt ernannt hatte. Bischof Sauli ließ ab 1584 auf eigene Kosten die

*Ungewöhnlich: die Doppelapsis von Ste-Christine*

Kathedrale **St-Erasme** als eine der ersten Barockkirchen Korsikas errichten. Bemerkenswert sind der Marmorplattenbelag, die Trompe-l'œil-Malerei, der Sakristeischrank und das barocke Chorgestühl. Im ehemaligen Priesterseminar zeigt das **Musée Ethnographique** volkskundliche Exponate und historische Szenen aus dem Leben in Cervione, der Castagniccia und des »Königs von Korsika« (Öffnungszeiten: Mo. – Sa. 10.00 – 12.00, 14.30 – 18.00 Uhr).

✶ **Chapelle Ste-Christine**

Die Kapelle Ste-Christine im 2 km entfernten **Valle di Campoloro** besitzt mit einer **Zwillingsapsis** einen höchst ungewöhnlichen Grundriss. Als Erklärung wird auf das doppelte Patronat der Kapelle verwiesen: die hl. Christine und der hl. Hippolyt. Die Kapelle geht auf vorromanische Zeiten zurück und wurde 1473 erneuert. Aus dieser Zeit stammen auch die hervorragend erhaltenen **Fresken der Sieneser Schule**. In der linken Apsis erkennt man Christus als Weltherrscher, die hl. Christina, Maria und einen knienden Mönch, in der rechten Apsis sieht man Christus mit den Symbolen der Evangelisten. Zwischen den beiden Apsiden sind Johannes der Täufer und die Verkündigung dargestellt, im Giebelfeld die Kreuzigung. Betende Heilige und Engel umgeben die Fresken.

✶ **Corniche de la Castagniccia**

Die pittoreske Corniche de la Castagniccia (D 330), die zwischen Ginster, Macchia und Kastanien am Berghang entlangführt und **herrliche Ausblicke** auf die Küste bietet, ist leider für Wohnwagen nicht geeignet.

**Baden und Boote am Mittelmeer**

Am Rand der Ebene, die sich in einen riesigen Orangen- und Zitronengarten verwandelt hat, erstreckt sich der gut besuchte Strand von **Prunete**. Weiter nördlich liegt der windgeschützte Jachthafen von **Campoloro**, einer der 15 großen Sporthäfen Korsikas. Der **große Sandstrand** von **Moriani-Plage** findet v. a. bei den Einwohnern Bastias Anklang. Am Landeplatz Moriani – damals Padulella genannt – schifften sich 1739 Giacinto Paoli, der Vater von Pasquale Paoli, und General Giafferi ein, um sich vorübergehend ins Exil zu begeben. Auch Napoleon Bonaparte (► Berühmte Persönlichkeiten) machte hier 1815 auf der Flucht von Elba Rast.

# ✶✶ Corte

F 4

**Höhe:** 400 m ü. d. M. **Einwohner:** 5600

**Die Festungsstadt auf dem Felsdorn ist nicht nur der geografische Mittelpunkt Korsikas, sondern auch Symbol seiner bewegten Geschichte: Corte, von 1755 bis 1769 die offizielle und für viele bis heute die heimliche Hauptstadt Korsikas.**

# CORTE ERLEBEN

## AUSKUNFT (OFFICE DU TOURISME)

La Citadelle, F-20250 Corte
Tel. 04 95 46 26 70
Fax 04 95 46 34 05
www.corte-tourisme.com

## SHOPPING UND VERKEHR

In der Oberstadt gibt es Kunsthandwerkstätten, vor allem Töpfereien, mit Direktverkauf. Korsische Würste, Weine, Honig und Likör findet man u.a. am Boulevard Paoli Nr. 2 und in der Vinothek La Vieille Cave unterhalb des Place Paoli. Kostenlos parken kann man – außer beim Wochenmarkt am Freitagvormittag – auf dem Parkplatz am oberen Ende der Avenue Jean Nicoli. Wer will, kann die Oberstadt mit dem Bähnchen »Le Petit Train« erkunden.

*Deftige Spezialität: korsische Würste*

## ESSEN

### ► Erschwinglich

① ***Le Gaffori***
1, Place Gaffori
Tel. 04 95 46 36 97 (April – Sept.)
Inselküche mit nettem Ambiente

② ***U Paglia Orba***
5, Avenue Xavier Luciani
Tel. 04 95 61 07 89 (So. geschlossen)
Korsische Rezepte, Pizza, Pasta und knackige Salate

### ► Preiswert

③ ***Le Café du Cours***
22, Cours Paoli
Tel. 04 95 46 00 33
Ganz zentral an der Hauptgeschäftsstraße: charmantes Kaffeehaus und Internetcafé – bevorzugter Studententreff; www.cafeducours.net

④ ***Chez Julien***
24, Cours Paoli
Tel. 04 95 46 02 90
(Feb. geschlossen)
Juliens Sohn Ghislain und Christiane führen die Familientradition im gemütlichen Kellerrestaurant mit korsischer Küche fort.

⑤ ***L'Oliveraie***
Im Ortsteil Perru
Tel. 04 95 46 06 32
(Nov. – Mitte Dez. geschlossen)
Auf der schattigen Terrasse werden traditionelle Gerichte aus regionalen Produkten serviert.

⑥ ***Auberge de la Restonica***
►Baedeker Tipp, S. 198

## ÜBERNACHTEN

### ► Komfortabel

① ***Du Nord***
22, Cours Paoli
Tel. 04 95 46 00 68
Fax 04 95 46 03 40
www.hoteldunord-corte.com
2003 renoviertes Haus mit 16 großzügigen Zimmern. Davor: das Café du Cours.

② ***De la Paix***
Avenue Général de Gaulle
Tel. 04 95 46 06 72
Fax 04 95 46 23 84
Email: socoget@wanadoo.fr
(April – Okt.)
Ruhig gelegenes Hotel mit 63 komfortablen Zimmern.

► **Günstig**

③ ***Sampiero Corso***
Avenue Président Pierucci
Tel. 04 95 46 09 76
Fax 04 95 46 00 08
Modernes Hotel mit 31 Zimmern nahe des Place Paoli

*Baedeker-Empfehlung*

④ ***Dominique Colonna***
Route de la Restonica, BP 83
Tel. 04 95 45 25 65
Fax 04 95 61 03 91 (Mitt März – Mitte Sept.)
www.dominique-colonna.com
Feines Quartier für Naturliebhaber mit Swimmingpool und üppigem Frühstücksbüfett. Da Gründer Dominique Colonna bei der Fußball-WM 1958 selbst im Trikot Frankreichs dabei war, trägt jedes Zimmer den Namen eines Fußballidols. Gespeist wird in der nahen Auberge de la Restonica (► Baedeker Tipp, S. 198).

**Das »Herz Korsikas«**

Auf einem schroffen, mehr als 100 m hohen Felssporn über dem Zusammenfluss von Tavignano und Restonica thront malerisch die Zitadelle von Corte, Wahrzeichen der Stadt und für manche Autonome Sinnbild für die **»heimliche Hauptstadt«** eines unabhängigen Korsikas. Die Oberstadt (Ville Haute) mit ihren engen Gassen, Treppen und alten Häusern zieht sich an der Ostflanke den Berg hinauf. Moderne Viertel erstrecken sich zu beiden Seiten der Hauptstraße Cours Pasquale Paoli und der Ufer des Tavignano. Die rund 4000 Studierenden der einzigen Universität der Insel verschaffen dem Ort ein munteres Flair. Im Sommer besuchen unzählige Touristen die Stadt – meist auf Tagesausflügen, denn es gibt kaum Hotels. Straßencafés finden sich hingegen auf jedem kleinen Platz und selbst in engen Gässchen. Die Erinnerungen an **Pasquale Paoli** (►Berühmte Persönlichkeiten), der Corte 1755 zu seiner Hauptstadt ernannte, sind allgegenwärtig.

**Stadtgeschichte**

Die Lage als **Verkehrsknotenpunkt** lockte schon die Römer, die hier die Siedlung **Cenestum** gründeten. Im 13. Jh. machte Genua den seit dem 11. Jh. befestigten Ort zum Sitz der Gerichtsbarkeit im Inneren Korsikas. Die Zitadelle geht allerdings auf den korsischen Adligen **Vincentello d'Istria** (►Baedeker Special S. 240) zurück, der die Stadt um 1420 im Auftrag des Königs von Aragonien eroberte. Doch schon 1434 gewannen die Genuesen wieder die Oberhand. 1553 ergab sich Corte freiwillig dem von den Franzosen ausgesandten **Sampiero Corso** (► Berühmte Persönlichkeiten), sechs Jahre später bekam Genua Corte zurück. Im korsischen Unabhängigkeitskampf war die Stadt heftig umkämpft, galt doch das Inselinnere als Herrschafts- und Rückzugsgebiet für die korsischen Nationalisten. 1746 gelang den Freiheitskämpfern unter Gianpiero und Faustina Gaffori die

Einnahme Cortes. Pasquale Paoli machte sie von 1755 bis 1769 zur politischen, wirtschaftlichen und geistigen Hauptstadt Korsikas und gründete hier 1765 die **einzige Universität der Insel**. Nach der Niederlage von Ponte Nuovo ging Paoli ins Exil, besetzten die Franzosen Corte ohne Widerstand – und schlossen umgehend die Hochschule. Erst 1981 wurde sie mit den Fachbereichen Jura, Wirtschafts- und Agrar-, Geistes- und Naturwissenschaften wieder eröffnet. Pädagogen bietet sie auch ein Abschluss in korsischer Sprache und Literatur.

## *Corte* Orientierung

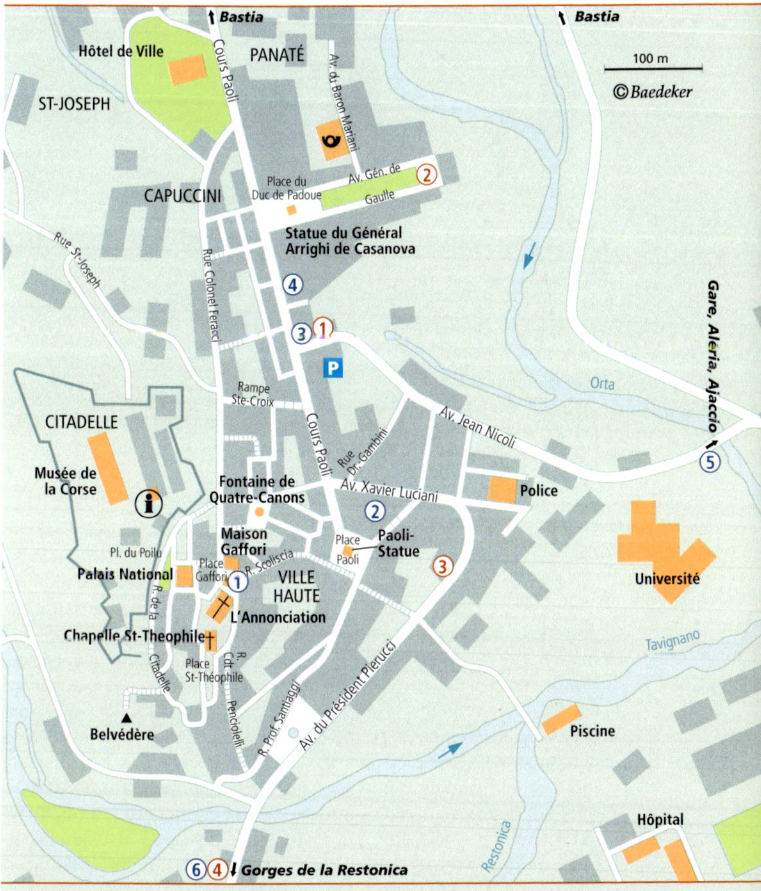


**Essen**
① Le Gaffori
② U Paglia Orba
③ Le Café du Cours
④ Chez Julien
⑤ L'Oliveraie
⑥ Auberge de la Restonica

**Übernachten**
① Hôtel du Nord
② Hôtel de la Paix
③ Hôtel Sampiero Corso
④ Hôtel Dominique Colonna

*Die höchsten Berge der Insel umgeben die alte Hauptstadt Corte.*

**Das Ehepaar Gaffori**

Der Arzt Gianpiero Gaffori (1704 – 1753) wurde bereits 1743 im Kloster von Orezza zu einem der drei Führer des Unabhängigkeitskampfes bestimmt. 1746 gelang dem **»General der Nation«** die Einnahme von Corte. Gegen den Feind in der eigenen Familie half allerdings kein militärisches Manöver: Sein Bruder verriet ihn an die Genuesen, die ihn 1753 in einen Hinterhalt lockten und ermordeten. Mindestens ebenso berühmt wurde **Faustina Gaffori**. Zwei Geschichten verdeutlichen den Kampfgeist der unerschrockenen Gattin des Generals. Als Genua 1746 ihren Sohn als lebendes Schutzschild an die Mauer der Zitadelle band, feuerte sie die korsischen Patrioten an, ihren Kampf fortzusetzen. Corte musste kapitulieren, ihr Sohn blieb unversehrt. Als 1751 die Franzosen während einer Abwesenheit General Gafforis Corte zurückeroberten und Faustine als Geisel nehmen wollten, verbarrikadierte sich Gafforis Gattin im Wohnhaus, hielt eine brennende Fackel an ein Pulverfass und drohte, sie würde lieber sich und das Haus in die Luft sprengen als aufzugeben. Sie hielt durch, bis der Hausherr zu Hilfe kam.

Aus Corte stammen einige bedeutende Persönlichkeiten Korsikas. Der Franziskanermönch **Theophil von Corte** (Biagio de Signori), Schutzpatron der Stadt, wurde 1930 als erster Korse von der katholischen Kirche heilig gesprochen. In Corte geboren wurden der General Napoleons und Herzog von Padua, **Arrighi de Casanova** (1778 bis 1853), dessen Statue auf dem Place du Duc-de-Padue vom Schöpfer der New Yorker Freiheitsstatue, Frédéric-August Bartholdi, stammt, und Napoleons Bruder **Joseph Bonaparte** (1768 – 1844).

**Geburtsort bedeutender Korsen**

## Sehenswertes in Corte

**Place Paoli**

Die Stadtbesichtigung beginnt am Ende der Hauptgeschäftsstraße Cours Paoli am Place Paoli, in dessen Mitte sich die 1864 gefertigte **Bronzestatue** des »Vaters des Vaterlandes«, Pasquale Paoli, erhebt. Steile Treppen führen zur Oberstadt.

**Place Gaffori**

In der Mitte des Place Gaffori erhebt sich vor dem **Wohnhaus der Gaffori**, an dem noch Einschusslöcher zu erkennen sind, das Standbild des »Generals der Nation« von 1901. Sein Sockel zeigt die beiden Szenen, die Faustina Gaffori berühmt machten. An der Südseite beherrscht der hohe, schlanke Glockenturm der **Eglise de l'Annonciation**, 1450 errichtet und im 17. Jh. erneuert, die Ville Haute. Sehenswert sind die geschnitzte Kanzel und das Chorgestühl aus dem 16. Jahrhundert. Hauptattraktion ist die später angebaute **Chapelle St-Théophile** mit der Wachsfigur des Heiligen, die 1979 das Pariser Musée Grevin gestaltete. Am Vorabend des Todestages wird zu Ehren des Heiligen eine Prozession veranstaltet, am 19. Mai auf dem Vorplatz der Kapelle eine Messe gelesen.

! *Baedeker* TIPP

**Feuerfest**

In der Oberstadt kommen Keramikliebhaber auf ihre Kosten. Am Place Gaffori präsentieren Félic und Fiffan Griffi bäuerliche Keramiken mit floralen Mustern in ihrer Töpferei Terraghja (Tel. 04 95 46 28 74); in der Rue Chiostra 4 zeigt die Töpferei Leonelli, was den Winter über gebrannt und mit ungiftigen Farben lasiert wurde (Tel. 04 95 46 19 53).

**Maison Casanova**

Im Haus Nr. 1 des nahen Place du Poilu kam 1768 Napoleons älterer Bruder, **Joseph Bonaparte**, zur Welt; 1778 wurde hier Napoleons General Arrighi de Casanova geboren.

**Palais National**

Der Palais National am Place Paoli wurde von Genua als Regierungssitz errichtet, von Paoli 1755 – 1769 als **Regierungspalais** genutzt und beheimatete ab 1765 bis zur Schließung die Universität mit 300 Studierenden. Heute birgt das einzige von Genua hinterlassene Gebäude das »**Centre des Recherches Corses**« der Universität.

**✶ Belvédère**

Ein lohnenswerter Abstecher führt hinter dem Palais National über die Rue de la Citadelle zum Belvédère, der 100 m hoch über dem

**! Baedeker TIPP**

**Ein echter Korse**

In der Altstadt von Corte hat auch der bekannteste Maler Korsikas sein Atelier: Jean-Charles Fabiani, dessen von Roy Lichtenstein und Andy Warhol inspirierte Pop-Art weltweit auf Ausstellungen gezeigt wird (Galerie »Atelier d'Art«, 7, Rue Monseigneur Casanova, Tel. 04 95 47 38 97, www.jch-fabiani.com).

Tavignano **prächtige Ausblicke** über die Altstadt und den Zusammenfluss von Tavignano und Restonica bietet. Zurück am Palais National, geht es durch ein Tor ins Innere der **Zitadelle**. 166 Stufen führen hinauf zum »Nid d'Aigle«, dem im Jahre 1419 von Vincentello d'Istria (► Baedeker Special S. 240) erbauten »Adlerhorst«-Turm. Seit der Schlacht bei Ponte Nuovo 1769 spielt die Zitadelle keine Rolle mehr. Im Zweiten Weltkrieg sperrten italienische Faschisten korsische Widerstandskämpfer in der Zitadelle ein, in den Jahren 1962 bis 1983 beherbergte sie Einheiten der Fremdenlegion.

✶ **Musée de la Corse**

Seit 1997 gibt das **Musée Régional d'Anthropologie**, kurz Musée de la Corse genannt, einen Überblick über korsische Geschichte, Wirtschaft und Kultur. Den Glasbau, der in die alte Serurier-Kaserne integriert wurde, entwarf der italienische Architekten und UNESCO-Sachverständige **Andrea Bruno**. Die **Galerie Doazan** enthält fast 3000 Exponate des bäuerlichen und pastoralen Alltagslebens, die der Pater und Volkskundler Doazan zwischen 1973 und 1978 sammelte. Das **»Musée en train de sa faire«** beleuchtet als »Museum, das sich im Werden befindet« zeitgenössische soziale, wirtschaftliche und kulturelle Themen – von Industrialisierungsversuchen der französischen Zentralregierung bis zur touristischen Entwicklung und der Suche nach der korsischen Identität. Dritter Schwerpunkt sind Wechselausstellungen. Die **Phonothek** lädt ein, traditioneller korsischer Musik zu lauschen (Öffnungszeiten: 22. Juni – 20. Sept. tgl. 10.00 – 19.45 Uhr, April bis 21. Juni, 21. Sept. – Okt. tgl. außer Mo. 10.00 – 17.45, im Winter Di. – Sa. 10.00 – 16.45 Uhr).

## Umgebung von Corte

**Monte Cecu**

Einen herrlichen Blick auf Corte und seine Umgebung bietet der Monte Cecu, zu erreichen über die N 193, D 18 und eine unbefestigte Straße vom Col (Bocca) d'Ominanda.

**Castirla**

Die D 18 führt weiter nach Castirla. Auf dem Friedhof befindet sich die Ruine der präromanischen **Kapelle St-Michel**; in der Apsis sind Spuren volkstümlicher Fresken aus dem 15. Jh. erhalten: Christus und die Apostel, die Verkündigung, Maria mit dem Kinde und der hl. Michael.

**Castiglione, Omessa**

Weiter auf der D 18 folgt das Bergdorf Castiglione, dessen Häuser sich hoch über dem Golo drängen. Auf der D 84 zurück zur N 193

*Auf einer exponierten Felsspitze thront die Zitadelle von Corte.*

Richtung Süden folgen die festungsartigen Häuser von Omessa, die sich um den barocken Glockenturm der **Kirche St-André** scharen. Im Innern sind drei Gemälde der italienischen Schule sehenswert: »Maria mit dem Kinde«, »Letztes Abendmahl« und »Kreuzabnahme«. Die **Chapelle de l'Annonciade** birgt eine Marmorstatue der Maria mit dem Kinde im Stil der Florentiner Renaissance. Die Kalkfelsen der nahen **Petraccia-Schlucht** waren früher wohl bei Banditen sehr geschätzt – wie ihr Name verrät: »Petraccia« bedeutet »böse Steine«, »Omessa« heißt »Versteck«.

## Bozio

**Einsames Bergland**

Östlich von Corte erstreckt sich zwischen der ► Castagniccia und dem Lauf des Tavignano eine kaum erschlossene, raue Landschaft: das **Bozio**, korsisch **Boziu**. Sehr schmale, schlechte Straßen winden sich in steilen Kehren zu den Bergdörfern hinauf, die auf den Anhöhen thronen. Besonders fotogen sind die malerisch gelegenen Dörfer **Sant'Andrea-di-Bozio** und **Castellare-di-Mercurio**, in denen noch viele Häuser mit traditionellen »Teghie«-Steinplatten gedeckt sind. Der nördliche Teil des Bozio gehört zum ► Parc Naturel Régional de la Corse. Für eine Rundfahrt sollte man aufgrund der Straßensituation mehr Zeit als sonst einplanen. Wer wandern möchte, kann sich an die gut markierten Maultierpfade halten, die das Bozio durchqueren, oder dem Fernwanderweg **»Da Mare a Mare«** von Moriani-Plage an der Ostküste über Corte nach ►Cargèse folgen. Ein von den Genuesen angelegter Weg führt von Corte vorbei an Altiani, Piedicorte und Pancheraccia nach ►Aléria. Auskunft erteilt die Verwaltung des Regionalparks.

**Sermano**

Über die D 14 und D 41 erreicht man von Corte das 762 m hoch gelegene Örtchen Sermano. Hier wird bei den Gottesdiensten an hohen kirchlichen Feiertagen noch die Tradition der von drei Männerstimmen gesungenen **»Paghiella«** gepflegt. Die romanische **Kapelle San Nicolao** aus dem 7. Jh. birgt ausdrucksvolle Fresken aus der Zeit um 1450: Den Weltherrscher Jesus umringen Maria, Johannes der Täufer, Apostel, der hl. Michael und der hl. Christophorus.

**Bustanico**

In Bustanico befand sich 1729 ein Zentrum des korsischen Freiheitskampfes. Anführer der Rebellen war ein Grundbesitzer namens **Cardone**, dem die Enteignung drohte. Aus seinem Widerstand entwickelte sich die Rebellion, die 1730 in der Plünderung Bastias gipfelte.

**Erbajolo**

Über die D 15 und D 16 geht es via **Sant'Antonio-di-Bozio** und den **Col de San Servione** ins südliche Bozio. Vom Friedhof in Erbajolo schweift der Blick weit über das Tavignano-Tal.

**Piedicorte di Gaggio**

Die Häuser von Piedicorte di Gaggio an der D 14 liegen verstreut auf einem Felssporn mit weitem Blick über den Tavignano und die Ebene von ►Aléria bis zum Meer. Die Pfarrkirche **Santa Maria Assunta** mit ihrer Fassade aus dem 18. Jh. zeigt am Sockel des Glockenturms einen romanischen Bogenlauf, den vier geflügelte Ungeheuer schmücken.

## ✶✶ Gorges de la Restonica

**Wild zerklüftetes Restonica-Tal**

Als **schönstes Tal der Insel** gelten die wildromantischen Gorges de la Restonica, die sich nach Westen zu einer äußerst schmalen **Klamm** verengen. In den unteren Lagen wachsen mediterrane Pflanzen und Kastanienbäume, darüber, etwas höher korsische Schwarzkiefern. An den Nordhängen und am kühlen Bett des Wildbachs gedeihen die nur hier vorkommenden **»Corte-Kiefern«**. Der Monte Rotondo, mit 2622 m zweithöchster Berg der Insel, erhebt sich im Südosten, der 2295 m hohe Bergrücken des Capo a u Chiostro markiert den südwestlichen Talabschluss.

! *Baedeker* TIPP

### Auberge de la Restonica

Vor allem nach einer längeren Wanderung durch das Restonica-Tal empfiehlt sich die malerisch am Fluss gelegene Auberge, die allerdings nur wenige Gästezimmer hat. Im Terrassenrestaurant wird eine schmackhafte Inselküche serviert – probieren Sie die frischen Forellen aus dem nahen Wildbach (Vallée de la Restonica; Tel. 04 95 46 09 58, www.aubergerestonica.com).

*Die fantastische Felswildnis des Restonica-Tals ist ein Paradies für Wanderer.*

**Hinweise für Besucher**

Das Restonica-Tal ist nicht nur zur Hauptsaison ein Touristenmagnet. Inzwischen als **Naturschutzgebiet** deklariert, unterliegt die Zufahrt zum Tal gewissen Beschränkungen. Wenn die gebührenpflichtigen Parkplätze bei der **Bergerie de Grotelle** und bei **Lamaghjosu** belegt sind, ist die Zufahrt für Privatfahrzeuge verboten. Das Parken am Straßenrand ist ebenso strikt untersagt wie wildes Zelten. Die Touristeninformation von Corte informiert über die aktuellen Bedingungen. Feste Wanderschuhe und Wetterschutz sind zu jeder Zeit nötig. Dass man auf den Wanderpfaden bleibt, um die teils sehr fragile Vegetation nicht zu zerstören, sollte selbstverständlich sein.

**Wandern und Schwimmen**

Hinter der Brücke über den Timozzo-Bach führt eine schöne Wanderroute in 4 – 5 Stunden zur bewirtschafteten Bergerie de Grotelle in 1375 m Höhe. Wer Abkühlung sucht und das kalte Wasser der Restonica nicht scheut, wird an den **Gumpen**, die der Wildbach an vielen Stellen gebildet hat, seine Freude haben.

**✶ Lac de Melo**

Ein gelb markierter Pfad geleitet in einer Stunde von der Bergerie de Grotelle zum Lac de Melo hinauf. Der **Gletschersee** in 1711 m Höhe, **Quellgrund der Restonica**, ist der drittgrößte und sicherlich meistbesuchte Bergsee Korsikas. Die Wanderung führt über Felsen und Geröllfelder und ist daher nur für geübte Wanderer zu empfehlen. Nach 20 Minuten teilt sich der Bergpfad in den leichteren Accès facile, der im Frühsommer noch Schneefelder führt, und den schwierigeren Accès difficile, bei dem eine im Fels verankerten Kette hilft, eine Steilstufe zu überwinden – nur bei gutem Wetter gangbar!

✶ **Lac de Capitello** An der Steinhütte der Naturparkverwaltung zweigt der gelb markierte Pfad zum malerischen Lac de Capitello auf 1930 m Höhe ab, mit 42 m der **tiefste Bergsee** Korsikas.

**Tavignano-Tal** Das Tavignano-Tal verläuft parallel zum Restonica-Tal im Süden und zum Niolo-Tal im Norden und besitzt keine einzige Straße: ein ideales **Wandergebiet**! In Corte beginnt ein Höhenweg, der in vier Stunden als Rundweg die Schönheiten der Schlucht erschließt – dazu der Markierung des Fernwanderweges »**Mare a Mare Nord**« folgen.

# ✶ Evisa

F 2

**Höhe:** 835 m ü. d. M. **Einwohner:** 250

**Zwischen dem Forêt d'Aïtone im Osten und den Gorges de Spelunca im Westen liegt inmitten herrlicher Kastanienwälder das Bilderbuchdorf Evisa auf einem Felssporn vor imposanten Felswänden.**

✶ **Forêt d'Aïtone** Der 2400 ha große Forêt d'Aïtone erstreckt sich zwischen 800 und 2000 m Höhe im Hochtal des Aïtone-Flusses. Das 10 km lange und

## EVISA ERLEBEN

### AUSKUNFT

*Association Paesolu d'Aïtone*
Route du Col de Vergio, F-20126 Evisa
Tel. 04 95 26 20 39
Fax 04 95 26 21 83

### WANDERN

Evisa ist Etappe des Fernwanderwegs »Tra Mare e Monti Nord« und der Nordroute von »Da Mare a Mare«. Die unmittelbare Umgebung lädt zu ausgedehnten Wanderungen durch Kastanien- und Nadelwälder ein. Infos zu geführten Wanderungen erteilt das Fremdenverkehrsamt.

### ESSEN UND ÜBERNACHTEN

► **Komfortabel**

*L'Aïtone*
Luca, F-20126 Evisa
Tel. 04 95 26 20 04
Fax 04 95 26 24 18
www.hotel-aitone.com
Toussaint Ceccaldis Gasthaus am Fuße des Forêt d'Aïtone bietet tolle Aussichten und eine weitgerühmte Hausmannskost – Spezialität sind frische Forellen. Relaxen Sie am Panoramapool mit Blick zum Golf von Porto.

5 km breite Waldgebiet gehört zum ►Parc Naturel Régional de la Corse und besteht hauptsächlich aus bis zu 50 m hohen korsischen **Schwarzkiefern** sowie Buchen, Strandkiefern und Schwarzerlen. Das Unterholz bevölkern Wildschweine, Hasen und Füchse – selbst Mufflons kann man mit viel Glück beobachten.

An der D 84 führt in 20 Minuten ein Weg durch Kiefernwald zu den Wasserfällen **Cascade d'Aïtone**, die zwei Wildbäche speisen. Beim Infobüro **Maison forestière de Catagnone** an der D 84 beginnt der einstündige Aufstieg zum 1391 m hohen **Col de Salto** mit Blick auf den Golf von ► Porto. Durch den Schwarzkiefernwald Forêt de Lindinosa gelangt man nach weiteren 90 Minuten zum 1475 m hohen **Col de Cocavera** mit Aussicht bis zur Paglia Orba im ►Niolo. Der Forêt d'Aïtone bot Anfang des 19. Jh.s dem korsischen Banditen **Théodore Poli aus Guagno** sichere Zuflucht. Berühmtheit erlangte der »König des Gebirges« wegen seiner »Charta von Aïtone«, mit der er »Steuern« vom Klerus und den Reichen einsammelte und zum Teil an Bedürftige verteilte. Nur durch Verrat konnte er 1827 verhaftet und hingerichtet werden.

! *Baedeker* TIPP

**Natur pur**

Am östlichen Ortsausgang von Ota beginnt ein orange markierter Wanderweg, der in zwei Stunden auf dem alten Maultierpfad die Spelunca-Schlucht passiert. Vorbei an der Bogenbrücke von Pianella (Ponte Vecchiu), wo man auf das andere Ufer wechselt, folgt der Pfad hinter der Doppelbrücke Deux Ponts d'Ota durch blühende Macchia dem sanft ansteigenden Bachbett bis zur Pont de Zaglia über den Tavulella-Bach. Nun geht es in steilen Kehren mehrere hundert Höhenmeter hinauf, dann durch lichten Kiefernwald bis nach Evisa. Die bequemere Alternative: die D 84 mit schönen Aussichtspunkten.

★ **Gorges de Spelunca**

Für die Ausformung der Gorges de Spelunca sind die beiden Wildbäche Aïtone und Tavulella verantwortlich, die sich hinter der genuesischen Brücke Pont de Zaglia vereinigen.

**Ota**

Im Halbkreis schmiegen sich die Natursteinhäuser von Ota an den steilen Hang des Capu d'Ota. Dank seiner Abgeschiedenheit hat sich Ota eine reizvolle Beschaulichkeit erhalten.

# ★★ Filitosa

I 3

**Höhe:** 80 m ü. d. M.

**In den Hügeln des unteren Taravo-Tals fanden Archäologen in den 1950er-Jahren Zeugnisse aus allen drei Epochen der rätselhaften Megalithkultur – Filitosa gilt daher als bedeutendste prähistorische Fundstätte Korsikas.**

*Filitosa IX zeigt menschliche Züge.*

# IN STEIN GEMEISSELT

**Die prähistorische Bedeutung Korsikas gründet sich im Wesentlichen auf ihre Megalithkultur und hier besonders auf die Statuen-Menhire, künstlich geformte Steinfiguren mit menschlichen Zügen. Doch warum die Statuen-Menhire geschaffen wurden und wen sie darstellen, dafür gibt es bis heute keine Erklärung, nur Spekulationen.**

Wie Keramikfunde bezeugen, gehen die Siedlungsanfänge Korsikas auf das Neolithikum um 6000 v. Chr. zurück. Hirten und Seefahrer, die Mitte des vierten Jahrtausends vermutlich aus dem südlichen Frankreich nach Korsika kamen, waren Träger einer neuen Naturreligion.

## Dolmen und Menhire

Einzige Zeugnisse dieser Religion, die auf dem **Totenkult** beruhte, sind die großen Steintisch-Gräber aus mächtigen Steinplatten, die Dolmen. Fast immer befinden sich in ihrer Nähe Menhire, zylindrisch geformte, hohe, schmale Steine, die senkrecht in den Boden gerammt worden sind. Man deutet sie bislang entweder als symbolische **Wächter** für das Grabmal oder als Wohnstätten für den Geist der Verstorbenen.

## Alignements

In der zweiten Epoche um 2000 v. Chr. entstanden neben einzelnen Dolmen und Menhiren regelmäßig angeordnete Reihen von Menhiren, die »Alignements«. Vermutlich dienten sie als **Kalender** und **Himmelsobservatorien**, und das Gelände, auf dem sie standen, galt wohl als heiliger Ort. Im gleichen Zeitraum begannen die ursprünglich grob behauenen Steine menschenähnliche weibliche oder männliche Gestalt anzunehmen.

## Krieg im Süden

In der dritten Phase um 1600 v. Chr. erhielten manche Menhirstatuen **Symbole kriegerischer Macht**, nämlich eingemeißelte Dolche und Langschwerter, übrigens unabhängig vom Geschlecht. Nach Meinung des Archäologen Robert Grosjean zeugen sie von dem kriegerischen Konflikt zwischen der einheimischen Bevölkerung und den eindringenden **Torreanern**. Da die kriegerisch gestalteten Figuren hauptsächlich im Süden der Insel gefunden wurden, ist zu vermuten, dass die Torreaner von Süden her kamen. Doch auf die Frage, wer sie waren und wohin sie gingen, hat bislang niemand schlüssige Antworten finden können.

## FILITOSA ERLEBEN

### AUSKUNFT (SYNDICAT D'INITIATIVE)

Filitosa, F-20140 Sollacaro
Tel. / Fax 04 95 74 07 64

### ESSEN UND ÜBERNACHTEN

► **Luxus / Komfortabel**

***Marinca***
F-20113 Olmeto Plage
Tel. 04 95 700 900
Fax 04 95 76 19 09
www.hotel-marinca.com
Bezaubernde Oase am Sandstrand zwischen alten Olivenbäumen und knorrigen Eichen. Alle Zimmer haben Balkon und Meerblick. Feinschmecker können zwischen drei ausgezeichneten Restaurants auswählen – nur 5 km von Filetosa.

1946 entdeckte Charles-Antoine Cesari auf seinem Grundstück einige **Menhirstatuen**, die in Schafhütten eingebaut waren. Ab 1954 legten Archäologen, zunächst unter Leitung von Roger Grosjean, 30 anthropomorphe Menhire sowie **torreanische Denkmäler** frei, die etliche Menhire als Baumaterial nutzten. Besiedelt ist Filitosa seit dem Beginn der Megalithkultur um 6000 v. Chr. Um 3500 v. Chr. kam es zu Auseinandersetzungen zwischen den Megalithikern und den Torreanern. Letztere gewannen die Oberhand und verwandelten um 1600 v. Chr. das Gelände in eine torreanische Festung.
Der Sohn des Entdeckers, Jean Dominique Cesari, unterhält die Anlage, das vom Vater gestiftete Museum – und eine Bar mit passender Spezialität: Pizza Préhistorique.

Öffnungszeiten: April – Okt. tgl. 8.30 bis Sonnenuntergang, sonst nach Voranmeldung, Tel. 04 95 74 00 91

**Filitosa V**

Filitosa V am Eingang des Freilichtmuseums gehört mit fast 3 m Höhe zu den größten Menhir-Statuen der Insel, obwohl sie ihren Kopf eingebüßt hat. Mit **Langschwert** und **Dolch**, der in einer verzierten Scheide steckt, ist sie zudem schwer bewaffnet. Am Rücken ist Kleidung angedeutet.

**Torreanische Siedlung**

Eine enorme **Zyklopenmauer** umgibt den 130 m langen und 40 m breiten **Hauptplatz** der torreanischen Siedlung. Rechts vom Eingang liegt das **Ostmonument**, dessen Bedeutung bis heute nicht geklärt ist. Der grabhügelförmige Bau wurde aus mörtellos geschichteten Steinen samt Rampe an der Rückseite errichtet. Links befinden sich die Reste des **torreanischen Dorfes**; die neolithischen Vorgängerbauten sind kaum noch zu sehen. Anhand einer Keramik-Scherbe konnte mit Hilfe der Radiokarbonmethode die erste Besiedlung des Dorfes auf

! *Baedeker* TIPP

**Das beste Licht**

Am Morgen und am späten Nachmittag finden Fotografen das beste Licht – denn nur im Schein der schräg stehenden Sonne kommen die Reliefs der Menhir-Statuen ausdrucksvoll zur Geltung.

**Filitosa** *Orientierung*

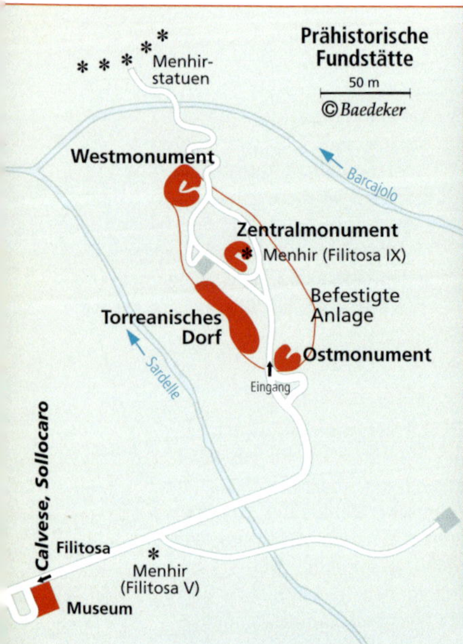

*Kultstätte der Torreaner: das Zentralmonumen*

5850 v. Chr. datiert werden. In der Mitte erhebt sich das **Zentralmonument**, das die Torreaner für kultische Zwecke nutzten. Einst überwölbte eine 7 – 8 m hohe, mörtellos geschichtete Turmkuppel das Gebäude mit einer kleinen Öffnung in der Mitte. Nischen und Feuerspuren lassen auf **Opfer- und Bestattungsrituale** schließen. Das Monument umgab ein runder Erdwall, den eine Zyklopenmauer stützte. Bei ihrem Bau wurden 30 Menhirstatuen verwendet, die entweder zertrümmert oder mit den Gesichtern zur Erde gerichtet waren – wollten die Torreaner so ihre Verachtung gegenüber den Kultsymbolen der besiegten Ureinwohner ausdrücken? Sechs Oberteile von Menhirstatuen hat man in zwei Gruppen von je drei Statuen auf das Monument gestellt – Prunkstück ist **Filitosa IX** mit ausgeprägten Gesichtszügen. Das **Westmonument** wurde auf einer Verteidigungsanlage der Megalithiker errichtet und diente neben kultischen Zwecken notfalls auch der Verteidigung. Die Kammern im Innern des Rundbaus wurden zuletzt um 1200 v. Chr. benutzt.

Ein Pfad führt über den Barcajolo-Fluss zu einem **1000 Jahre alten Olivenbaum**, der den ersten fünf in Filitosa gefundenen Menhirstatuen Schatten spendet.

✶ **Museum von Filitosa**

Das kleine »Centre de documentation archéologique« präsentiert die Ausgrabungsfunde chronologisch bis zur römischen Zeit. Am Eingang steht die sorgfältig restaurierte **Menhirstatue Scalsa-Murta**.

# Galéria

E 1

**Höhe:** 15 m ü. d. M. **Einwohner:** 400

**Mare e Monti-Wanderer legen in Galéria gerne Rasttage ein: Im kleinen Badeort an der Mündung des Fango mit Kieselstrand, Jachthafen und genuesischer Turmruine geht es selbst zur Hochsaison noch beschaulich zu.**

Im Hinterland lockt das reizvolle **Fango-Tal**, das sich vom Golf von Galéria bis zum Bergmassiv Paglia Orba erstreckt und mit seinen Nebentälern die **Filosorma** bildet. Der Fango hat die Felsbrocken in seinem Bett so rund geschliffen, dass man sich herrlich darauf sonnen kann. Abkühlung garantieren die Badegumpen des Gebirgsbachs. Wagemutige stürzen sich am Bassin hinter Tuarelli vom 8 m hohen Felsen in das tiefe Wasser.
Die Wälder der Filosorma, leider häufig Opfer von Waldbränden, laden zum Wandern. Zahlreiche Wege folgen früheren Saumpfaden. Am Ende des Tals fordern die 2525 m hohe Paglia Orba und der 2343 m hohe **Capu Tafunatu** mit seinem 50 m breiten und 12 m hohen Durchbruch geübte Bergsteiger. Der Legende nach soll der Teufel bei einem Streit mit dem hl. Martin dieses Loch verursacht haben, als er wütend eine Pflugschar vom Niolo Richtung Meer warf.

## ? WUSSTEN SIE SCHON ...?

- ... dass in der Filosorma im 17. Jh. ein heftiger Konflikt tobte? Die Bank des hl. Georg hatte Neubauern im unteren Fango-Tal Ackerland zugeteilt, das die traditionellen Wege blockierte, auf denen die Hirten aus dem ►Niolo im Frühjahr ihre Herden von der ►Balagne déserte zu den Hochalmen des Niolo und im Herbst wieder zurück zur Küste trieben. Zudem standen die Bauern auf der Seite der verhassten Besatzungsmacht. 1704 plünderten Bewohner des Niolo die Besitzungen der Neuankömmlinge, 1730 schlossen sie sich der Revolution gegen Genua an.

## GALERIA ERLEBEN

### AUSKUNFT (SYNDICAT D'INITIATIVE)

Route de Galéria, F-20245 Galéria
Tel. / Fax 04 95 62 02 27

### ESSEN UND ÜBERNACHTEN

**► Komfortabel**

*L'Auberge*
Centre Village, Tel. 04 95 62 00 15
www.hotel-restaurant-auberge.com
Sophie und Fred bieten ihren Gästen hübsche Zimmer und gute korsische Küche – nur 150 m vom Strand.

**► Günstig**

*Stella-Marina*
Route de la Plage
Tel. 04 95 62 00 03, Fax 04 95 62 04 29
www.hotel-stellamarina.com
(Mai – Okt.)
Zimmer teilweise mit Meerblick. Im Panoramarestaurant kommt fangfrischer Fisch auf den Tisch.

# Ghisonaccia

**Einwohner:** 3300

**Einst flüchteten die Menschen vor der Malaria, heute kommen die Urlauber: Ghisonaccia, Ghisonis Dependance am Meer, lockt mit langen Sandstränden, frischen Meeresfrüchten und Tafelwein aus der Region.**

Als Ghisonaccia 1841 an der **Mündung des Fium'Orbo** gegründet wurde, erhielt es den abwertenden Suffix »-accia«. Bis heute erinnert er daran, dass einst **Malaria** die Bevölkerung zum Verlassen des Küstengebietes zwang. Erst mit dem Einsatz von DDT konnten die Amerikaner 1943 die Anopheles-Mücke unschädlich machen. Bewirtschaftet wird die bis zu 12 km breite Ebene von **Franco-Algeriern**, die nach dem Verlust der nordafrikanischen Kolonien 1962 zwischen ► Aléria und Ghisonaccia angesiedelt wurden. Angebaut werden

## GHISONACCIA ERLEBEN

### AUSKUNFT (OFFICE DU TOURISME)

Avenue 9 Septembre
(R. N. 198)
F-20240 Ghisonaccia
Tel. 04 95 56 12 38
Fax 04 95 56 19 86
www.corsica-costaserena.com

### KASTANIENBIER

Aus Kastanienmehl braut die Brasserie Pasquale Paoli 3 km südlich von Ghisonaccia an der N 198 in Casamozza ihr »A Tribbiera«-Bier. Beliebt sind das helle Apa mit Honig und das naturtrübe Prima, aber probieren Sie im Garten auch das dunkle Mora oder das spritzige Dreikornbier Ambria.

### ÜBERNACHTEN

► **Günstig**
*De la Poste*
Place Hôtel de Ville
Tel. 04 95 56 00 41
Schlichte, saubere Zimmer gegenüber dem Rathaus

### ESSEN

► **Preiswert**
*Les Deux Magots*
4,5 km vor Ghisonaccia
Tel. 04 95 56 15 61
Hübsches Lokal am Strand. Besondere Gaumenfreuden: fleischgefüllte Muscheln und Quappenspieß, dazu knackige Salate und köstliche Desserts.

### Baedeker-Empfehlung

*Ferme-Auberge d'Urbino*
Etang d'Urbino
Tel. 04 95 57 30 89
Mai bis Okt. mittags, im Sommer auch abends geöffnet
Gastlich, unkonventionell und gemütlich: Ein blumengeschmückter Steg führt neben einer einstigen Austernbank zum schwimmenden Restaurant von Luc Bronzini de Caraffa, der garantiert frische Austern, Miesmuscheln und gebratenen Fisch mit trockenem Weißwein aus Ghisonaccia serviert.

*Am Strand von Ghisonaccia warten Katamarane auf Segelfreunde.*

Trauben für einfache **Tafelweine**, Zitrusfrüchte und Kiwis – seit Mitte der 1980er ist Korsika Frankreichs größter Kiwi-Lieferant. Auch der Tourismus boomt. Eine Stichstraße führt zu den besten Campingplätzen der Ostküste: »Erba Rossa« und »Marina d'Oru«. Die Route de la Mer erschließt als Stichstraße mit Fahrradweg den kilometerlangen, sehr feinen **Sandstrand Pinia**. In Ghisonaccia beginnt der **Fernwanderweg »Da Mare à Mare Centre«** nach ►Ajaccio.

★ ◄ Sandstrand

## Umgebung von Ghisonaccia

★ **Défilé de Strette, Défilé de L'Inzecca**

Auf dem Weg nach Ghisoni verlässt die D 344 das weite Tal von Sampolo mit Kastanien und Olivenbäumen und schlängelt sich durch den Défilé de L'Inzecca, eine der engsten und wildesten Schluchten Korsikas. Teilweise hat sich der **Fium'Orbo** so tief in das grüne Serpentingestein geschnitten, dass die gut ausgebaute Straße in den Fels gesprengt werden musste. Auf Höhe des Tunnels wurde der Fluss zur **Barrage de Sampolo** aufgestaut – das Baden im Stausee ist strengstens verboten! In der Défilé-de-Strette-Schlucht ragen die Steilwände bis zu 300 m auf. Riesige Felsbrocken liegen im Flussbett.

**Ghisoni – Bergdorf im Wald**

Nicht auf einem Hügel, sondern eingekesselt von Bergrücken mit dichten Kastanien- und Buchenwäldern liegt die zunehmend bei

Bergwanderern beliebte Forstsiedlung Ghisoni in 658 m Höhe. Im Winter lockt ein bescheidenes Skigebiet.

Im 14. Jh. soll sich bei Ghisoni im Wald Schauriges abgespielt haben: Als man dort die letzten Anhänger der **Giovannali-Sekte** (►Alta Rocca, Levie, Umgebung), von der Kurie der Ketzerei angeklagt und verfolgt, aufspürte, wurde der Wald in Brand gesetzt und die Menschen getötet. Ein anwesender Priester beging trotz Verbots die **Bestattungszeremonie**. Beim Gesang des Kyrie erhob sich laut Legende eine Taube über die Trauergemeinde und flog davon, während von den Bergen das »Kyrie Eleïson« und das »Christe Eleïson« widerhallten. Seitdem tragen zwei nahe Berggipfel diese Namen.

✶ **Wanderung zum Monte Renoso**

Mit 2352 m gehört der Monte Renoso zu den fünf höchsten Bergen der Insel. Da der Gipfel häufig umwölkt ist, lohnt sich der vierstündige Aufstieg nur bei klarer Sicht. Von Ghisoni auf der D 69 bis Pont de Casso, dann auf der D 169 zum kleinen **Wintersportgebiet Bergeries de Capannelle** fahren und vor dem Refuge U Renosu parken. Der Weg, mit kleinen Steinhaufen (korsisch »Cairns«) gekennzeichnet, berührt zunächst die Pizzolo-Quelle in 1893 m Höhe, umrundet den **Lac de Bastiani**, erreicht den Gipfel der 2247 m hohen Punta Bacinello und folgt dem Grat zum **Gipfel des Monte Renoso**. Hier bietet sich ein herrliches Panorama über die nahen Spitzen von Monte d'Oro, Monte Incudine und ►Monte Cinto sowie den südlichen Inselteil bis nach Sardinien. Der Rückweg über den **Fernwanderweg GR 20**, auf den man auf halbem Wege zwischen Monte Renoso und Punta Orlandino stößt, verläuft über die Bergeries de Tragette und führt in drei Stunden zurück nach Capannelle.

✶ Panoramablick ►

# ✶ Monte Cinto

E 3

**Höhe:** 2706 m ü. d. M.

**Gerade mal 25 km vom Meer ragt der Monte Cinto mit 2706 m als »Dach Korsikas« in den Himmel und krönt als höchster Gipfel die Gebirgskette zwischen den Tälern des Asco und Golo.**

**Landschaftsbild**

Sein Massiv besteht aus Kalkgestein und Konglomeraten, die von Porphyr überlagert sind; die felsige Spitze bilden Ryolithblöcke. Bis 1500 m Höhe bedecken ausgedehnte Wälder mit Tannen, korsischen Schwarzkiefern und Erlen die Hänge; bis 1900 m Höhe gedeihen Zwergwacholder und Grauerlen sowie magere alpine Matten mit Gebirgsblumen.

**Aufstieg**

Nur erfahrene Bergwanderer sollten den Aufstieg wagen. **Zwei Routen** sind ausgeschildert: über den Ostgrad von Calacuccia via Refuge de l'Erco und die kürzere, einfachere Nordwand-Route, die von der

*Der Blick vom Monte Cinto reicht bis zum Golf von Ajaccio.*

Skistation Haut-Asco auf 1450 m Höhe in sechs Stunden zum Gipfel führt. Der Weg ist im Hochsommer äußerst anstrengend, da schattenlose Geröllfelder überquert werden müssen. Also reichlich Trinkwasser mitnehmen! Informationen über Länge, Schwierigkeit, Wetteraussichten, Ausrüstung und Anforderungen an die Kondition erteilt die Verwaltung des ►Parc Naturel Régional de la Corse.

★★ **Panorama**

An klaren Tagen ist das Panorama überwältigend. Gen Norden verbergen Monte Padro und Monte Grosso die Küste der ►Balagne, zu sehen sind aber ►Calvi, Saint-Florent und ►Cap Corse, in der Ferne die Seealpen, die Ligurischen Alpen, die Côte d'Azur und die italienische Riviera. Im Nordosten erkennt man Elba und weitere Toskanische Inseln. Im Osten verstellt der Monte San Petrone den Blick auf die Plaine Orientale. Nach Süden hin folgen Monte Rotondo, Monte d'Oro, Monte Renoso, Monte Incudine, das Sartenais, das Gebiet von ►Bonifacio und jenseits der Meerenge Sardinien. Im Südwesten blickt man auf das Capo di Muro, den Golf von ►Ajaccio, den Golf von ►Sagone und den Golf von ►Porto.

# MONTE CINTO ERLEBEN

## AUSKUNFT

Mairie d'Asco, Tel. 04 95 47 82 07
Fax 04 95 47 85 26
►Parc Naturel Régional de la Corse

## »MANNA VON ASCO«

Aus Bienenkörben am Berghang holen Imker leckeren Honig. Berühmt ist das »Manna von Asco« aus dem süßen Sekret der endemischen Wacholderart Juniperus gymperus. Es wird im Sommer »geerntet«, reift im Winter – und ist im Sommer schnell ausverkauft.

## ESSEN UND ÜBERNACHTEN

► **Günstig**

***Chambres d'hôtes Vesperini***
F-20276 Asco
Tel. 04 95 47 83 53
(April bis Mitte Okt.)
Die nette Herberge mit 5 Zimmern und Halbpension gehört dem Ehepaar Vesperini. Er ist Imker, sie malt Impressionen aus der Region. Die Bilder sind im Restaurant ausgestellt und werden ebenso verkauft wie der leckere Honig.

**Asco**

Erst 1937 wurde die Straße durch die wildromantische Granitschlucht **Gorges de l'Asco** gebaut, die 900 m hohe Felsgrate und Zweitausender überragen – vorher war das für seinen **Honig** berühmte Bergdorf am Fuß des 2390 m hohen Monte Padru völlig abgeschieden und nur Freiheitskämpfern wie **Sampiero Corso** als Versteck bekannt. Almwirtschaft prägte den Alltag. Mitte Oktober zogen die Hirten mit ihren Schaf- und Ziegenherden hinab in die ►Balagne und in die ►Agriates. Anfang Juni kehrten sie zurück, schoren die Tiere, zogen weiter auf die Almen und stellten dort im Sommer Käse und Holzgeräte her. Die Frauen im Dorf waren mit dem Weben von Stoffen und dem Nähen wetterfester **Mäntel (»Panni«)** und **Umhänge (»Pelone«)** beschäftigt, die gegen Öl aus der ►Balagne oder Schweine aus der ►Castagniccia eingetauscht wurden.

**✶ Vallée d'Asco**

Das Asco-Tal gehört zum ►Parc Naturel Régional de la Corse. Das flache Untertal bedecken Eichen, Erlen, Lavendel- und Zistrosenmacchia; hinter Asco erstreckt sich der **Forêt de Carrozzica** mit korsischen Schwarzkiefern und Zwergerlen bis Haut-Asco, wo sich im Winter die Skilifte drehen. Im Hochtal, ein Refugium für bedrohte Tier- und Pflanzenarten, klettern korsische **Mufflons** über die Felsen und kreisen seltene **Bartgeier**.
Die mediterrane **Hermann-Schildkröte** kommt in freier Wildbahn kaum noch vor. Im

## ! *Baedeker* TIPP

### Slalom im Wildwasser

Einer der schönsten Flüsse für Kanu- und Kajakfahrer ist der Asco, der auf dem Col de Stranciacone entspringt und in den Golo mündet. Neben einer wild zerklüfteten Granitschlucht bietet der Gebirgsfluss erheblich verblocktes Wildwasser und starkes Gefälle mit vielen Stufen – allerdings können die Wasserstände im Sommer recht niedrig sein. Der beste Einstieg ist an der alten Genueserbrücke.

**Village des Tortues** bei Moltifao hat die Regionalparkverwaltung daher eine Zuchtstation eingerichtet. Besuchen sollte man die Kriechtiere mit dem schönen Panzer möglichst morgens, da auch Schildkröten bei Hitze träge werden. Ausgewachsene Tiere werden ausgewildert (Öffnungszeiten: April – Sept. Mo.–Fr. 9.00 – 12.00, 14.00 bis 18.00, Juli, Aug. tgl. Führungen: 10.00, 11.00, 15.00, 16.00 Uhr).

Wanderungen

Die früheren **Almpfade** zur Punta Minuta (2556 m), zum Monte Cinto (2706 m), zum Cirque de Bonifato, zur Muvrella (2148 m) und zur Punta Gialla (2.085 m) sind als Wanderwege nur für erfahrene, schwindelfreie Bergwanderer mit guter Ausrüstung geeignet. Detaillierte Infosrmationen erteilt die Parkverwaltung des ►Parc Naturel Régional de la Corse.

# ★ Nebbio

C/D 5/6

**Das muschelförmige Becken des Nebbio liegt wie eine fruchtbare Kammer zwischen der kargen Désert des ►Agriates und den südlichen Hängen des ►Cap Corse.**

Conca d'Oro

Zu Recht bekam das **Alisobecken**, das 600 bis 1500 m hohe Berge einrahmen, den Beinamen »Conca d'Oro«, »**Goldmuschel**«: Wein,

## NEBBIO ERLEBEN

### AUSKUNFT (OFFICE DU TOURISME)

Centre Administratif, B. P. 81
F-20217 Saint-Florent
Tel. 04 95 37 06 04
Fax 04 95 37 03 70

### ESSEN

**► Fein und teuer**

*Le Monastère de Murato*
Murato, Tel. 04 95 37 64 18
Im ehemaligen Kloster verfeinert ein Spitzenlokal korsische Spezialitäten mit Wein aus eigenen Lagen.

*La Rascasse*
Promenade des Quais
Saint-Florent
Tel. 04 95 37 06 99
Jean-Michel Querci ist für seine Fischmenüs berühmt. Von der Terrasse blickt man direkt auf den Hafen.

**► Erschwinglich**

*Le But*
Murato, Tel. 04 95 37 60 92
(Mo. geschlossen)
Liebevoll mit Antiquitäten eingerichtetes Lokal mit korsischer Küche

*Baedeker-Empfehlung*

***Ferme Auberge de Campo di Monte***
Murato, Tel. 04 95 37 64 39
Im alten Farmhaus verwöhnen Pauline und Josiane Juillard ihre Gäste mit deftiger Gemüsesuppe, Brocciu, Zicklein und geräucherten Wurstspezialitäten – gratis: der traumhafte Panoramablick.

*Tchin Tchin Malin*
Saint-Florent
Tel. 04 95 37 05 25
Am Ende der Hafenpromenade werden ausgezeichnete Muscheln und kreative Fischgerichte serviert.

**ÜBERNACHTEN**

**► Luxus/Komfortabel**
*Bellevue*
F-20217 Saint-Florent
Tel. 04 95 37 00 06
Fax 04 95 37 14 83
www.bellevue.com.fr
21 stilvolle Zimmer mit Terrasse zum gepflegten Park. Schwimmbad, Tennisplatz, Hotel-Strand und Gourmetrestaurant mit Blick auf den Golf und Cap Corse.

**► Komfortabel**
*Dolce Notte*
Route de Bastia
F- 20217 Saint Florent
Tel. 04 95 37 06 65
Fax 04 95 37 10 70
www.hotel-dolce-notte.com
Geschmackvolle Herberge 500 m vom Stadtzentrum mit Balkonzimmern und Hausstrand

**► Günstig**
*Maxime*
Route de la Cathédrale
F-20217 Saint-Florent
Tel. 04 95 37 05 30
Fax 04 95 37 13 07; 19 Z.
Zentral, gut und preiswert. Der Kanal am Haus führt zum 100 m entfernten Meer – wer im nicht zu großen Boot anreist, kann bis vor die Haustür schippern.

Oliven und Obst gedeihen bis heute bestens auf den guten Böden, auch wenn der Tourismus längst wichtigster Wirtschaftsfaktor ist. Natürliche Grenzen bilden der Golf von Florent, der Teghime-Pass, die Asto-Berge und der Col de Stefano.

## Rundfahrt durch das Nebbio

★★ Saint-Florent

Die pittoreske Altstadt auf der Halbinsel im Meer, der Sandstrand und der 1971 angelegte Jachthafen machen das **charmante Fischerdorf** zu einem beliebten Urlaubsziel – mit Fischrestaurants, Eiscafés, Boutiquen und Spezialitäten-Lokalen.

Der römische Handelsplatz und **mittelalterliche Bischofssitz** Nebbio lag 1 km landeinwärts. Doch im Laufe der Jahrhunderte verschlechterten sich die Lebensbedin-

**? WUSSTEN SIE SCHON ...?**

- ... dass Morgennebel dem Nebbio seinen Namen gab? Etymologisch leitet er sich von den Wolkenwalzen ab, die sich über dem südlichen Cap Corse bilden – die Römer nannten sie »nebula«.

gungen deutlich. Beim Überfall der Sarazenen im 13. Jh. blieb lediglich die Kirche Santa Maria Assunta unversehrt. 1439 verlagerten die Genuesen die Siedlung von der versumpften Aliso-Mündung auf die damals ebenfalls (noch) malaria-verseuchte Halbinsel und errichteten die Zitadelle, die später Wachtürme entlang der Küste ergänzten. Genua kanalisierte den Aliso, erschloss das Hinterland und baute den Hafen zum Stützpunkt seiner Kriegs- und Handelsflotte aus. 1514 wurde der genuesische Chronist und Literat **Agostino Giustinian**, der 1531 im »Dialogo nominato Corsica« das Wissen zur Geografie und Geschichte Korsikas festhielt, zum Bischof des Nebbio geweiht. 1667 kapitulierte Genua vor der **Malariaverseuchung** und gab die Stadt auf. Fast zwei Jahrhunderte lang war St-Florent nicht bewohnt. Erst mit der Trockenlegung der Sümpfe unter Napoleon III. blühte das Fischerdorf wieder auf.
Die malerischsten Winkel des **Hafenviertels** liegen am Ende der Halbinsel. Die farbenfrohen Häuser am Jachthafen überragt der Glockenturm der Pfarrkirche. Am Place des Portes warten Cafés auf Flaneure, und Boulespieler testen ihre Wurfqualitäten. Die eher bescheidene **Zitadelle** von 1568 besteht aus einem zylindrischen Mittelbau mit zwei seitlichen Wachtürmen und einem rechteckigen Turm – eine auf Korsika einzigartige Struktur.

*Am Hafen von Saint-Florent verwöhnen zahlreiche Restaurants mit Fischspezialitäten.*

**✶✶ Eglise Santa Maria Assunta**

Die alte **Kathedrale des Nebbio** ist das einzige Überbleibsel der von den Sarazenen zerstörten Hauptstadt des Nebbio. Die pisanisch-romanische Basilika von 1125 erinnert an La Canonica (► Bastia, Umgebung), wirkt aber prunkvoller und leichter. Die Fassade aus tarantinischem Marmor gliedern Blendbögen, die auf Kapitellen mit stilisierten Tierfiguren und geometrischen Motiven ruhen. Ungewöhnlich schön ist der **Figurenschmuck** der Säulen, die das Hauptschiff von den Seitenschiffen trennen: Muscheln, Schlangen und Löwen zieren die Kapitelle. Ein gläserner **Sarkophag** birgt die Gebeine des Heiligen San Fiurenzu (Öffnungszeiten: Juli, August tgl. 17.00 – 20.00 Uhr, sonst Schlüssel beim Tourismusbüro).

**! *Baedeker* TIPP**

**Mit dem Boot zum Strand**

Schöner baden als jenseits der Aliso-Mündung lässt es sich an den Traumstränden von Lotu und Saleccia an der Agriates-Küste. Mehrmals täglich fahren Schnellboote von Saint-Florent dorthin. Das Vergnügen ist seinen Preis wert!

**Santo Pietro di Tenda**

Das kleine Dorf Santo Pietro di Tenda thront in 360 m Höhe auf einem Kamm im Hochtal des Aliso. Beherrscht wird die Siedlung von der ungewöhnlichen Barockkirche **Saint-Jean-Evangéliste**, deren zwei Gebäude ein zentraler Glockenturm verbindet. Sehenswert im Innern sind eine Kreuzabnahme aus dem 17. Jh. und der kunstvoll geschnitzte Tabernakel des Hochaltars.

**Piève**

An die Besiedlung seit der Vorzeit erinnern neben der Dorfkirche von Piève die rund 3000 Jahre alten **Menhirstatuen** »Murello«, »Bucentone« und »Mutolay«, die am Col de Tenda entdeckt wurden.

**✶ Murato**

Das pittoreske Bergdorf lässt sich mit dem Bähnchen **Le Petit Train** erkunden. Pasquale Paoli (► Berühmte Persönlichkeiten), der hier vorübergehend sein Hauptquartier aufgeschlagen hatte, richtete in Murato die **erste korsische Münze** ein – geprägt wurde der Maurenkopf. Von April bis September und über Weihnachten offeriert das Geschäft der **Casa di l'Artigiani** korsisches Kunsthandwerk. In Murato wird **Brot nach bester Bauerntradition** gebacken: Scaccie, Scacettes und Miche heißen die knusprigen Spezialitäten.

**✶✶ San Michele de Murato**

Auf einem kleinen Plateau 470 m hoch über dem Bevinco-Tal erhebt sich weithin sichtbar **»die eleganteste Kirche der Insel«**, wie Prosper Mérimée (► Berühmte Persönlichkeiten) 1839 entzückt vermerkte. Die Außenmauern des Sakralbaus, 1280 im Stil der pisanischen Romanik erbaut, faszinieren durch das unregelmäßige Wechselspiel von dunkelgrünem Serpentin aus dem Bevinco-Tal und weißem Kalkstein. Nur der Campanile mit dem kleinen Portikus des Eingangs stört die Proportionen – er wurde Mitte des 19. Jh.s aufgestockt. Die schlichte Struktur schmücken ein Rundbogenfries und sorgfältig ausgeführte Skulpturen: verflochtene Schlangen, geometrische Ornamente und eine naive »Versuchung Evas« an der Nordwand. Die Allegorien an der Westfassade symbolisieren die Gewaltenteilung zwischen Kirche und Staat. Der rechteckige Kirchenraum ist schmucklos mit kaum sichtbaren Freskenspuren.

Am Kreisverkehr des 349 m hohen Col (Bocca) de San Stefano treffen sich Straßen aus allen Himmelsrichtungen – zwei von ihnen führen entlang der Schlucht **Défilé de Lancone**, die der Bevinco auf 2 km Länge in die Felswände gegraben hat, zur Ostküste. Die für Lkws gesperrte D 62 verläuft nördlich, die gut ausgebaute, dafür weniger malerische D 82 bietet südlich des Défilé einen **Aussichtspunkt** mit Fernsicht bis zum Etang de Biguglia.

*Dunkelgrüner Schiefer und weißer Kalk: San Michele de Murato*

Nach dem Abstecher zum Défilé geht es vom Col (Bocca) de San Stefano gen Norden weiter nach **Oletta**. Das recht ursprüngliche Dorf auf einer Anhöhe im Guadello-Tal ist bekannt für **köstlichen Schafskäse**, die Klosterruine St-François und den Panoramablick auf den Golf von St-Florent.

Am Westrand des Nebbio erstreckt sich das **Tal des Ostriconi**, der vom Monte Astu gen Norden in einem geschützten Delta ins Meer mündet. Im Tal stemmen sich fünf kleine Orte gegen einen Trend, der auf Korsika unabwendbar scheint: die kontinuierliche Entvölkerung des Hinterlandes. Gemeinsam setzen die Weiler Lama, Pietralba, Urtaca, Novella und Palasca auf **»Revitalisierung« durch Tourismus**. Mit staatlichen Zuschüssen wurden leer stehende Häuser renoviert, die jetzt Sommerhäuser für Festland-Korsen oder Ferienwohnungen sind. Ein neues Schwimmbad, Tennisplätze, Wandertouren und kulturelle Veranstaltungen komplettieren das Angebot. Im alten Pferdestall der Gemeinde Lama dokumentiert eine Dauerausstellung mit historischen Fotografien das frühere Dorfleben.

# Niolo

E/F 3/4

**»Das ist der Niolo, die Heimstatt der korsischen Freiheit, die uneinnehmbare Zitadelle, aus der die Erobererscharen nie die Bergbewohner haben verdrängen können.«, schrieb Guy de Maupassant 1882 in seinem Roman »Ein korsischer Bandit«.**

Südlich des ►Monte Cinto erstreckt sich das zum ►Parc Naturel Régional de la Corse gehörende Hochtal Niolo, das **Quellgebiet des Golo**. Der längste Fluss Korsikas entspringt unterhalb der Gipfel Paglia Orba und Tafonato, durchfließt die ► Castagniccia und Casinca und mündet nach 84 km ins Meer. Die beiden einzigen Zugänge zum Niolo, bis ins 19. Jh. nur über Maultierpfade zu erreichen, bil-

## NIOLO ERLEBEN

### AUSKUNFT (SYNDICAT D'INITIATIVE)

29 b, Avenue Valdoniello
F-20224 Calacuccia
Tel. 04 95 47 12 62
Fax 04 95 47 12 62
E-Mail: otniolu@club-internet.fr

### EVENT

Alljährlich am 8. September findet in Casamaccioli das Fest der Santa di Niolo statt, der religiöse Auftakt zu Korsikas größtem Jahrmarkt, der drei Tage dauert.

### ESSEN

**► Preiswert**

*Auberge du Lac*
Am Seeufer von Sidossi 2 km westlich von Calacuccia, Tel. 04 95 48 02 73
Authentische Küche des Niolo wie Manzu-Rinderbraten, Stufatu-Lammragout und Wildschweinkeule

### ÜBERNACHTEN

**► Günstig**

*L'Acqua Viva*
F-20224 Calacuccia
Tel. 04 95 48 06 90
Fax 04 95 48 08 82; 12 Z.
400 m vor dem Ortseingang an der D 84. Gemütliche Zimmer mit kleinem Balkon, z. T. mit Bergblick.

*Couvent de Calacuccia*
F-20224 Calacuccia
Tel. 04 95 48 00 11
Im ehemaligen Franziskanerkloster wurden die Räume in helle, behagliche Gästezimmer und Schlafsäle verwandelt. Refektorium, Küche und Garten stehen den Gästen zur Verfügung.

*Auftakt zu Korsikas größtem Jahrmarkt: das Fest der Santa di Niolo*

den heute der Col de Vergio, mit 1464 m der höchste Straßenpass Korsikas, und die D 84 durch den kahlen Korridor der Scala di Santa Regina. In der **abgeschiedenen Hochgebirgsregion** mit verwilderten Edelkastanien in niedrigen Lagen und Wäldern mit korsischen Schwarzkiefern oberhalb von 1000 m Höhe haben geschützte Tierarten wie Mufflon, Bartgeier oder Königsadler ihr Rückzugsgebiet. Von den kargen Hochalmen treiben die Hirten im Herbst ihre Herden zu den Weideplätzen an der Küste und im Frühjahr wieder hinauf. Die »Wüste aus glitzerndem Granit«, so Maupassant, ist ein **Dorado für Wanderer**, während die Gipfel von Monte Cinto (2710 m), Paglia Orba (2525 m) und Capu Verdattu (2586 m) Bergsteiger fordern.

## Sehenswertes im Niolo

**Calacuccia**

◄ Lac de Calacuccia

Das 830 m hoch gelegene Calacuccia ist der bescheidene **Hauptort des Niolo** und Ausgangspunkt für Wanderer und Bergsteiger. In der **Peter-und-Paul-Kirche** ist eine hölzerne Christusfigur als lokale Volkskunst sehenswert. Der Stausee Lac de Calacuccia (► Abb. S. 218) mit Korsikas wichtigstem **Wasserkraftwerk** hält hinter der 74 m langen und 256 m hohen Staumauer 25 Mio. m³ Wasser für die Stromgewinnung und die Bewässerung der Küstenebene bei ►Bastia. Eine 9 km lange Panoramastraße führt um den Stausee herum.

**Casamaccioli**

★

◄ Fest der Santa di Niolo

Vom 8. bis 10. September kommt Leben in das verschlafene Bergnest südlich des Sees, wenn halb Korsika hier alljährlich das Fest der **Santa di Niolo** feiert. Auf die Geburtstags-Prozession der Muttergottes am 8. September, bei der weiß gekleidete Männer mit der Statue auf den Schultern in Spiralen (Granitola) durch den Ort laufen, folgt ein dreitägiges Volksfest mit dem **größten Jahrmarkt der Insel**. Um die Feier rankt sich eine **Legende**: Ein in Seenot geratener Matrose hatte gelobt, im Fall seiner Rettung eine Statue der Muttergottes zu stiften. Er hielt sein Versprechen, und das holzgeschnitzte Schmuckstück wurde der Stolz eines Klosters an der Westküste. Als eines Tages Sarazenenschiffe am Horizont auftauchten, sollte die Muttergottes ins sichere Landesinnere gebracht werden. Da sich die Bergdörfer um die Statue stritten, wurde das Problem salomonisch gelöst: Sie wurde einem herrenlosen Maultier auf den Rücken gebunden und das Tragetier in die Berge gejagt. Nach zwei Tagen tauchte es in Casamaccioli auf – wo die Statue seitdem in der Pfarrkirche logiert.

★

**Scala di Santa Regina**

Östlich des kleineren Stausees von Corscia hat der Golo eine **wilde Schlucht** in den roten Granit gegraben. Auf 20 km überwindet er dabei einen Höhenunterschied von 500 m.

**Legende der Scala di Santa Regina**

Den Namen der atemberaubenden Landschaft erklärt eine Legende: Eines Tages gerieten der hl. Martin und der Teufel über das richtige Pflügen in heftigen Streit. Zornentbrannt warf der Höllenfürst den Pflug Richtung Golo, worauf das Gebirge auseinander brach und

*Rund um den Stausee von Calacuccia führt eine Panoramastraße.*

dem Fluss den Weg versperrte, der über die Ufer zu treten drohte. Erschrocken bat der Heilige die Muttergottes um Hilfe. Sie ließ sich nicht lange bitten, ordnete die Felsen so, dass sie den Zugang zum Niolo freigaben und der Golo wieder fließen konnte. Dankbar nannte der hl. Martin die Schlucht Scala di Santa Regina – **Treppe der heiligen Königin**.

**✶ Albertacce** Licnicoi hieß das Bergland des Niolo bei den alten Griechen. Mehr als 30 Fundstätten mit Menhiren, Megalithgräbern und Felszeichnungen wurden bislang hier entdeckt – die schönsten Funde, darunter die Kopfplastik Tête de Ponte-Altu, zeigt das **Musée Archéologique Licnicoi** in Albertacce, Tel. 04 95 48 05 22.

**Calasima** Hinter Albertacce kommt man über die D 318 zum **höchstgelegenen Dorf Korsikas**, Calasima, das wie ein Adlerhorst in 1100 m Höhe am Fuß der Paglia Orba thront.

**✶ Forêt de Valdo-Niello** Die D 84 windet sich nun durch den Valdo-Niello-Wald, mit 4600 ha Korsikas größter Kiefernwald, zur Passhöhe des 1464 m hohen **Col de Vergio**, Wasserscheide zwischen Ost- und Westküste und Etappe des Fernwanderwegs GR 20 (► Parc Naturel Régional de la Corse). Über den Forêt d'Aïtone geht es hinab nach ► Evisa. Unterhalb vom Col de Vergio liegt das kleine Wintersportgebiet **Station de Vergio**.

★ Wanderung zum Lac de Nino

Am **Maison forestière de Popaghja** beginnt ein gelb markierter Wanderweg durch den Valdo-Niello mit bis zu 500 Jahre alten, 50 m hohen Baumriesen. Nach knapp einer Stunde ist die **Bergerie de Colga** am Waldesrand erreicht. Auf der 1762 m hohen Bocca a Stazzona angekommen, sieht man den klaren **Lac de Nino**, mit 6,5 ha zweitgrößter Bergsee Korsikas und Quellgrund des Tavignano. Die mit Tümpeln und Wasserläufen durchsetzten Feuchtwiesen rund um den Lac de Nino – »**Pozzines**«, vom Korsischen »pozzi« für »Brunnen« – sind typisch für die Verlandung von Gebirgsseen. Auf den moorigen Wiesen gedeihen **Fleisch fressende Pflanzen** wie der Sonnentau.

! *Baedeker* TIPP

**Wander-Paradies**

Fünf orange markierte Wanderwege erschließen die schönsten Ecken des Niolo. Tipps zu den Tagestouren gibt die Broschüre »Niolo«, erhältlich beim Office du Tourisme und der Nationalpark-Verwaltung: Genueserpfad (Sentier génois, 6 Std., Start: Albertacce); Rundweg durch das Tal der Schäfer (4 Std., Start: Corscia); Niolo-Panoramaweg (6,5 Std., Start: Casamaccioli); Rundweg der fünf Brüder (Tour de 5 Frati, 7 Std., Start: Calasima); Rundweg ab Calacuccia via Lozzi und Albertacce (3,5 Std.).

# ★ Parc Naturel Régional de la Corse

D–K 1–6

**Der Korsische Regionalpark bedeckt mit 3500 km² fast 40 % der Insel. Er erstreckt sich von ►Calvi an der Nordwestküste bis hinunter nach ►Porto-Vecchio an der Südostküste.**

★ Landschaftsbild

Der Parc Naturel Régional de la Corse umfasst die großen Gebirgsketten mit ihren Ausläufern, die Westküste zwischen der Baie de Crovani und Capo Rosso sowie Teile der ►Castagniccia und des Bozio. Touristische Attraktionen sind die Gebirgsmassive von ►Monte

## KORSIKAS REGIONALPARK ERLEBEN

**AUSKUNFT**

***Parc Naturel Régional de la Corse***
2, Rue Major Lambroschini
F-20184 Ajaccio
Cedex 1
Tel. 04 95 51 79 10
Fax 04 95 21 88 17
www.parc-naturel-corse.com

*Wappentier des Parks ist der Mufflon*

Cinto, Monte Rotondo, Monte d'Oro, Monte Renoso und Monte Incudine, Kleinode die einsamen Täler, abgeschiedenen Dörfer und ausgedehnten Wälder des Inselinnern.

**Aufgaben der Parkverwaltung** Hauptaufgabe des 1972 gegründeten Regionalparks ist der **Natur- und Landschaftsschutz**. Einige Tiere, wie das Mufflon, oder die Vegetation der Pozzines (► Niolo) werden streng geschützt. Mit dem Schlagen von Brandschneisen und der Einsetzung von Brandwächtern wird versucht, den Feuern Einhalt zu gebieten, die alljährlich große Macchia- und Waldflächen vernichten.
Im Parkgebiet liegen auch 143 Orte. Um der Abwanderung nachhaltig vorzubeugen, fördert die unter staatlicher Trägerschaft operierende Parkverwaltung u.a. die Schaf- und Schweinezucht und den **Tourismus**. Wanderwege und Reitpfade werden angelegt sowie archäologische Stätten, traditionelle Almhütten – Bergeries – und andere historische Bauwerke bewahrt.

## ✶✶ Fernwanderweg GR 20

**Korsischer Höhenweg** Seit ihrer Gründung hat die Parkverwaltung mehr als 1500 km Wanderwege angelegt. Entlang der Hauptwasserscheide verläuft der Fernwanderweg GR 20 (**Sentier de Grande Randonnée**), der seinen Namen nach dem früheren Autokennzeichen des Départements Korsika erhielt und auch Korsika-Höhenweg genannt wird. Die **220 km lange Route** verbindet Calenzana im Nordwesten mit Conca im Südosten und führt durch eine wilde Hochgebirgslandschaft, vorbei an den höchsten Gipfeln Korsikas. Der Hauptweg ist **rot-weiß markiert**, Varianten und Abzweigungen in orange. Beste Wanderzeit ist Ende Juni bis Mitte Oktober. **Literaturempfehlungen**: ►S. 84.

**Hinweise für Wanderer** Die Route entspricht einer Gehzeit von 90 bis 100 Stunden. Bergsteigerverbände bereiten die Tour vor, begleiten Gruppen und sorgen für die Unterbringung in Hütten. Erfahrene Wanderer können den GR 20 auch alleine begehen. Eine wetterfeste Wanderausrüstung, gute Wanderschuhe, Proviant für vier bis fünf Tage und Erfahrung sind unabdingbar – jedes Jahr verunglücken Wanderer im korsischen Hochgebirge tödlich.

**Wanderetappen** Die »klassische« Wanderroute folgt in 15 Tagesetappen dem GR 20 – hier die Route von Nord nach Süd:

**1. Tag** **Calenzana – Refuge d'Ortu di u Piobbu (1570 m)**
Gehzeit: ca. 6 Stunden
Höhenunterschied: 1300 m bergauf, schwierige Etappe
**Highlights**: Forêt de Bonifato: Laricio-Kiefern, Steineichen, Stechpalmen, Baumheide und wilde Lilien wachsen in dem korsischen Urwald. **Einkehrtipp**: Auberge de la Forêt, Tel. 04 95 65 09 98, Waldgasthof an der D 251.

## *Parc Naturel Régional de la Corse*

**2. Tag** **Refuge d'Ortu di u Piobbu – Refuge de Carrozzu (1270 m)**
Gehzeit: 6 Std.
Höhenunterschied: 550 m bergauf, 850 m bergab
**Highlights**: Blick auf das wildromantische Felsenchaos des Figarella-Baches beim Cirque de Bonifatu. **Tipp**: Gönnen Sie sich im Refuge de Carrozzu den Luxus eines Hüttenbieres oder den Hauswein.

**3. Tag** **Carrozzu-Hütte – Haut-Asco (1420 m)**
Gehzeit: 5 Std.
Höhenunterschied: 850 m bergauf, 700 m bergab – letzter Abstieg sehr anstrengend
**Highlights**: Auf dem Weg zum Muvrella-See unterhalb des gleichnamigen Zweitausenders überspannt die große Spasimata-Hängebrücke spektakulär eine türkisblaue Gumpe. Vom Hauptkamm besteht die Möglichkeit, den Monte Cinto (2706 m) zu ersteigen. Gute Verpflegungsmöglichkeiten in Haut-Asco.

**4. Tag** **Haut-Asco – Tighiettu-Hütte (1640 m)**
Gehzeit: 6 Std.
Höhenunterschied: 1000 m bergauf, 780 m bergab
**Highlights**: Von der Passhöhe Col Perdu (2183m) hat man einen sagenhaften Blick in das steile Felstal Cirque de la Solitude, den »Kessel der Einsamkeit«. Es besteht auch die Möglichkeit, zum Monte Cinto (2706 m) aufzusteigen.

**5. Tag** **Tighiettu-Hütte – Refuge de Ciottulu-di-i-Mori (2000 m)**
Gehzeit: 4 Std.
Höhenunterschied: 630 m bergauf, 270 m bergab
**Highlights**: Eine markante Scharte trennt das »Matterhorn Korsikas«, die Paglia Orba (2525 m), vom Capu Tafunatu (2335 m) mit seinem berühmten Felsloch.

**6. Tag** **Refuge de Ciottulu-di-i-Mori – Refuge de Manganu (1600 m)**
Gehzeit: 7 Std.
Höhenunterschied: 600 m bergauf, 1000 m bergab
**Highlights**: Unterhalb des Col de Verghio, mit 1464 m der höchste Straßenpass Korsikas, liegt direkt neben einem Skilift das **Hotel Castellu di Vergio**. Im Laden des Hotels kann man sich mit Proviant für die nächsten Tage eindecken. **Tipp**: Im Refuge de Manganu gibt es frisch gebackenes Brot, direkt neben der Hütte eine Badegumpe. Den Gletschersee Lac de Nino mit der Quelle des Tavignano umrahmen beweidete Sumpfwiesen.

**7. Tag** **Manganu-Hütte – Refuge de Pietra-Piana (1842 m)**
Gehzeit: 6,5 Std.
Höhenunterschied: 850 m bergauf, 600 m bergab
**Highlights**: Unterhalb der Passhöhe Bocca Soglia (2052 m) glitzert blau der Lac de Melo in einem weiten Hochgebirgskessel. Möglich-

*Einen Abstecher wert: das Restonica-Tal*

keit, zum Restonica-Tal zu wandern oder den Monte Rotondo (2622 m) zu ersteigen. **Tipp**: Im Refuge de Pietra Piana gibt es leckeren Kuchen und eine warme Dusche!

**Pietra-Piana-Hütte – Refuge de l'Onda (1430 m)** **8. Tag**
Gehzeit: 4,5 Std.
Höhenunterschied: 350 m bergauf, 770 m bergab
**Highlights**: Tosende Wassermassen schießen das Manganello-Tal hinab. **Tipp**: Wasserfälle und tolle Badegumpen säumen den Weg zur Bergerie de Tolla (1010 m), wo es frischen Brocciu beim Bauern gibt – und warme Duschen. Beeindruckend: der Blick auf die Bergkulisse des Monte d'Oro.

**Refuge de l'Onda – Vizzavona** **9. Tag**
Gehzeit: 5,5 Std.
Höhenunterschied: 600 m bergauf, 1100 m bergab
**Highlights**: Cascades des Anglais (1150 m): Die »Wasserfälle der Engländer« aus den Gumpen und Wasserfällen des Agnone-Baches sind im Sommer ein beliebtes Ausflugsziel und laden zur erfrischenden Pause. Alpine Variante via Monte d'Oro (2389 m).

**10. Tag** **Vizzavona – Capannelle-Hütte (1586 m)**
Gehzeit: 5 Std.
Höhenunterschied: 870 m bergauf, 200 m bergab
**Highlights**: Geografisches Zentrum der Insel ist der Col de Vizzavona (1163 m). Zwischen Monte d'Oro (2389 m) und Bocca de Palmente (1637 m; mit erstem Ausblick auf die Ostküste!) erstreckt sich einer der schönsten Wälder Korsikas, der Forêt de Vizzavona mit Laricio-Kiefern und Buchen. Alpine Variante über Monte Renoso (2352 m).

**11. Tag** **Capannelle-Hütte – Prati-Hütte (1820 m)**
Gehzeit: 6 Std.
Höhenunterschied: 850 m bergauf, 630 m bergab
**Highlights:** Zwischen Col de la Flasca und Col de Verde (1289 m) spendet Tannenwald den Wanderern schattige Kühle. **Tipp**: Genießen Sie im Refuge de Prati den Sonnenaufgang über dem Meer.

**12. Tag** **Prati-Hütte – Usciolu-Hütte (1750 m)**
Gehzeit: 5 Std.
Höhenunterschied: 650 m bergauf, 715 m bergab
**Highlights**: Vom Col de Prati (1840 m) eröffnet sich eine wunderschöne Aussicht auf die West- und Ostküste.

**13. Tag** **Usciolu-Hütte – Asinao-Hütte (1530 m)**
Gehzeit: 7,5 Std.
Höhenunterschied: 800 m bergauf, 1040 m bergab
**Highlights**: Der Monte Incudine (2134 m) begeistert mit herrlicher Aussicht über den Süden Korsikas und die bizarren Felsspitzen der Bavella.

**14. Tag** **Asinao-Hütte – Refuge de Paliri (1060 m)**
Gehzeit: 6,5 Std.
Höhenunterschied: 550 m bergauf, 1000 m bergab
**Highlights**: Der Col de Bavella (1243 m) ist der schönste Pass der Insel: Gen Norden ragen die Zacken der Aiguilles de Bavella auf, gen Südwesten ist das berühmte Riesenloch der Punta Tafunata di i Paliri (1312 m) zu sehen.

**15. Tag** **Paliri-Hütte – Conca**
Gehzeit: 5 Std.
Höhenunterschied: 230 m bergauf, 1100 m bergab
**Highlights**: Von der letzten Passhöhe, Bocca d'Usciolu (587 m), sieht man bereits das Dörfchen Conca (252 m), wo der GR 20 endet.

## Die Fernwanderwege »Tra Mare e Monti« und »Da Mare a Mare«

**»Zwischen Meer und Bergen«**

Der orange gekennzeichnete Fernwanderweg »**Tra Mare e Monti**« führt auf der nördlichen Route in zehn Tagen von Calenzana nach ►

*Traumhaft: Korsikas Fernwanderwege zwischen Bergen und Meer*

Cargèse, auf der südlichen Route in fünf Etappen von Porticcio bei ►Ajaccio nach ►Propriano. Der Fernwanderweg »**Da Mare a Mare**« bietet drei Verbindungen zwischen beiden Küsten: Die nördliche Route führt in zehn Tagen von Pianella bei Moriani-Plage über ► Corte und ►Evisa nach ►Cargèse; die Zentralroute führt in sieben Etappen von ►Ghisonaccia über Zicavo und das Taravo-Tal nach ► Ajaccio; die südliche Route in sechs Tagestouren von ►Porto-Vecchio durch die ►Alta Rocca nach ►Propriano (►Praktische Informationen, Urlaub aktiv, Wandern).

**»Vom Meer zum Meer«**

## Fiumorbo

Die dünn besiedelte Bergregion mit weiten Kastanien- und Korkeichenwäldern gehört großenteils zum Parc Naturel Régional de la Corse und wird vom Wanderweg »**Da Mare a Mare Centre**« von► Ghisonaccia nach ►Ajaccio durchquert (►Praktische Informationen, Urlaub aktiv, Wandern). Bis vor wenigen Jahrzehnten waren die auf Anhöhen verstreut gelegenen Bergdörfer weitgehend von der restlichen Insel abgeschnitten.

**Abgeschiedenes Wanderparadies**

**Geschichte** Als Korsika 1769 an Frankreich fiel, lehnte sich die Bevölkerung des Fiumorbo heftig gegen die neuen Herren auf. Die Folge waren jahrzehntelange Repressalien, Massenhinrichtungen und Deportationen der Einwohner. Um 1815/1816 kam es nach Sympathiekundgebungen für Napoleon (► Berühmte Persönlichkeiten) zum **Fiumorbo-Krieg**, der Napoleons Herrschaft der Hundert Tage weit überdauerte. Bis zum beginnenden 20. Jh. war das Fiumorbo Schlupfwinkel der letzten **Banditen**, später Operations- und Rückzugsgebiet der **Résistance**. Der letzte Konflikt der streitbaren Region wurde durch die Verteilung von Landparzellen an nordafrikanische Rückkehrer in der Küstenebene ausgelöst.

**Prunelli di Fiumorbo** Der bedeutendste Ort der Region mit 2300 Einwohnern blickt aus 580 m Höhe auf die Küstenebene bei ►Aléria und ins Abatesco-Tal. Unterhalb des recht ursprünglichen Dorfes liegt eine der ältesten Kirchen der Insel, **San Giovanni Battista** aus dem 6./7. Jahrhundert. Sie enthält vorromanische Kunstwerke, darunter eine Skulptur der Dreifaltigkeit.

**Serra-di-Fiumorbo** Die Häuser auf dem 450 m hohen Bergkamm drängen sich um die Pfarrkirche. Der Panoramablick umfasst den Etang de Palo und den Süden der Ebene um ►Aléria. Von Serra-di-Fiumorbo wandert man in zweieinhalb Stunden nach Pietrapola.

**Pietrapola** Die Heilwirkungen des kleinen **Thermalbads** Pietrapola am Abatesco wussten bereits die Römer zu schätzen. Sein warmes schwefel- und natriumhaltiges Wasser wird bei der Behandlung von rheumatischen Erkrankungen eingesetzt. Kurgästen bietet das 1840 unter Napoleon III. erbaute **Hotel Bagni** Unterkunft mit Kurbetrieb (Pietrapola Les Bains, F-20243 Isolaccio-di Fiumorbu, Tel. 04 95 56 70 03, Fax 04 95 56 75 20, www.pietrapolalesbains.com).

# ★★ Porto

F 2

**Höhe:** 5 m ü. d. M. **Einwohner:** 600

**Porto wurde als Ferienort konzipiert, doch Bausünden wurden vermieden. Die Urlaubsdomizile in rotem Granit bilden mit dem tiefen Rot der Felswände, dem Grün der Macchia und dem Blau des Meeres ein faszinierendes Farbenspiel – so schön, dass die UNESCO den Golf von Porto zum Weltnaturdenkmal erklärte.**

Das Seebad Porto gehört zur knapp 5 km entfernten Gemeinde Ota (►Evisa) im Landesinneren und besteht fast nur aus Hotels und Restaurants an der Mündung des Porto. Im Sommer wimmelt der Ort von Besuchern: Badegäste, Wanderer und Urlauber, die bei ihren Se-

## PORTO ERLEBEN

### AUSKUNFT (OFFICE DU TOURISME)

Place de La Marine, F-20150 Porto
Tel. 04 95 26 10 55
Fax 04 95 26 14 25
www.porto-tourisme.com

### BOOTSAUSFLÜGE

Von Mitte April bis Mitte Okt. schippern täglich Boote entlang der Küste des Golf von Porto zur ►Calanche, zum Capu Rossu, nach Girolata und zum Weltnaturerbe Scandola. Infos: Nave va, Place de la Marine, Tel. 04 95 26 15 16, www.naveva.com; Porto Linea, Tel. 04 95 26 11 50, Fax 04 95 21 52 92.

### ABENTEUER UNTER WASSER

Die Tauchgründe des Golfs von Porto gehören zu den interessantesten der Insel. Infos zu Tauchgängen und Kursen erteilt das Centre de Plongée du Golf de Porto, Pont de Porto »les oliviers«, Tel. 04 95 26 10 29, Fax 04 95 26 10 29, www.plongeeporto.com.

### ESSEN UND ÜBERNACHTEN

► **Komfortabel**

***Kallisté***
Place de la Marine, Tel. 04 95 26 10 30
Fax 04 95 26 12 75
www.hotel-kalliste.com
(April – Mitte Okt.)
Fast alle 58 geschmackvollen Zimmer des eleganten rosa Granitbaus haben Balkon und Meerblick. Vom Gourmetrestaurant sieht man Portos Wahrzeichen: den Genuesenturm.

***Le Méditerranée***
La Marine, Tel. 04 95 26 10 27
Fax 04 95 26 19 65
www.le-mediterranee.com
(April – Mitte Okt.)
Alle 21 Balkonzimmer haben Blick auf den Golfe de Porto. Schwimmbad, Tennisplätze und eigene Tauchschule (Méditerranée Porto Sub La Marine; Tel. 04 95 26 19 47).

***Le Romantique***
Porto Marine, Tel. 04 95 26 10 85
Fax 04 95 26 14 04,
www.hotel-romantique-porto.com
(April – Okt.)
8 nette Zimmer mit Balkon und Hafenblick. Gespeist wird im Terrassenrestaurant.

► **Günstig**

***Brise de Mer***
Porto Marine, Tel. 04 95 26 10 28
Fax 04 95 26 13 02
www.brise-de-mer.com
(April – Mitte Okt.)
Im Zentrum von Porto bietet das Hotel 20 hübsche Balkonzimmer und korsische Küche im Panoramarestaurant.

#### *Baedeker-Empfehlung*

***U Caspiu***
Frische Langusten in Orangensauce, gegrillter Fisch vom Fang des Tages, als Nachtisch eine unwiderstehliche Zabaione, alles bestens am Strand serviert. Wo? Knapp 15 km nördlich von Porto am Plage de Caspiu, Tel. 04 95 27 32 58 (Mai – Sept.).

*Seglertraum und Weltnaturerbe: die atemberaubende Felsküste der Halbinsel Scandola*

geltörns entlang der Westküste einen Zwischenstopp einlegen. Eukalyptusbäume säumen den **Kieselstrand** mit starker Brandung. Fotogenes Wahrzeichen ist der 1994 renovierte **Genuesenturm** vor der Hafeneinfahrt. Er birgt ein kleines Museum zur Turmgeschichte und darf bestiegen werden (Gebühr).

**Geschichte** Seit dem 15. Jh. bewacht der genuesische Turm den Hafen, von dem aus u. a. das Holz des Forêt d'Aïtone verschifft wurde. Die Bank des hl. Georg vertraute das Land 1546 **Domenico Giustiniani** an und erteilte ihm ein Exklusivrecht zur Korallenfischerei mit der Auflage, das Porto-Tal zu bewalden.

## ★★ Golf von Porto

**Weltnaturerbe der UNESCO** Der Golf von Porto, der mehr als 10 km tief in die Westküste eindringt, gehört zum Gebiet des ► Parc Naturel Régional de la Corse und zum **Weltnaturerbe der UNESCO**. Im Norden trennt der 619 m hohe Monte Senino den Golf von Porto vom Golf von Girolata. Die kurvenreiche, oberhalb der Küste verlaufende D 81 bietet immer wieder herrliche Ausblicke – besonders schön am **Col de la Croix**, der beide Buchten verbindet. Stichstraßen führen zu den Stränden Plage de Bussaglia, Plage de Caspio und Plage de Gratelle. Weitaus bekannter ist jedoch die Südseite des Golfs zwischen Porto und Piana, die berühmte ►Calanche. Ein sehr guter Ausgangspunkt für die Erkundung der Felsküste ist das hübsch gelegene **Piana**.

**★ Anse de Ficajola**

Ein schmales, steiles Sträßchen führt von der D 824 hinab zur Anse de Ficajola. Umgeben von hohen roten Porphyrwänden, kontrastieren **Bucht und Strand von Ficajola** aufs Schönste mit dem Blau des Meeres und dem Azur des Himmels.

**Capu Rossu**

Unvergleichlich ist der Ausblick vom Capu Rossu am Südwestende des Golfs von Porto, zu dem ein markierter **Wanderweg ohne Schatten** in drei Stunden hin- und zurückführt. Auf dem Kap thront 300 m über dem Meer der **Tour de Turghio**.

## ★★ Bootsfahrt über Girolata nach La Scandola

**★ Girolata**

Girolata ist **nur per Boot** oder pedes zu erreichen. Schiffe verkehren ab Porto und ►Galéria; vom 272 m hohen **Col de la Croix** führt ein Saumpfad in 90 Minuten hinab nach Girolata. Das **denkmalgeschützte Fischerdörfchen** an der zerklüfteten Westküste hat seinen natürlichen Charme bewahren können und ist, außer zur Hauptsaison, ein Paradies der Ruhe und Beschaulichkeit. Eine kleine Zitadelle bewacht die winzige Bucht, die Eukalyptusbäume einrahmen. Die Bewohner der wenigen Häuser erhielten erst nach 1980 Leitungswasser und Strom. Hohe, violett schimmernde Granitwände bewachen die Abgeschiedenheit des Weilers.

### ? WUSSTEN SIE SCHON ...?

- ... dass Girolata einst ein Räubernest war? Am 15. Juni 1540 nahm Giannettino Doria, ein Enkel des berühmten Genueser Admirals Andrea Doria, hier den berüchtigtsten Piraten des Mittelmeers, Dragut, gefangen.

**★★ Réserve Naturelle de Scandola**

Westlich von Girolata schließt eine felsige Halbinsel aus Porphyr und Granit den Golf ab – das **UNESCO-Weltnaturerbe** La Scandola. Die Farbkontraste zwischen den riesigen roten Felsen, die schroff ins tiefblaue Meer abfallen, sind überwältigend. Auf zerklüfteten Felszacken nisten Kormorane, Silbermöwen und der **seltene Fischadler**. Das Hinterland bedeckt karge Macchia. Im klaren Wasser sieht man Korallenbänke, viele Algenarten und eine bunte Fischwelt. Bootsfahrten von ►Calvi, ►Porto, ►Cargèse ►Sagone oder ►Ajaccio aus bieten unvergessliche Eindrücke. Unter **Naturschutz** stehen 919 ha Land- und 1000 ha Meeresfläche. Wer das Gelände durchwandert oder im eigenen Boot anreist, muss strikte Auflagen einhalten.

# Porto-Vecchio

**Höhe:** 70 m ü. d. M. **Einwohner:** 9500

**Korkeichen, Pinien und viele Buchten säumen den Golf von Porto-Vecchio, der einige der schönsten Strände Korsikas besitzt. Diese natürlichen Vorzüge lassen den Tourismus boomen: Porto-Vecchio ist neben ▶Calvi der beliebteste Ferienort der Insel.**

Die nach ▶Ajaccio und ▶Bastia drittgrößte Stadt Korsikas liegt im Süden der Ostküste auf einem befestigten Hügel des Golfs von Porto-Vecchio, der zwischen der Punta San Ciprianu und der Pointe de la Chiappa im Mündungsgebiet der Flüsse Oso und Stabiacco 10 km weit ins Landesinnere reicht. Porto-Vecchio – wörtlich »Alter Hafen« – besitzt einen kleinen Handels- und Fischereihafen sowie einen Jachthafen für 500 Boote. In der Umgebung erstrecken sich der mit rund 8000 ha größte **Korkeichenwald** Korsikas sowie großflächige **Salinen**, in denen seit der Antike das »weiße Gold« gewonnen wird.

## PORTO-VECCHIO ERLEBEN

### AUSKUNFT (OFFICE DU TOURISME)

Rue du Député de Rocca Serra
F-20137 Porto-Vecchio
Tel. 04 95 70 09 58
Fax 04 95 70 03 72
www.accueil-portovecchio.com

### MIT DEM SCHIFF

Fährschiffe fahren regelmäßig nach Marseille, Genua, Livorno, Neapel und Palau, Ausflugsboote zu den Iles Lavezzi vor Bonifacio und zu den Stränden. Wer selbst ein Schiff chartern möchte, findet am Jachthafen mehrere Anbieter.

### ESSEN

**▶ Erschwinglich**

① ***L'Antigu***
51, Rue Borgo, Tel. 04 95 70 39 33
Feinschmeckerlokal in der Zitadelle mit Panoramaterrasse zum Golf von Porto-Vecchio

**▶ Preiswert**

② ***Borgu***
35, Rue Borgo
Tel. 04 95 70 07 27
An der Stadtmauer mit fantastischer Aussicht über Golf und Hafen gibt es leckere Fischgerichte.

③ ***L'Orriu***
5 Cours Napoléon, Tel. 04 95 70 26 21
Würzige Schinken schwarzer Schweine, Lonzo, Coppa, 20 Käsesorten, korsische Obstbrände und Weine werden im Laden-Bistro gereicht.

### ÜBERNACHTEN

**▶ Luxus**

① ***Grand Hotel de Cala Rossa***
Domaine Cala Rossa, F-20137 Lecci
Tel. 04 95 71 61 51, Fax 04 95 71 60 11

www.hotel-calarossa.com
Noble Oase mit eigenem Strand und preisgekröntem Gourmetrestaurant – probieren Sie zartes Milchlamm mit Brocciu, Oliven und Kastanien. Entspannung pur bieten Sauna, Massagen und Aromatherapie im eleganten Spa.

**► Günstig**

② ***Holzer***
12, Rue Jean Jaures
Tel. 04 95 70 05 93
Fax 04 95 70 47 82
www.corse-eternelle.com
30 großzügige Zimmer und nettes Restaurant

③ ***Mistral***
5, Rue Toussaint-Culioli
Tel. 04 95 70 08 53, Fax 04 95 70 51 60
Gepflegtes Zwei-Sterne-Hotel mit 21 Zimmern und kleinem Garten

*Baedeker-Empfehlung*

**► Komfortabel**

④ ***Le Goéland***
La Marine, Tel. 04 95 70 14 15
Fax 04 95 72 05 18, www.hotelgoeland.com
Hübsches Hotel mit 23 Zimmern. Gefrühstückt wird am Meer oder im schattigen Garten. Zu Tapas und korsischen Spezialitäten gibt es erlesene Weine der Insel.

**Stadtgeschichte**

In Porto-Vecchio landeten vermutlich die **torreanischen Siedler** der Bronzezeit, die um 1600 v. Chr. die Festungen und Dörfer von Tappa, Torre und Castello d'Arraggio errichteten. Die Römer verluden im Hafen die Rinde der Korkeichen. Zur Stadtgründung kam es jedoch erst 1539. Im Auftrag Genuas begann die Bank des hl. Georg den Bau einer fünfeckigen Befestigungsmauer, um den Verteidigungsgürtel entlang der Küste zu vervollständigen. Wenig später kamen 110 ligurische Familien nach Porto-Vecchio. Trotz Malaria und Zwistigkeiten mit ► Bonifacio wurden 1546 zwangsweise Familien aus allen Bezirken der Insel angesiedelt. Um 1564 bemächtigte sich **Sampiero Corso** (► Berühmte Persönlichkeiten) der Stadt, worauf eine genuesische Flotte Porto-Vecchio dem Erdboden gleichmachte. Erst nach Ausrottung der Malaria in den 1950er-Jahren begann der Ort als Handels-, Verwaltungs- und Tourismuszentrum zu florieren. In der Hauptsaison drängen sich die Urlauber vor allem in der Oberstadt.

**! Baedeker TIPP**

**Alles Olive**

Das »Terra Rossa« in der Rue Général de Gaulle Nr. 18 bietet so gut wie alle Produkte, die ein Olivenbaum hergibt: von Ölen über die Olivenpaste »Tapenade« bis zu Objekten aus dem schönen Holz (Öffnungszeiten: Juli, Aug. tgl. 9.00 bis 13.00, 14.30 – 22.00 Uhr, sonst 9.30 – 12.30, 15.30 – 20.00 Uhr außer Sonntagnachmittag u. Montagvormittag, Jan. bis März geschlossen).

## Sehenswertes in Porto-Vecchio

**★ Zitadelle**

Die Oberstadt umfasst die genuesischen Befestigungsanlagen mit fünf Bollwerken um die Altstadt. Die **Porte Génoise** öffnet sich südöst-

*Porto-Vecchio* Orientierung

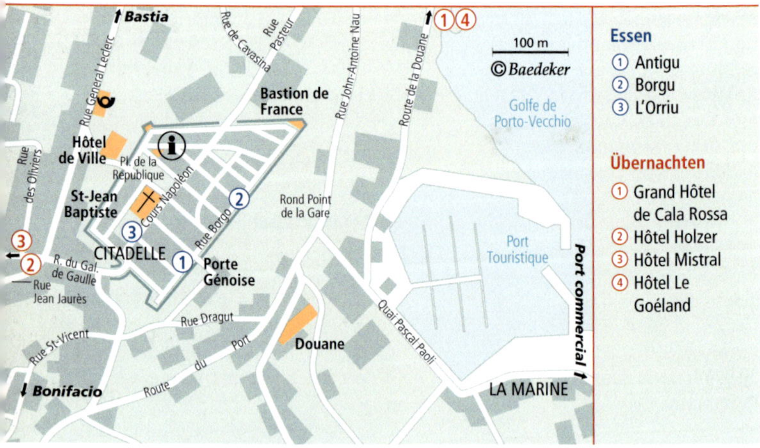


lich, die **Bastion de France** nordöstlich zur Küste, während die **Bastion de San Giorgio** die Nordwestmauer beschützt. Das Verteidigungssystem in der Stadt ergänzen die Türme **Torre di San Cipriano** und **Torre del Benedetto**, die von umliegenden Hügeln den Golf überwachten. Die Häuser innerhalb der Zitadelle sind nach ligurischem Vorbild aus ungleichmäßigen Granitblöcken erbaut.

**La Marine**

Im Hafenviertel unterhalb der Altstadt geht es zwar nicht preiswerter, aber ruhiger zu als in der Oberstadt. Der **Jachthafen** bietet Platz für 500 Boote, vom Handelshafen werden Kork und Holz verschifft. Im drittgrößten Hafen der Insel legen Fähren und Kreuzfahrtschiffe an. An der Mündung des Stabiacco wird in der einzigen Saline Korsikas Salz aus dem Meerwasser gewonnen.

## Umgebung von Porto-Vecchio

**★★ Traumstrände des Golfe de Porto-Vecchio**

Feinster Sand, rund geschliffene Felsen, grüne Strandkiefern, tiefblaues Meer und am Horizont die Inselgruppe Iles Cerbicale, die als Naturschutzgebiet nicht betreten werden darf: Die Bucht von Porto-Vecchio mit ihren Stränden ist ein paradiesisches Stückchen Erde. Bei **Cala Rossa** sind einige Strandabschnitte nur für die Gäste der Luxushotels zugänglich, was so manchem Korsen die Zornesröte ins Gesicht treibt. Frei für alle aber sind jedoch die Strände von **San Ciprianu** und **Pinarellu**. Die besten Badestrände erstrecken sich indes auf der Südseite der Landzunge – der für viele schönste Strand der Insel ist **Palombaggia** (Abb. S. 8/9), den große Schirmpinien beschatten, und die 6 km südlich gelegene Bucht von **Santa Giulia**. Am Südende des Golfes erlaubt das FKK-Paradies **Punta di a Chiappa** nahtlose Bräune.

Morriani Plage
Camping Mirandella
1449

U ~~Waldo~~
Valdo

Camping
U Valdo
20227
Ghisoni

*Bis zu 500 Boote finden im Jachthafen von Porto-Vecchio einen Liegeplatz.*

**Das Erbe der Torreaner**

Das geheimnisvolle Volk der Torreaner (► Baedeker Special S. 202) landete um 1600 v. Chr. im Golf von Porto-Vecchio und ließ sich auf Korsika nieder. Zwar ist die Meinung des Archäologen **Roger Grosjean**, es handele sich bei den Torreanern um das Seevolk Shardana, das von Pharao Ramses III. besiegt wurde und sich im ganzen Mittelmeerraum zerstreute, längst widerlegt, doch eine allgemein anerkannte Theorie gibt es bis heute nicht. Drei bronzezeitliche Stätten der Torreaner lohnen besonders den Besuch: Tappa, Torre und das Castellu d'Arraghju, eine der ersten torreanischen Siedlungen auf Korsika.

**Tappa**

Das torreanische Denkmal von Tappa geht auf die Zeit um das Jahr 1600 v. Chr. zurück und wurde ab 1960 von Roger Grosjean freigelegt. Den runden Bau mit falschem Gewölbe umschließt eine massive Zyklopenmauer. Der erste dort gefundene Menhir, der Tappa I, ist in ► Filitosa zu bewundern, Tonscherbenfunde aus Tappa im Museum von ► Sartène.

**✶ Torre**

Archaische Steinstufen führen zu einem prähistorischen Monument, das der torreanischen Kultur ihren Namen gab: der »Torre«, ein kegelförmiger »**Turm**«, den die Torreaner – ähnlich den sardischen Nuraghen – ursprünglich auf allen Kultbauten errichteten. Oben besaß der Torre eine Öffnung als Rauchabzug. Spuren von Asche und verkohlten organischen Resten lassen auf rituelle Feuerbestattungen schließen. Ist man ins Innere gekrochen, erkennt man einen Hauptgang, zwei Nebengänge und eine Nische. Vom Dach bietet sich ein schöner Blick auf die Bucht von Ciprianu.

*Sport und Spaß am Traumstrand von Palombaggia*

**★ Castello d'Arragio**

Nach 10 km auf der N 198 und D 759 führt in Arragio ein steiler Pfad in 30 Minuten zur monumentalen Anlage des »Kastells«, das in 245 m Höhe auf einem Felssporn mit **Panoramablick** über den Golf thront. Ein mächtiger Mauerring aus großen Steinblöcken – 120 m lang, bis zu 4 m hoch und 2 m dick – schützte einst das torreanische Dorf. Durch ein Tor mit steinernem Türsturz betritt man die Festung. Erhalten sind Reste eines Torre für kultische Zwecke sowie drei kleinere Räume, die später für Wachposten eingerichtet wurden.

**Massif de l'Ospédale**

Von Porto-Vecchio steigt die D 368 die Hänge des Massif de l'Ospédale empor und erreicht Zonza zu Füßen des Col de Bavella (► Alta Rocca). Die 30 km lange Strecke bis zur **Bocca d'Illarata** führt durch herrliche Wälder und bietet weite Ausblicke. Das Gebiet gehört zum ► Parc Naturel Régional de la Corse und eignet sich gut für kurze Wanderungen.

**★ Forêt de l'Ospédale**

Mit Korkeichen, Schwarzkiefern und von Farn überwucherten Granitfelsen gleicht der 4500 ha große Forêt de l'Ospédale einem **Märchenwald**. Leider beschädigten Brände seinen unteren Teil.

**★ L'Ospédale**

Schon die Römer wussten um die gesunde Wirkung der Höhenluft von L'Ospédale, errichteten hier ein Krankenhaus für ihre Truppen – und gaben so dem Ort seinen Namen. Vom Weiler aus genießt am eine herrliche **Aussicht** über die Stadt Porto-Vecchio mit ihrem Golf und den Iles Cerbicale sowie zum Golf von Santa Manza. Die Wasserversorgung am Golf und im Stabbiacco-Tal sichert der **Stausee** von L'Ospédale mit 3 Mio. m³ Fassungsvermögen. Rechts der Staumauer führt ein Weg in gut 45 Minuten hinauf zur **Cascade de Piscia di Gallo**. Der 50 m hohe »Hahnenpiss«-Wasserfall hat bizarre Formen in den Fels geschliffen.

# ✶ Propriano

13

**Höhe:** 25 m ü. d. M. **Einwohner:** 3500

**Das einstige Fischerdorf ist heute eine Urlauberhochburg mit schönen Stränden, reichhaltigem Wassersportangebot, Jachthafen und bunten Hafenrestaurants.**

## PROPRIANO ERLEBEN

### AUSKUNFT (OFFICE DU TOURISME)

Port de Plaisance
F-20110 Propriano
Tel. 04 95 76 01 49
Fax 04 95 76 00 65
www.propriano.net

### MIT DEM SCHIFF

Regelmäßige Fährverbindungen bestehen nach ►Ajaccio, Toulon, Marseille, Genua und Porto Torres (►Anreise, S. 54). Mit dem Boot kann man Ausflüge nach Campomoro und zum Capu de Senetosa mit Zwischenstopps an schönen Badestränden unternehmen (Infos: I Paesi di U Valinco, Tel. 04 95 76 16 78).

### AUF DEM RÜCKEN DER PFERDE

Kurze Ausritte am Meer oder zweiwöchige Reiturlaube bietet das Centre de Randonnées Equestres de Baracci an der Route de Baracci (D 257). Infos bei: BP 65, F-20110 Propriano, Tel. 04 95 76 08 02, www.corse-equitation.com.

### NICHTS FÜR ANFÄNGER

Eine aussichtsreiche 80 km lange Mountainbike-Rundfahrt, die 1000 Höhenmeter überwindet, führt von Propriano auf der D 19 über Arbellara und Fozzano auf den 729 m hohen Col di Siu, dann auf der D 557 zum Col de St-Eustache in 995 m Höhe und auf der D 420 durch Laubwald nach Aullène. Auf der D69 geht es über Sainte-Lucie-de-Tallano hinab in niedere Gefilde, auf der D 119 wieder zurück nach Propriano.

### ESSEN

*Baedeker-Empfehlung*

**► Erschwinglich**
***U Pescadori***
3, Avenue Napoléon
Tel: 04 95 76 42 95
Die sechste Generation der Fischerfamilie Giacomoni bringt nur fangfrischen Fisch auf den Tisch – probieren Sie den Hummer und die Bouillabaisse nach altem Familienrezept.

*Korsische Spezialität: Langusten*

► **Preiswert**
***Le Cabanon***
Avenue Napoléon
Tel. 04 95 76 07 76
Terrassenrestaurant am Hafen mit leckeren Fischmenüs.

**ÜBERNACHTEN**

► **Luxus**
***Grand Hotel Miramar***
Route de la Corniche
Tel. 04 95 76 06 13
Fax 04 95 76 13 14
www.grandhotelmiramar.com
(April – Okt.)
Alle 32 Zimmer des Mitglieds der »Small Luxury Hotels of the World« haben Balkon. Gefrühstückt wird im bezaubernden Garten, sonst speist man auf der schattigen Terrasse mit spektakulärem Blick auf den Golf von Valinco und einen großen Swimmingpool.

► **Komfortabel**
***Le Bellevue***
9, Avenue Napoléon
Port de Plaisance
Tel. 04 95 76 01 86
Fax 04 95 76 38 94
www.hotels-propriano.com
In dem jüngst renovierten Familienbetrieb logiert man mit Blick auf den Hafen.

► **Günstig**
***Santa Maria***
Place de l'Eglise, F-20113 Olmeto
Tel. 04 95 74 65 59 / 04 95 74 66 17
Fax 04 95 74 60 33, www.hotel-restaurant-santa-maria.com
(Jan. – Okt.)
Knapp 5 km landeinwärts. 12 nette Zimmer, im obersten Stock mit Panoramablick auf Propriano. In der ehemaligen Olivenmühle des 17. Jh.s kocht Marie Buresi heute korsische Spezialitäten wie Zicklein und Ravioli mit Brocciu-Füllung.

**Geschichte** Das Gebiet war schon in der Bronzezeit besiedelt, wie die Fundstätten im nahen ► Filitosa bezeugen. Karthagische, etruskische und griechische Seefahrer erkannten die Vorzüge des Naturhafens. Dennoch wurde Propriano erst 1640 durch genuesische Siedler gegründet; 1906 der Hafen für den Umschlag von Öl, Wein, Kohle und Holz ausgebaut. Wirtschaftlichen Aufschwung brachte erst der Tourismus.

## Umgebung von Propriano

★ **Golf von Valinco** Der Golf von Valinco wird im Norden vom Capo di Muro und im Süden von der Punta de Campomoro begrenzt. Die **schönen Sandstrände** von Porto-Pollo, Portigliolo oder Campomoro schufen die in den Golf mündenden Flüsse Taravo, Baracci und Rizzanèse.

★ **Campomoro**

Ein halbstündiger Spaziergang führt im Küstenort Campomoro an die Südspitze des Golfs. Vom **Genueserturm** an der Punta de Campomoro öffnet sich ein Blick auf die gesamte Bucht.

**Bains-de-Baracci**

Das Thermalbad schätzten bereits die Römer. Sein schwefel- und salzhaltiges Wasser entspringt mit einer Temperatur von 47 °C und wird mit Erfolg bei der Therapie von Hautkrankheiten, Rheumatismus und Erkrankungen der Atem- und Harnwege eingesetzt.

**Olmeto**

An der N 196 landeinwärts säumt das wohlhabende Dorf Olmeto mit Granitsteinhäuschen und barocken Bürgerhäusern terrassenförmig die Hänge der 360 m hohen **Punta di Buturetu** mit den Resten des **Castello della Rocca**. Von hier aus begann Arrigo della Rocca (►Baedeker Special S. 240) 1372, im Auftrag der Aragonier die Insel

*Badefreuden und Wassersport stehen in Propriano an erster Stelle.*

zu erobern. In das Haus gegenüber vom Rathaus zog sich **Colomba Bartoli-Carabelli** zurück, nachdem einer ihrer Söhne der von ihr geschürten Blutrache in Fozzano (► Alta Rocca) zum Opfer gefallen war. Sie starb hier im Alter von 96 Jahren. Ihre Familiengeschichte inspirierte **Prosper Mérimée** (►Berühmte Persönlichkeiten) zu seiner Novelle »Colomba«.

**Petreto-Bicchisano** Der Doppelort Petreto-Bicchisano liegt 412 m hoch im Taravo-Tal, wo Weizen, Wein und Oliven gedeihen. Das saftige Weideland im oberen Tal dient seit alters her der Viehzucht. Die **Kirche von Petreto** mit einem Altar aus farbigem Marmor und wertvollem Holzkruzifix im Innern bietet von der Terrasse ein herrliches Panorama über Bicchisano mit den zum Teil befestigten Granithäusern und die weite Berglandschaft.

# Sagone

G 2

**Höhe:** 10 m ü. d. M. **Einwohner:** 900

**Sagone ist eine der ältesten Siedlungen der Insel. Doch die blühende Stadt des 6. Jh.s präsentiert sich heute als eher gesichtsloser Badeort an einem langen Sandstrand – einzig der mächtige Genuesenturm erinnert an die glorreiche Vergangenheit.**

**✶ Golfe de Sagone** Zwischen dem Golf von Porto und dem Golf von Ajaccio an der korsischen Westküste öffnet sich die größte Bucht der Insel, der Golf von Sagone, begrenzt von der Pointe de Cargèse im Norden und

## SAGONE ERLEBEN

### AUSKUNFT (OFFICE DU TOURISME)

Mairie, Annex, F-20118 Sagone
Tel. 04 95 28 03 46, Fax 04 95 28 07 89
www.ot-vicosagone.com

### MIT DEM SCHIFF

Fantastische Bootsausflüge führen von Sagone zum Weltnaturerbe La Scandola bei Girolata.

### ESSEN

**► Erschwinglich**

*Le Grand Large*
Esigna Plage, Tel. 04 95 28 02 20
(April – Sept.)
Feines Strandrestaurant 1 km südlich von Sagone – Reservierung ist empfehlswert.

### ÜBERNACHTEN

**► Komfortabel**

*Cyrnos*
F-20118 Sagone
Tel. 04 95 28 00 01
Fax 04 95 28 00 77
(Mai – Mitte Okt.)
Beliebtes Hotel direkt im Zentrum am Strand. Probieren Sie die Fischsuppe und die Wurstspezialitäten.

*Muscheln sammeln, Burgen bauen: Am Strand von Sagone fühlt sich der Nachwuchs wohl.*

dem Capo di Feno im Süden. In den Golf von Sagone münden die Flüsse Liamone, Liscia und Lava, deren Ablagerungen **weite Sandstrände** gebildet haben.

**Geschichte**

Die kleine Siedlung der Römer war ab dem 6. Jh. **Bischofssitz** mit Gerichtsbarkeit über elf Pfarrgemeinden. Sagones Blüte endete im 16. Jh. durch Sarazeneneinfälle und Malaria. 1572 verlegte der Bischof daher seinen Sitz erst nach Vico, 1625 dann nach ►Calvi. 1578 errichteten die Genuesen einen Verteidigungsturm zur Kontrolle von Golf und Hafen, aus dem sie noch lange nach Aufgabe des Ortes 1660 Holz aus dem Forêt d'Aïtone verschifften. Danach versank Sagone in Bedeutungslosigkeit. Erst in der Nachkriegszeit lebte es wieder auf, nachdem das Gebiet trockengelegt und damit von der Malaria befreit war.

**Sant'Appiano**

Oberhalb der Sagone-Mündung erinnern an der D 81 die spärlichen Ruinen der Kathedrale Sant'Appiano aus dem 12. Jh. an den einstigen Bischofssitz.

## Umgebung von Sagone

**Cinarca**

Im Hinterland des Golfs von Sagone erstreckt sich die hügelige Cinarca, deren Grafen einst eine große Rolle im Kampf zwischen Pisa

*Hoch über der Cinarca thront Calcotoggio im sanften Abendlicht.*

# DIE FEUDALHERREN DER CINARCA

**Die Grafen von Cinarca spielten eine wichtige Schlüsselrolle im Kampf zwischen Pisa und Genua. Da Anhänger beider Seerepubliken in der Adelsfamilie vertreten waren, kam es auch innerhalb der Verwandtschaft zu Verbrechen und Racheakten.**

Berühmtester Spross der Grafen von Cinarca war **Sinucello della Rocca** (1221–1312). Bereits in jungen Jahren lernte er das Gesetz der Blutrache kennen, als er die Ermordung seines Vaters Guglielmo durch Verwandte rächte. Die Seerepublik Pisa erteilte daraufhin dem 24-Jährigen den Auftrag, den Streit unter den verfeindeten korsischen Adligen zu schlichten. Dieses tat Sinucello, indem er im Laufe von nur wenigen Jahren mit Ausnahme von Cap Corse die gesamte Insel unterwarf.

## Richter der Cinarca

Sinucello verwirklichte zum ersten Mal in der korsischen Geschichte die politische **Einheit der Insel**. Sein Versuch, Korsika dem Einfluss der Pisaner wie Genuesen zu entziehen, weckte jedoch das Misstrauen beider Seerepubliken. 1305 nahmen genuesische Truppen den angesehenen Edelmann gefangen. Einer seiner unehelichen Söhne hatte ihn verraten. Als »Guidice di Cinarca« (Richter von Cinarca) starb Sinucello 1312 im Kerker von Genua.

## Glücklose Nachfahren

1376 erhielt Sinucellos Urenkel, **Arrigo della Rocca**, den Auftrag, die Insel zu besetzen. Zunächst war Arrigo erfolgreich, doch benahm er sich derart despotisch, das sich die Korsen im Kampf gegen ihn mit den Genuesen verbündeten. 1398 war seine Zeit beendet. Sein Neffe **Vincento d'Istria**, vom aragonischen König zum Statthalter ernannt, nahm den Kampf gegen Genua wieder auf und belagerte 1420 Bonifacio. Als Vizekönig von Korsika gründete er die Zitadelle von Corte. 1433 nahmen die Genuesen ihn auf See gefangen und enthaupteten ihn im folgenden Jahr in Genua.

## Letzter Widerstand

Der letzte Widerstand korsischer Feudalherren wurde 1456 gebrochen, als Genua Raffé di Leca in seinem Schloss erhängte. Seine 22 Brüder, **»Paladine di Cinarca«** genannt, lud der Genueser Gouverneur Spinola 1459 zu einem »Versöhnungsmahl« – nach dem Essen ließ Spinola alle enthaupten. Genua hatte auf der ganzen Linie gesiegt.

und Genua spielten. Oliven, Zitrusfrüchte, Wein, Obst und Gemüse gedeihen auf den Terrassen des »**Gartenlandes**«. In der Macchia der Cinarca versteckte sich jahrelang der letzte Bandit Korsikas: der »Tiger der Cinarca«, der 1922 zwei Gendarmen in Sari d'Orcino ermordet hatte. Erst 1935 wurde er in Bastia hingerichtet.

**Tiuccia**, den einzigen Küstenort der Cinarca am Golfe de la Liscia, schützen zwei Vorgebirge mit genuesischen Türmen, im Norden der **Tour de Capigliolo**, im Süden der **Tour d'Ancone**. Nahe des beliebten und gelegentlich überfüllten Sandstrandes von Tiuccia erheben sich die Reste des **Schlosses Capraia** der Grafen von Cinarca. Die Ferienanlagen von Tiuccia sowie sämtliche Hotels der Cinarca werden in den örtlichen Hotelverzeichnissen unter dem Namen **Calcatoggio** gelistet, dem Hauptort der Cinarca.

! *Baedeker* TIPP

**Salute!**

Das Weingut Clos d'Alzeto, 1820 von Napoleon Albertini gegründet, ist nicht nur das höchstgelegene, sondern auch eines der besten der Insel. Vielfach prämiert wurden die Rotweine, zu 70 % aus der Sciaccurellu-Traube, die nur auf Korsika wächst, und der Niellucciu-Rebe gekeltert – Auskunft: Sari d'Orcino, Tel. 04 95 52 24 67, www.closdalzeto.com.

◄ Casaglione

Erste Station der Rundfahrt durch die Cinarca ist das Bauerndorf Casaglione, das 280 m hoch inmitten von Olivenbäumen, Kastanien, Eichen und Wiesen liegt. Die **Dorfkirche** birgt eine Kreuzigung Christi von 1505 und ein Gemälde des Stifters der Kirche, der vom hl. Franziskus die Gürtelschnur der Ordenstracht empfängt. Schöne **Ausblicke auf den Golf von Sagone** bieten Sari d'Orcino und Calcatoggio, von wo aus auch der Golf von Liscia zu sehen ist.

◄ Rocher de Gozzi

An der D 81 zweigt nach dem Bocca (Pass) San Bastiano ein Sträßchen links ab zu den drei Weilern von Appietto. Steigt man vor dem letzten Weiler rechts auf einem Saumpfad hinab zur **Fontaine d'Appietto** und auf der anderen Talseite wieder hinauf, gelangt man in anderthalb Stunden zur Ruine des **Stammschlosses der Grafen von Cinarca** und auf den 708 m hoch gelegenen Rocher de Gozzi mit großartigem Panorama auf die Golfe von Sagone und Ajaccio.

**Vico**

Das liebevoll restaurierte Städtchen Vico war im 16. Jh. die Residenz der Bischöfe von Sagone. Sehenswert ist v. a. das 1 km entfernte **Kloster St-François**, das strahlend weiß über dem oberen Liamone thront. Das Kloster, 1481 von Gian Paolo de Lecca gegründet, wurde bis 1793 von Franziskanermönchen unterhalten. Seit 1836 bewohnen die Missionare des Ordens »Oblaten der Unbefleckten Jungfrau Maria« die Gebäude. Im Innern der Kirche verdienen das marmorne Tabernakel aus dem 17. Jh. über dem Hauptaltar, das auf das 15. Jh. datierte **älteste Christuskreuz Korsikas** und die bemalte Holzfigur von **Tony Casalonga**, Mitbegründer der Künstlervereinigung »Corsicada«, besondere Beachtung. Vicos 1192 m hoher Hausberg **Punta di a Sposata** (Gipfel der Braut) verdankt seinen Namen einer Legende: Eine junge Hirtin, die einen vornehmen Herrn aus der Cinarca geheiratet hatte, verhielt sich ihrer Mutter gegenüber undankbar. Daraufhin verfluchte die Mutter ihre Tochter – sie wurde für immer in einen Berg verwandelt.

✶ **Fantastischer Fernblick**

Zwischen Vico und Evisa klettert die D 70 zum 1101 m hohen **Col de Sevi**. Wer am Pass die Schweine ignoriert und die löchrige Asphaltspiste hinaufläuft, wird mit einem Panoramablick über den Golf von ►Porto, die ►Calanches, ►Evisa und die Berge bis zum ►Monte Cinto belohnt.

**Renno**

Die korsische Autorin **Marie Sushini** (►Berühmte Persönlichkeiten) stammte aus dem Dörfchen Renno, das für seine Märkte bekannt ist. Sushini starb 1993 und wurde in Vico begraben.

**Gorges du Liamone**

Südlich von Vico führt die D 1 zwischen Edelkastanien und Erdbeerbäumen durch die wilde Schlucht des oberen Liamone hoch zum Dorf **Arbori.**

**Guagno-les-Bains**

Die Heilquellen des kleinen **Kurortes** wurden schon von Napoleon, Letizia Bonaparte und Pasquale Paoli geschätzt. Neben dem Wildbach erheben sich ein neues Kurhaus und das moderne Hôtel des Thermes (Tel. 04 95 28 30 68). Das nach dem Ersten Weltkrieg aus Natursteinen errichtete Thermalbad mit schwefelhaltigem Wasser wurde Anfang der 1990er-Jahre saniert. Die 37 °C warme **Thermalquelle Occhiu** (»Auge«) wird bei der Behandlung von Erkrankungen der Augen und der Atemwege eingesetzt; die 52 °C heiße **Source Venturini** wird bei Rheuma, Arthrose, Ischias und Hautkrankheiten angewendet.

Der nahe Hauptort **Guagno** ist Heimat der Leca, einer der berühmtesten Familien Korsikas. Ein Denkmal erinnert an den Geistlichen Domenico Leca, genannt Circinello. Der Anhänger Paolis trat hartnäckig für die Unabhängigkeit der Insel ein. Das benachbarte Orto liegt malerisch auf einer Terrasse vor den senkrechten Felswänden des **Monte Sant'Eliseo**. Nördlich von Guagno-les-Bains ist **Soccia** ein beliebter Ausgangspunkt für Tagestouren zum **Gletschersee** Lac de Creno in 1310 m Höhe.

✶ Orto ►

Lac de Creno ►

# ✶ Sartène

K 3

**Höhe:** 330 m ü. d. M. **Einwohner:** 3500

**300 m hoch über dem Rizzanèse-Tal schmiegt sich die »korsischste aller korsischen Städte« an die Hänge des Monto Rosso – und noch heute trifft der viel zitierte Ausspruch von Prosper Mérimée am besten den Charakter der einstigen Hochburg des Banditentums.**

Sartènes fünf- bis sechsstöckige festungsartige Granithäuser mit den oft geschlossenen Fensterläden wirken ebenso malerisch wie abweisend gegenüber allen »Eindringlingen«. In den verwinkelten Gässchen, engen Passagen, dunklen Hinterhöfen und kleinen Plätzen des Altstadtviertels Santa Anna scheint die Zeit stillzustehen.

## SARTENE ERLEBEN

*Unbedingt probieren: Canistrelli von Tamburini!*

### AUSKUNFT (OFFICE DU TOURISME)

6, Rue Borgo
F-20100 Sartène
Tel. 04 95 77 15 40, Fax 04 95 77 15 40
www.sudcorse.com

### KARFREITAGNACHT

Alljährlich am Karfreitag lebt bei der Büßerprozession »Catenacciu« (► S. 245) das Mittelalter wieder auf, wenn der »Große Büßer« ein 32 kg schweres Kreuz durch die Altstadt tragen muss.

### BISCUITS TAMBURINI

Bei I Delizi in der Rue Borgo kann man die begehrten Canistrelli von Tamburini erstehen. Die leckeren Kekse sind mit Honig, Mandeln und Nüssen, Zitrone, Rosinen oder Anis aromatisiert (www.biscuiterie-tamburini.com).

### ESSEN UND ÜBERNACHTEN

**► Komfortabel**

① ***Les Roches***
Av. Jean Jaurès, Tel. 04 95 77 07 61
Fax 04 95 77 19 93
www.sartenehotel.fr
66 großzügige Zimmer, teilweise mit Balkon und Blick auf den Golfe du Valinco; gutes Panoramarestaurant.

② ***Villa Piana***
Route de Propriano
Tel. 04 95 77 07 04, Fax 04 95 73 45 65
www.lavillapiana.com
Alte Eichen, Olivenbäume und Lavendelbüsche umgeben die behagliche 32-Zimmer-Villa der Familie Abraïni. Mittags gibt's kleine Häppchen am Pool, abends ist es nur ein kurzer Spaziergang zur Auberge Santa Barbara (► Empfehlung).

③ ***Du Golfe***
Tizzano, F 20100 Sartène
Tel. 04 95 22 02 51,
Fax 04 95 74 05 24 (Mai – Okt.)
Elegantes Hotel mit Balkonzimmern 20 km südl. am kleinen Felsstrand von Tizzano. Probieren Sie gegrillten Fisch und Lamm in Minzsoße.

### *Baedeker-Empfehlung*

**► Erschwinglich**

① ***Auberge Santa Barbara***
Route de Propriano/N 196
Tel. 04 95 77 09 06, Fax 04 95 77 09 09
(April – Mitte Okt.)
Gisèle Lovichi verwandelt bodenständige Gerichte mit besten korsischen Zutaten in raffinierte Köstlichkeiten. Sie füllt zarte Lammkeulen mit aromatischen Kräutern der Macchia, lässt ihre Gäste in Soupe Paysanne schwelgen, offeriert korsische Spitzenweine. Hohe Fenstertüren führen auf die Terrasse und in den blühenden Garten mit Blick auf Sartène.

## *Sartène* Orientierung

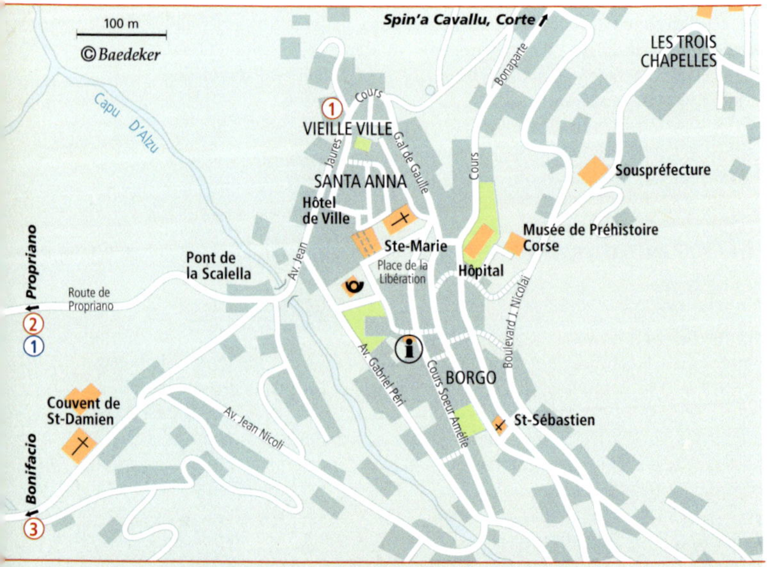


**Essen**
① Auberge Santa Barbara

**Übernachten**
① Hôtel Les Roches ③ Hôtel du Golfe
② Villa Piana

**Sartenais**

Das Sartenais, das sich als Dreieck zwischen Sartène im Norden, dem Küstenort Tizzano im Südwesten und dem Naturschutzgebiet Roccapina im Südosten erstreckt, war schon in der Vorzeit besiedelt, wie die **Megalithdenkmäler** von Cauria und Alo Bisucce belegen.

**Stadtgeschichte**

Die strategisch günstige Lage des Sartenais führte zu Auseinandersetzungen zwischen den örtlichen **Lehnsherren della Rocca** und Genua. Nach dem Sieg der Seerepublik erhielt Sartène 1516 einen Mauerring und blieb ligurischen Siedlern vorbehalten, die das abtrünnige Hinterland kontrollieren sollten. 1565 eroberte Sampiero Corso Sartène. Als Piraten 1583 die Stadt plünderten, erbeuteten sie auch 400 Einwohner, die sie als Sklaven nach Algerien verkauften. Im 17. Jh. durften sich korsische Bauern im neuen Viertel Borgo außerhalb der Stadtmauer niederlassen. 1732 eroberte General Giafferi die Stadt; erst 1763 erkannte Sartène die Regierung Paolis an. Um 1830 galt Sartène als **Hauptstadt der Vendetta**, bis 1834 ein Vertrag zwischen dem Armenviertel Borgo und dem wohlhabenden Altstadtviertel Santa Anna, der in der Kirche Ste-Marie geschlossen wurde, die blutige Fehde beendete.

*Über 30 kg wiegt das Kreuz des rot gewandeten anonymen Büßers, der in der Karfreitagnacht den Passionsweg Christi auf sich nimmt.*

# PERDONO MIO DIO

**Aus der Kirche Ste-Marie in Sartène tritt in der Karfreitagnacht eine Gestalt, die in eine rote Kapuzenkutte gehüllt ist. Nur die Augen des »Catenacciu« sind durch schmale Schlitze zu sehen. Die Büßergestalt trägt ein eisenbeschlagenes Kreuz, mehr als 30 kg schwer, und schleift am nackten rechten Knöchel eine schaurig klirrende, 14 kg schwere Kette (korsisch »catena«) über das Pflaster.**

Die nächtliche Prozession »Catenacciu« symbolisiert den **Leidensweg Christi**. Alljährlich lockt die traditionsreichste korsische Büßerprozession am **Karfreitag** Scharen von Schaulustigen in die sonst ruhige Stadt. Für die Einheimischen ist das Ritual aus dem Mittelalter Ausdruck tiefster Religiosität und wird mit lebhafter Anteilnahme begangen.

## »Catenacciu«

Der rot gewandete »Angekettete« büßt für eine schwere Schuld. Als »Großer Büßer« nimmt er den Passionsgang Christi auf sich, um die ganze Stadt von ihren Sünden zu erlösen. Aus einer langen Liste von Anwärtern wählen die Geistlichen den **anonymen Bußwilligen** aus. Früher waren es oft Banditen und Bluträcher, die in eine Vendetta verstrickt waren.

## Kleiner Büßer

Auf seinem mühseligen Gang wird dem Großen Büßer streckenweise vom Kleinen Büßer in weißer Kutte mit Kapuze geholfen, wie einst **Simon von Kyrene** Jesus unterstützte, das Kreuz zu tragen. Die Zuschauer versuchen drei Mal, den Großen Büßer zu Fall zu bringen, um seine Identität zu entdecken. Das Fernsehen überträgt inzwischen den theatralisch anmutenden Büßergang, zu dem auch immer mehr Touristen anreisen.

## Prozession

Hinter den beiden Hauptdarstellern schreiten acht schwarz gewandete Büßer, die auf einem Leichentuch die **Holzfigur des toten Christus** tragen. Ihnen folgen Geistliche, Honoratioren der Stadt und zuletzt Gläubige. Sie beten und singen schrill **»Perdono Mio Dio«** (»Vergib mir, Gott«). Es ist tiefe Nacht in der Altstadt von Sartène, nur das spärliche **Kerzenlicht** in den Fenstern der Viertel Santa und Borgo weist dem langen Prozessionszug den Weg. Er führt bis zur **Kathedrale St-Sébastian** und zurück zum **Place de la Libération**. Nach der Predigt segnet der Priester die knienden Gläubigen mit der Holzfigur des toten Christus.

*Der Place de la Libération ist das historische Herz von Sartène.*

## Sehenswertes in Sartène

**Place de la Libération**

Das Herz der Stadt bildet der Place de la Libération, im Volksmund **Piazza Porta** genannt. Im Straßencafé kann man dem regen Markttreiben zuschauen. Die 1593 an der Ostseite des Platzes vollendete Kirche Ste-Marie stürzte 1765 ein und wurde bis Anfang des 19. Jh.s aus Granitquadern wieder aufgebaut. Attraktion des Innern sind neben dem barocken **Hochaltar** aus farbigem Marmor die Ketten und das **Kreuz der »Catenacciu«**-Prozession (►Baedeker Special S. 245).

Eglise Ste-Marie ►

Hôtel de Ville ►

Durch den Torbogen des Rathauses, das die Genueser im 16. Jh. als Gouverneurs-Residenz errichteten, gelangt man zum Place du Maggiu der Altstadt.

**★ Altstadt**

Die verwinkelten Gassen mit hohen Granithäusern, schmalen Treppenaufgängen und dunklen Hinterhöfen im **Santa-Anna-Viertel** sind ein Labyrinth des Mittelalters. Das geschäftige **Borgo-Viertel** ist fast genauso alt wie Santa Anna, aber viel weniger düster.

**★ Musée de Préhistoire Corse**

Das einstige Stadtgefängnis von 1840 beherbergt heute das **Museum für korsische Vor- und Frühgeschichte** (wegen Restaurierung bis Ende 2006 geschlossen). Die vom Archäologen Roger Grosjean zusammengetragene Sammlung, zugleich das archäologische Forschungszentrum der Insel, zeigt 250 000 Fundstücke vom Neolithikum bis zur Eisenzeit (6000 – 500 v. Chr.).

Aus der **Jungsteinzeit** sind Werkzeuge aus Obsidian und Feuerstein, Keramikfunde mit Muschelgravur, polierte Schleif- und Mahlsteine sowie Geräte für die Weberei zu sehen. Die **Megalithkultur** belegen goldene und silberne Grabbeigaben aus Dolmen. Neben menschlichen Knochenresten, in Tafoni-Höhlen gefunden, werden Werkzeuge und Waffen aus Metall sowie Schmuck aus Serpentin gezeigt. Im Innern **torreanischer Kultstätten** und Hütten wurden Bronzewaffen, Geräte zum Spinnen und Weben sowie importierte italienische Keramik gefunden. Die frühe **Eisenzeit** ist vertreten durch Keramik mit Asbest, Waffen und Werkzeuge aus Eisen sowie Schmuck aus Bronze und Glaspaste. Zwei restaurierte Menhirstatuen mit eingemeißelten Waffen, der Tragstein eines Dolmen mit eingeritzten Symbolfiguren, Felsgravuren und -malereien sowie Fotos frühgeschichtlicher Fundstätten vervollständigen das Spektrum.

## Umgebung von Sartène

★★ **Megalithdenkmäler von Cauria**

Die Hochebene von **Cauria** südlich von Sartène, die seit jeher **Hirten** aufsuchen, bedeckt im Frühling ein Blütenmeer von Affodillen. Hier errichteten vor vier Jahrtausenden Völker der Megalithkultur Dolmengräber und »Alleen« aus Menhiren (► Baedeker Special S. 202). Einige Menhire wurden später wiederverwendet und mit menschlichen Zügen, manche sogar mit Waffendarstellungen versehen. Eine heftig umstrittene Theorie besagt, dass die Megalithreihen – französisch: »**Alignements**«– vermutlich heilige Orte kennzeichneten und als Sonnenkalender und Observatorium dienten.

Die **Megalithdenkmäler** der Hochebene von Cauria stellen den größten prähistorischen Komplex dieser Art im Mittelmeerraum dar. Er wurde unter Leitung des französischen Archäologen Robert Grosjean in den 1960er-Jahren freigelegt und untersucht. Schädliche Umweltgifte und Erosion haben in den letzten Jahrzehnten Details der Menhirstatuen leider fast gänzlich zerstört.

★★ ◄ Dolmen von Fontanaccia

**Prosper Mérimée** (► Berühmte Persönlichkeiten) entdeckte 1839 auf seiner Inspektionsreise durch Korsika den schönsten und besterhaltenen Dolmen der Insel (► Abb. S. 248): die »**Stazzona del diavolo**«. Die »Teufelsschmiede« besteht aus sechs senkrechten, glatten Granitplatten, die 40 cm tief in den Boden gerammt sind und 1,60 m hoch aufragen. Darauf ruht die 3,40 m lange, 2 m breite, 20 cm dicke und über 3 t schwere Deckplatte. Die Grabkammer misst 2,60 x 1,60 m.

★ ◄ Alignement von Stantari

Zwei parallele Reihen von 25 aufrecht stehenden oder umgestürzten Menhiren aus dem 2. Jt. v. Chr. bilden das Alignement von Stantari, das 1964 von Grosjean entdeckt wurde. Acht **Menhirstatuen** stellen Krieger aus der Bronzezeit dar. Ihre Schwerter sind senkrecht eingemeißelt, an beiden Seiten der Helme befinden sich Löcher. Farbspuren auf den knapp 3 m hohen Statuen Cauria II und Cauria IV lassen auf eine frühere Bemalung mit rotem Ocker schließen.

◄ Alignement von Renaggiu

Einige Hundert Meter entfernt stehen im Schatten eines Steineichenwäldchens am Fuß des Felsens von Cauria zwei Reihen von 46 halb-

*Prosper Merimée entdeckte 1839 den Dolmen von Fontanaccia.*

kreisförmig angeordneten und genau in Nord-Süd-Richtung ausgerichteten Menhiren, die zur Hälfte nicht höher als 1 m sind. In der Nähe des Alignements von Renaggiu wird nach Resten eines torreanischen Dorfes gegraben.

Alignement von Palaggiu ▶

Das in Nord-Süd-Richtung angelegte Alignement von Palaggiu wird von den Einheimischen respektvoll **»Campu dei Morti«** (»Friedhof«) genannt. Der Komplex aus aufrecht stehenden und umgestürzten Menhiren, von Roger Grosjean 1964 – 1968 freigelegt und später restauriert, ist heute von üppiger Vegetation überwuchert und nur zum Teil zu erkennen. Vor allem die umgestürzten Menhire gehen in der Macchia unter. Nur auf alten Fotos wie im Museum von Sartène erkennt man das Alignement in seiner Ausdehnung: Seine **258 Granitmonolithe**, 2 – 3 m hoch und in zwei 200 m langen Reihen angeordnet, bilden das größte Menhirfeld im Mittelmeerraum!

## ! *Baedeker* TIPP

**Traumstrand**

Zu Füßen des Löwenfelsens lockt eine breite Badebucht mit weißem Strand, der flach ins smaragdgrüne Meer ausläuft – die Cala di Roccapina ist ein Paradies für Familien mit Kindern. Die Dünen dürfen als Naturschutzgebiet nicht betreten werden.

Skurril erodierte **Granitfelsen**, einem Elefantenkopf und anderen Tieren ähnlich, sind an der N 196 beim **Capu de Roccapina** zu sehen. Der **Rocher du Lion** (Löwenfelsen) beim Genuesenturm soll einst ein Adliger gewesen sein, der aus Verzweiflung über eine nicht erwiderte Liebe zum Löwen erstarrte.

In **Alo Bisucce** westlich von Sartène sieht man Reste eines Kultmonuments, das die **Torreaner** um 1700 v. Chr. in Teilen auf einer älteren neolithischen Wohnstätte errichteten. Zur Cella öffnen sich drei schmale Gänge. Eine doppelte Zyklopenmauer umgibt das Denkmal.

**Spin'a Cavallu**, die genuesische Brücke namens »Pferderücken«, die seit dem 13. Jh. den Rizzanèse überspannt, wirkt seit ihrer Restaurierung wie ein Neubau. Der Brückenbogen ist stark gekrümmt, mit großen Steinen gepflastert und nur für Fußgänger und Esel geöffnet.

# Solenzara

H 6

**Höhe:** 5 m ü. d. M. **Einwohner:** 1400

**»Solenzara« schmetterte Enrico Macias 1966 – und stürmte mit der Romanze am 20 km langen Sandstrand die Charts. Leider trübt gelegentlich Lärm des nahen Militärflughafens Travo das Urlaubsvergnügen.**

## SOLENZARA ERLEBEN

### AUSKUNFT (OFFICE DU TOURISME)

Côte des Nacres
B. P. 22, F-20145 Solenzara
Tel. 04 95 57 43 75
Fax 04 95 57 43 59

### TARZAN ODER INDIANER JONES?

Hangeln, Klettern, Schwingen und über schwankende Brücken balancieren: Der Adventure Park am nördlichen Ortsausgang von Solenzara lädt zu einem luftigen Seil-Trip durch den Eukalyptuswald. Mindestgröße: 1,40 m! (Tel. 06 11 19 59 68).

### ESSEN

► **Erschwinglich**

***A Mandria***
Ld. Scaffa Rossa, Solaro
Tel. 04 95 57 41 95
Aus einer ehemaligen Schäferei hat Sébastien de Rocca-Serra ein schnuckeliges Terrassenrestaurant mit bester korsischer Küche gemacht.

### ÜBERNACHTEN

► **Komfortabel**

***La Solenzara***
Quartier du Palais
F-20145 Solenzara, Tel. 04 95 57 42 18
Fax 04 95 57 46 84
www.hotel-lasolenzara.com
Charmantes Haus mit 20 geschmackvollen Zimmern und Schwimmbad, 200 m vom Sandstrand entfernt

**Sonniger Badeort mit Bergkulisse**

Bei Solenzara an der Mündung des gleichnamigen Flusses stößt die felsige Küste der südlichen Côte des Nacres an den sandigen Südrand der Plaine Orientale. Landein erheben sich die spektakulären Felsnadeln des Bavella-Massivs (► Alta Rocca), die den Bummel auf dem breiten Kai des 450 Boote fassenden Jachthafens am Horizont begleiten. Herrliche Aussichten auf Berge und Küste zugleich lassen sich im 8 km entfernten Sari-di-Porto-Vecchio an der D 68 genießen. Die breiten, sichelförmigen **Badebuchten** von Solenzara – Scaffa Rossa, Cala d'Oro, Solaro, Canella, Favone, Tarco – säumen Eukalyptushaine. Reizvolle, da kühlere Alternative: der Fluss Solenzara.
Zwischen Solenzara im Süden und Prunete nördlich der Alesani-Mündung erstreckt sich die **Costa Serena** – »serena« = klar, heiter. Den werbewirksamen Begriff ließ sich die korsische Winzervereinigung einfallen.

# Vizzavona

G 4

**Höhe:** 910 m ü. d. M. **Einwohner:** 500

**Großer Bahnhof für eine Hand voll Häuser: Wo einst im großen Stil Holz verladen wurde, steigen heute Wanderfreunde aus und stiefeln auf dem GR 20 durch einen Märchenwald aus Lariciokiefern.**

**Wanderzentrum**

Am höchsten Punkt der Bahnstrecke von ► Ajaccio nach ► Bastia liegt der kleine **Luftkurort** am Fuß des 1163 m hohen Col de Vizzavona. Mit der Bahnerschließung des Inselinneren 1889 wurden Vizzavona und sein einstiges Grand Hôtel de la Forêt bei englischen Aristokraten sehr beliebt – im Bahnhof erinnert eine kleine Ausstellung an jene Jahre. Heute versorgt das einzige Lebensmittelgeschäft des Ortes Wanderer mit Proviant, die auf dem GR 20 und anderen Routen die Bergwelt erkunden. Infos und Karten gibt es bei der Verwaltung des ► Parc Naturel Régional de la Corse.

## Umgebung von Vizzavona

**✶ Forêt de Vizzavona**

Gut 50 km Wanderwege durchziehen den 1500 ha großen Forêt de Vizzavona mit korsischen Schwarzkiefern und Buchen, die zwischen dem Monte d'Oro und Col de Palmente die Hänge säumen.

**✶ Monte d'Oro**

Über **zwei anstrengende Aufstiege** kann man in fünf Stunden den Monte d'Oro erklimmen. Der erste Weg führt von den Bergeries de Puzzatelli und dem Fuß des 2008 m hohen Punta Renosa zum Gipfel mit Pracht-Panorama vom ► Monte Cinto zum Monte Renoso und zur Plaine Orientale an der Ostküste.
Die zweite Route, als Abstieg zu empfehlen, folgt dem Tal des Agnone zu den **Cascades des Anglais** und erreicht über die 1364 m hohen

## VIZZAVONA ERLEBEN

### ESSEN UND ÜBERNACHTEN

► **Komfortabel**
***Grand Hôtel du Monte d'Oro***
Col de Vizzavona
F-20219 Vizzavona
Tel. 04 95 47 21 06
Fax 04 95 47 22 05
(April – Nov.), 32 Z.
Gepflegtes Haus mit einem nostalgischem Speisesaal. Das Hotel befindet sich seit über 100 Jahren im Besitz der Familie Sicurani. Einige der oberen Zimmer gewähren einen fantastischen Blick auf den Monte d'Oro.

Bergeries de Tortetto und den 2159 m hohen Col du Porc den Gipfel. Beim Col de Vizzavona führt eine 15-minütige Wanderung zur Ruine der mächtigen **genuesischen Festung**, die einst die wichtige Straße durch das Landesinnere kontrollierte.

**✶ Vivario**

Malerisch thront Vivario am Fuß des Monte d'Oro auf einer Terrasse über der Schlucht des Vecchio. Dichte Kastanienwälder umgeben das Dorf, durch das jahrhundertelang Hirten des ►Niolo ihre Herden trieben. Im Wald von Vezzani im Tagone-Hochtal werden von Oktober bis Dezember rund 600 t **Schwarzkiefernzapfen** gesammelt und in Vivario 12 Tage lang über dem Feuer getrocknet. Die ausgelösten Samen, jährlich rund 1 t, werden aufs Festland exportiert und zur Wiederaufforstung verbrannter Waldflächen eingesetzt.

**Fort de Pasciolo**

An der N 193 nach ►Corte beginnt am Parkplatz ein 10-minütiger Pfad zur Ruine des französischen **Fort de Pasciolo** von 1770. Weiter nördlich überqueren eine Autobrücke und das 140 m lange Eisenbahnviadukt, 1888 von Gustave Eiffel aus Stein und Stahl konstruiert, die tiefe **Schlucht des Vecchio**.

**Bocognano**

Knapp 8 km südlich des Col de Vizzavona braust der Verkehr durch den **Hauptort des Gravona-Hochtals**. Dabei lohnt der alte Ort mit Bahnstation und sehenswertem Kieselsteinbrunnen von 1883 einen Halt. 1792 wurde hier **Napoleon Bonaparte** (►Berühmte Persönlichkeiten) von Paoli-Anhängern verhaftet. Erst die Intervention des mit der Familie Bonaparte befreundeten Bürgermeisters von Bocognano verhalf dem damaligen Oberstleutnant der korsischen Nationalgarde wieder zur Freiheit. **Wanderwege** führen durch Kastanien- und Kiefernwälder und hinauf zum Monte d'Oro.

*In fast 100 m Höhe zuckelt die kleine Inselbahn über den Viadukt bei Vivario.*

# MIT DER BAHN ÜBER DIE BERGE

**Eine Tagestour mit dem »Tringhellu« oder »Micheline«, wie die Inselbahn liebevoll genannt wird, ist eine Reise quer durch Korsika. Gute dreieinhalb Stunden braucht der Zug von Ajaccio nach Bastia – und länger, wenn Wildschweine auf den Gleisen umherlaufen oder das Schwätzchen am Haltepunkt kein Ende nimmt.**

## Technische Glanzleistung

Etwa 30 Jahre wurde geplant, 16 Jahre gebaut, ehe man im Februar 1888 feierlich zur Eröffnung der neuen Bahn schritt. Damals wie heute ist die Streckenführung eine technische Glanzleistung. Den Viadukt über den Vecchio entwarf **Gustave Eiffel** – in 97 m Höhe überspannt er 140 m weit die wilde Schlucht des Gebirgsbaches. Über 230 km misst das Netz der Kleinbahn, die durch 38 Tunnel und über 76 Brücken fährt. Die **Hauptstrecke** führt auf 158 km von Ajaccio über Corte nach Bastia – gemütlicher lässt sich die Insel kaum erkunden!

## Bedeutung

Von wirtschaftlicher Bedeutung war die Linie über die Berge nicht lange. Wenn die Hirten ihre Herden zwischen Küste und Gebirge hin- und hertrieben, konnten sie die Bahn nicht nutzen. Für den Transport ihres Hausstandes und der Käselaiber eigneten sich Lastwagen besser. Auch die im Gebirge gesammelten Schwarzkiefernzapfen füllten nur selten die Wagons. Im Winter aber, wenn der Schnee meterhoch liegt, war und ist der Schienenweg wichtig. Auch bei der Bekämpfung von Banditenbanden wie den **Bonelli-Brüdern** sollte die Bahn helfen. Im Pentica-Tal bei Bocognano bewirteten sie den Präfekten, und eine Prinzessin aus Mecklenburg war ebenfalls gern zu Gast. Im Jahre 1888 beendete Frankreich das bunte Treiben.

## Bahn für alle

Heute vertrauen nicht verwegene Gestalten, sondern Wanderer ihre müden Glieder der **»Micheline«** an. Mit dabei sind Studenten aus Corte, Schäfer von den Hochweiden des Niolo, Forstarbeiter, Pilzsammler, Geistliche in schwarzem Gewand und Handelsreisende. In vielen Kehren und lang gezogenen Schleifen schlängelt sich der Zug die steilen Hänge hinauf, während man über blühende Macchia auf schneebedeckte Gipfel blickt.

# Zicavo

H 4

**Höhe:** 727 m ü. d. M. **Einwohner:** 350

**Einige Weiler mit alten Granithäusern, umgeben von Buchen- und Kastanienwäldern: Zicavo im Tal des Pincione ist zum Wandern wie geschaffen.**

Das Bergdorf ist bevorzugter Ausgangspunkt für Besteigungen des 2134 m hohen Monte Incudine und Etappenziel der Fernwanderroute »Da Mare a Mare«.

## Umgebung von Zicavo

Die fantastische Wanderung zum 2134 m hohen **Monte Incudine** folgt zunächst der D 428 durch den Buchenwald Bosco di u Coscione zu den Bergeries de Basseta und bis zur Kapelle St-Pierre. Mit Allradwagen kann man bis zur Cavallara-Alm vordringen. Hier folgt man dem **Fernwanderweg GR 20** in östlicher Richtung. Man überquert das Bett des Tignoso, ersteigt den 1805 m hohen Col de Luana und erreicht über den Grat nach insgesamt gut zwei Stunden den Gipfel mit herrlichem **Panorama** über den Monte Renoso und das majestätische Bavella-Massiv.

Bains-de-Guitera

Der Kurort am rechten Ufer des Taravo besitzt ein kleines **Thermalbad**, das mit 42 °C warmem, schwefel- und alkalihaltigem Wasser die Heilung von Rheuma, Gelenk- und Hautkrankheiten unterstützt.

**Sainte-Marie-Sicché**: Im Ortsteil Casabianca ist der Turm des Hauses erhalten, in dem die Frau des Freiheitshelden **Sampiero Corso** (► Berühmte Persönlichkeiten), Vannina d'Ornano, geboren wurde. Da sich die 34 Jahre jüngere Vannina vermutlich von ihrem Mann trennen wollte, wurde sie 1563 vom eifersüchtigen Sampiero erwürgt – den daraufhin die Verwandten der Ermordeten töteten (►Ajaccio, Umgebung, Bastelica).

### ZICAVO ERLEBEN

**ESSEN UND ÜBERNACHTEN**

► **Günstig**

*Le Florida*
F-20132 Zicavo
Tel. 04 95 24 43 11
Fax 04 95 24 40 24
Moderner Bau am oberen Ortsende mit 12 gepflegten Zimmern und Panoramablick. Die Küche serviert leckere korsische Gerichte.

### ! *Baedeker* TIPP

**Schleier der Braut**

Nahe der D 27 lässt sich nach gut zehn Minuten Fußmarsch der höchste Wasserfall Korsikas bewundern: Aus einer Höhe von 150 m stürzt die »Cascade du Voile de la Mariée« in mehreren Stufen in die Tiefe – am schönsten nach der Schneeschmelze.

# REGISTER

## a



## b

*c*



*d*



*e*

# VERZEICHNIS DER KARTEN & GRAFISCHEN DARSTELLUNGEN

# BILDNACHWEIS

Agostini: S. 118, 157
AKG: S. 46
Baedeker-Archiv S. 78, 166, 181, 184
Bilderberg/Chr. Boisvieux: S. 43, 84, 216
Bilderberg/M. Horacek: S. 227
CMA: S. 251
Feltes-Peter, Astrid: S. 9, 39, 93, 106 rechts oben, 121, 125 links oben und unten, 202
Hackenberg, Rainer: S. 38, 50, 95 oben, 125 rechts unten, 126, 128, 131, 155, 178, 189, 212
Huber/O. Fantuz: S. 11 Mitte, 88, 98 rechts oben und links unten, 101 rechts unten, 143, 161, 177, 213, hintere Umschlagklappe Mitte
Huber/A. Giampiccolo: S. 164
Huber/Giovanni: S. 3, 94 unten, 167
Huber/Spila Riccardo: S. 111
Huber/Giovanni Simeone: S. 5 links, 8/9, 58, 94 oben, 104 links unten, 172, 228, 233
HB Verlag/Peter Thomas Widmann: vordere Umschlagklappe, S. 2, 4 links unten, 5 rechts, 16, 20, 28, 41, 73, 81, 98 links unten, 99, 102, 112, 119, 123, 125 rechts oben, 137, 147, 148, 150, 153, 163, 168, 169, 175, 182, 183, 187, 188, 215, 218, 240, 245, 246, 249, 252
Lade: S. 219
laif/Gonzalez: S. 10, 12 oben, 14, 30, 104 oben, 136, 197, 199, 204, 236, 239
laif/Jonkmanns: S. 22, 25, 225
laif/Krinitz: S. 7, 207
laif/Gerhard P. Müller: S. 13, 36, 52/53, 64, 65, 95 unten, 243, 248
laif/Raach: S. 11 unten, 12 Mitte, 12 unten, 101 links unten, 106 links oben, 109, 139, 144, 146, 174, 223, 230, 234
laif/Streets: S. 4 rechts, 87
laif/Zanetti: S. 67
Look/Raach: S. 106 unten
Look/Florian Werner: S. 6, 60
Maison de la France: S. 57
Mauritius: S. 55, 101 oben, 135
Mauritius/Cash: S. 194
Moirenc, Camille: S. 11 oben, 26, 53, 61, 92/93, 104 rechts unten, 108/109, 116, 191, 209, 237
Museum Cervione: S. 49
Picture-alliance/akg-images: S. 133
Picture-alliance/dpa: S. 44, 152
WMF: S. 62, 98 links oben

Titelbild: laif/Raach – Bonifacio

# IMPRESSUM

**Ausstattung:**
157 Abbildungen, 21 Karten und grafische Darstellungen, eine große Reisekarte

**Text:**
Hilke Maunder und Dr. Madeleine Reincke
mit Beiträgen von Isolde Bacher, Astrid Feltes-Peter, Christoph Merten und Karen Nölle-Fischer

**Bearbeitung:**
Baedeker Redaktion (Dr. Madeleine Reincke)

**Kartografie:**
Franz Huber, München;
Falk Verlag, Ostfildern (Reisekarte)

**3D-Illustration:**
jangled nerves, Stuttgart
**Gestalterisches Konzept:**
independent Medien-Design, München (Kathrin Scheme)

**Sprachführer** in Zusammenarbeit mit Ernst Klett Sprachen GmbH, Stuttgart,Redaktion PONS Wörterbücher

**Chefredaktion:**
Rainer Eisenschmid, Baedeker Ostfildern

8. Auflage 2008

**Urheberschaft:**
Karl Baedeker Verlag, Ostfildern

**Nutzungsrecht:**
MAIRDUMONT GmbH & Co KG; Ostfildern


Printed in China
ISBN 3-8297-1038-0
Gedruckt auf 100%
chlorfrei gebleichtem Papier

# BAEDEKER VERLAGSPROGRAMM

- Ägypten
- Algarve
- Amsterdam
- Andalusien
- Athen
- Australien
- Bali
- Baltikum
- Barcelona
- Belgien
- Berlin
- Bodensee
- Brasilien
- Bretagne
- Brüssel
- Budapest
- Bulgarien
- Burgund
- Chicago • Große Seen
- China
- Costa Blanca
- Costa Brava
- Dänemark
- Deutsche Nordseeküste
- Deutschland
- Djerba • Südtunesien
- Dominikanische Republik
- Dresden
- Elba
- Elsass • Vogesen
- Finnland
- Florenz
- Florida
- Franken
- Frankfurt am Main
- Frankreich
- Fuerteventura
- Gardasee
- Gomera
- Gran Canaria
- Griechenland
- Griechische Inseln
- Großbritannien
- Hamburg
- Harz
- Hongkong
- Indien
- Irland
- Island
- Istanbul
- Istrien • Kvarner Bucht
- Italien
- Italien • Norden
- Italien • Süden
- Italienische Adria
- Italienische Riviera
- Japan
- Jordanien
- Kalifornien
- Kanada • Osten
- Kanada • Westen
- Kanalinseln
- Kenia
- Köln
- Kopenhagen
- Korfu • Ionische Inseln
- Korsika
- Kos
- Kreta
- Kroatische Adriaküste • Dalmatien
- Kuba
- La Palma
- Lanzarote
- Lissabon
- Loire
- Lombardei • Mailand • Oberitalienische Seen
- London
- Madeira
- Madrid
- Malaysia
- Malediven

- Mallorca
- Malta • Gozo • Comino
- Marokko
- Mecklenburg-Vorpommern
- Menorca
- Mexiko
- Moskau
- München
- Namibia
- Nepal
- Neuseeland
- New York
- Niederlande
- Norwegen
- Oberbayern
- Österreich
- Paris
- Peking
- Piemont
- Polen
- Portugal
- Prag
- Provence • Côte d'Azur
- Rhodos
- Rom
- Rügen • Hiddensee
- Sachsen
- Salzburger Land
- St. Petersburg
- Sardinien
- Schottland
- Schwäbische Alb
- Schwarzwald
- Schweden
- Schweiz
- Sizilien
- Skandinavien
- Slowenien
- Spanien
- Sri Lanka
- Stuttgart
- Südafrika
- Südengland
- Südtirol • Dolomiten
- Sylt
- Syrien
- Teneriffa
- Tessin
- Thailand
- Toskana
- Tschechien
- Tunesien
- Türkei
- Türkische Mittelmeerküste
- Umbrien
- Ungarn
- Usedom
- USA
- USA • Nordosten
- USA • Südwesten
- Venedig
- Vietnam
- Washington DC • Capital Region
- Weimar
- Wien
- Zypern

# LIEBE LESERINNEN, LIEBE LESER,

**ein herzliches Dankeschön, dass Sie sich für einen Baedeker Allianz Reiseführer entschieden haben. Er wird Sie zuverlässig auf Ihrer Reise begleiten und Sie nicht im Stich lassen.**
**Natürlich beschreibt er die wichtigen Sehenswürdigkeiten, aber er empfiehlt auch die schönsten Strände, dazu Hotels für den großen und kleinen Geldbeutel, gibt Tipps für Restaurants, Shopping und für vieles mehr, was eine Reise zum Erlebnis macht. Dafür hat die Redakteurin Dr. Madeleine Reincke Sorge getragen. Sie ist für Sie regelmäßig nach Korsika gereist und hat all ihre Erkenntnisse in diesen Reiseführer gepackt.**

Trotzdem: Die Erfahrung zeigt, dass Fehler und Änderungen nach Drucklegung, für die der Verlag keine Haftung übernehmen kann, nicht ausgeschlossen werden können. Für Kritik, Berichtigungen und Verbesserungsvorschläge sind wir Ihnen außerordentlich dankbar. Schreiben Sie uns, mailen Sie uns oder rufen Sie an:

▶ **Verlag Karl Baedeker GmbH**
Redaktion
Postfach 3162
D-73751 Ostfildern
Tel. (0711) 4502-262, Fax -343
E-Mail: info@baedeker.com

Besuchen Sie uns auch im Internet unter www. baedeker.com. Hier finden Sie jeden Monat den aktuellen Reisetipp der Redaktion und das gesamte Verlagsprogramm. Hier können Sie auch lesen, wer Karl Baedeker war und wie er seinen ersten Reiseführer geschrieben hat. Mit seinen über 175 Jahren ist der Karl Baedeker Verlag der älteste Reiseführer-Verlag der Welt.

**www.baedeker.com**

## ZU GEWINNEN: STADTREISE NACH LONDON

**Unter allen Einsendungen verlost der Verlag am Jahresende – unter Ausschluss des Rechtswegs – eine Städtekurzreise für zwei Personen nach London.**
**Freuen Sie sich auf ein spannendes Wochenende in London. Natürlich ist ein Baedeker Allianz Reiseführer London auch dabei!**